지역이 묻고 사회적경제가 답하다

SOCIAL ECONOMY
and
LOCAL COMMUNITY

| 지역공동체 회복을 위한 대안은 무엇인가 |

지역이 묻고
사회적경제가
답하다

지용승 지음

좋은땅

추천의 글

이 책은 4차 산업혁명 시대에 전통적 자본주의경제가 어떻게 변화해야 하는가에 대한 고민의 산물이다. 그리하여 저자는 지역경제 차원에서 자본주의경제와 사회적경제가 균형과 조화를 이루는 지향점으로써 시도되는 실험과 도전에 대한 내용들을 제시한다. 사회적기업이나 비영리기관 등의 사회적경제 조직이 전체 경제에서 차지하는 규모가 커지고 성장할 수 있는 토대로 건강한 자본주의의 시각이 이 시점에 시기적절하다. 그리고 사회적자본의 토대 위에 사회적경제의 공동체 역할과 정신을 이야기한 것은 좋은 시도라고 생각한다.

유종근, 한국경제사회연구원 이사장/前 전라북도지사

기후변동, 인구, 자원문제에 종교, 인종, 성, 젠더, 장애자, 고령/소자화 등으로 심각한 사회적 균열의 상처를 입은 지구는 폭발직전의 몸살을 앓고 있다. '코로나 팬데믹'은 그 무서운 징후의 드러남이다. 지금 동시 다발적인 위기에서 지구를 구하는 구도는 보이지 않는다. 이에 지용승 박사는 사회적경제적 관점에서 '사람 중심의 경제'라는 처방을 들고 나왔다. 이 처방이 커다란 자본의 논리와 민족분단과 제국주의 침략/지배의 역사적 상처를 넘어서기에 역부족인 듯하다. 그럼에도 불구하고 이 책은 '지금,

여기서, 우리가' 할 수 있는 일을 온몸으로 제시하려고 한다.

서승, 우석대 교양대학 석좌교수/제1회 '진실의 힘' 인권상 수상

　꼭 필요한 시점에 딱 맞는 책이 나왔다. 이 책은 사회적경제야말로 지역 공동체 붕괴를 막고 마을과 지역을 살릴 묘책임을 보여 준다. 사회적경제는 이윤보다 사회적 필요, 자본보다 사람, 경쟁보다 협동, 서울과 전국보다 마을과 지역을 우선한다.

　사람 중심 진짜 지역경제, 사회적경제의 정착과 확산을 위해서는 교육이 필수적이다. 특히 학생들에게 사회적경제를 가르칠 뿐 아니라 학교햇빛발전소협동조합이나 학교매점협동조합, 타임뱅크협동조합 등을 직접 경험할 수 있게 해 줘야 한다.

　필자 지용승 박사는 사회적경제와 협동조합을 화두로 지역경제와 지역행정, 지역교육을 종횡으로 가로지르는 통합적인 접근을 선보인다. 그러고 보니 지 박사는 교육, 행정, 기업을 고루 경험한 흔치 않은 이력을 가졌다. 더 이상 적합할 수 없는 필자가 더 이상 유용할 수 없는 책을 내놨다. 지방의원, 지방공무원, 지역교사, 지역협동조합인의 필독서다.

곽노현, 징검다리교육공동체 이사장/前 서울시 교육감

　학계의 道伴 지용승 교수의 역저《지역이 묻고 사회적경제가 답하다》의 출간을 축하합니다.

　사회경제 현상에 대한 이론과 경제 현장에 대한 국내외 경험이 풍부한

저자는 한국 경제와 사회에 대한 통찰과 사색을 거쳐 이 책을 통하여 보다 나은 미래사회를 지향하는 대안을 제시하고 있습니다.

그동안 국내외 학계와 중앙 및 지방 정부 차원에서 사회적경제가 현대 자본주의의 취약점인 양극화 현상과 고령화·저성장 사회의 세대별 실업 문제에 대한 접근방안의 하나로 제시되어 한국의 경제와 사회의 저변에 그 뿌리를 내려가고 있습니다.

특히, 2008년 글로벌 금융위기와 최근 지구인들이 겪고 있는 코로나 위기 하에서 기존의 경제와 사회구조의 변화와 새로운 패러다임의 구축이 글로벌 과제로 대두되고 있는 변곡점의 시기에 발간되는 이 책은 다음과 같은 점에서 특색과 장점이 있다고 생각합니다.

사회적경제에 관한 광범위한 이론과 다양한 현장을 접목하여 서로 다른 시각을 지닌 폭넓은 독자층의 눈높이에 맞추려고 저자는 통렬하게 고민하고 상당한 노력을 하였습니다. 사회적 가치, 사회적 금융 및 사회적 자본에서부터 전통적 사회적 기업, 미나토미라이와 도시재생 뉴딜사업까지 사회적경제를 이해하는 데 필요한 내용을 포괄적으로 담고 있습니다.

특히, 저자는 사회적경제의 실행력 제고를 위하여 "지역과 공동체"의 공간에서 접근하고 있습니다. 청년실업, 빈부격차 등 경제문제 해결을 위해 중앙 정부의 경제정책 측면의 접근과 함께 현장위주의 밀착형 접근방법을 부각시키고 있는데 저도 같은 생각입니다.

또한 사회적경제에 대한 시각이 과거와 현재에 머무르지 않고 미래에도 자본주의의 지속가능한 발전을 위하여 사회적경제 역할에 대한 방향을 제시하고 있습니다.

글로벌 위기시대에 처한 우리 모두가 찾고 기다리고 있는 것이 경제와 사회 계층 간의 상대적 격차, 갈등과 분열을 치유하고 넘어서 공생과 신뢰를 이루기 위해서는 무엇을 어떻게 해야 할 것인가에 대한 미래 비전이나 정책이라고 감히 말씀드립니다.

저자의 지역에 대한 열정과 고뇌의 의미 있는 결실이 우리의 바람을 이루어 나가는 데 일조하기를 기대합니다.

최수현, 국민대 경영대학 석좌교수/前 제9대 금융감독원장

이 책에서 언급한 '말뫼의 눈물'이 이제는 '군산의 눈물'이 되었다. 새만금 사업도 속도를 내지 못하고 있다. 전라북도 도민들은 하나되어 사회적경제를 통해 지역공동체를 회복해야 한다. 그리고 지역 발전을 위해 사회적경제를 이해해야 한다. 우선 도민들의 사회적경제에 대한 이해와 청소년들의 교육 필요성에 대한 공감대를 확산하는 계기로 이 책은 사회적경제의 방향을 제시하고 있다. 사회적경제 교육은 지역의 발전과 지역공동체 회복에 꼭 필요한 과정이다. 그래서 이 책을 중·고등학생들 그리고 대학생들의 교재로 추천하는 이유이다.

서창훈, 전북일보 회장/우석대학교 이사장

미래의 대학이 궁극적으로 추구해야 할 지향점은 무엇인가. 4차 산업혁명 시대 초입에 들어선 지금, 사회·경제적 변화에 따른 교육 혁신과 그에 따른 인재 양성은 대학의 최대 화두가 되었다. 대학의 화두는 사회적경제가 추구하는 사람 중심, 가치 중심, 지역 중심의 사회적 가치실현으로, 대

학이 추구하는 이념적 가치와 맞닿아 있다. 이 책은 나눔과 공유의 가치를 강조하는 사회적경제의 방향성을 밑거름 삼아, 대학이 지향해야 할 교육적 가치와 인재 양성, 지역과의 공동체 등에 대해 새로운 방향성을 제시하고 있다는 점에서 중요한 가치를 담고 있다. 더불어 대학의 미래, 그리고 미래의 대학은 어떠한 모습으로 나아가야 하는가를 들여다볼 수 있다.

남천현, 우석대학교 총장

우리 사회문제를 정의와 공정이란 시각에서 공동체와 사람 중심의 경제라는 신선한 정책적 대안을 제시해 주는 우리 모두가 한 번쯤은 고민해야 하는 시대가 반드시 필요한 의미 있는 책이다.

송재훈, 우석대 경영학과 교수 · 학과장/한국경영사학회 회장

자본주의와 시장경제는 떼어 놓고 생각할 수 없는 불가분의 관계를 갖고 있다. 자본주의 경제의 본질은 자본가가 자본과 노동을 투입하여 재화와 서비스를 생산하고 이를 판매함으로써 이윤을 챙기는 것이다. 이렇게 생산된 재화와 서비스를 판매하기 위해서는 시장이 존재해야 한다. 시장에서는 수요와 공급에 따라 가격과 그 양이 결정되고, 최적의 결정이 이루어지기 위해서는 수요자와 공급자 간에 자유로운 경쟁과 완전한 정보의 공유가 보장되어야 한다. 이렇게 다수의 공급자와 다수의 수요자가 존재하고 누구든지 혼자의 힘으로는 그 시장의 가격을 좌지우지할 수 없는 형태의 시장을 완전경쟁의 시장이라 한다. 애덤 스미스(Adam Smith)는

《국부론》에서 이러한 완전경쟁의 시장에서 다수의 공급자와 다수의 수요자가 자기 이익을 극대화시키고자 하는 노력이 '보이지 않는 손'에 의해 수요와 공급 간에 완벽한 균형을 이룰 수 있도록 해 주어서 시장 참여자 모두를 만족시킬 뿐만 아니라 사회전체의 이익도 극대화시켜 줄 수 있다고 주장하였다.

그런데 문제는 시장에서의 완전경쟁이 언제나 가능한가이다. 독과점으로 불완전경쟁이 있을 수 있고, 비경합성과 비배제성을 지닌 공공재의 존재로 무임승차자가 존재할 수 있으며, 외부경제나 외부불경제로 인해 과다 또는 과소 생산의 비효율성도 발생할 수 있다. 이 중 불완전경쟁은 특히 합리적 이윤 추구를 넘어서는 것이 가능하게 하기에 부의 분배에 있어서도 불균형이 발생하게 되었다. 이러한 시장실패의 상황을 치유하기 위해 정부가 시장에 개입해 왔으나 역으로 내부성, X-비효율성 등으로 정부실패의 현상도 다반사다.

이러한 시장실패와 정부실패의 반성에서 새롭게 등장한 개념이 바로 사회적경제이다. 사회적 불평등의 심화와 공동체 파괴를 치유하면서도 정부의 공공성에만 의존하지 않고 시장과 정부, 사회공동체가 함께 연대하여 지속가능성 중심의 해결책을 찾아보고자 사회적경제가 등장한 것이다.

저자는 이 책에서 사회적경제를 종합적이고 심층적으로 논의하고 있다. 사회적 가치로부터 시작하여 사회적 기업, 소셜 벤처, 협동조합, 마을기업을 넘어 도시재생과 지역공동체, 사회적 자본에 이르기까지 이론과 실천을 포괄하는 사회적경제의 모든 것을 이 책은 다루고 있다. 사회적경제가 유행처럼 회자되고 관련 서적들이 연구보고서에서 고등학생을 위한 교양서까지 봇물 치고 있지만, 사회적경제의 한 측면이 아니라 여러 측면을 다루고 그것이 우리 사회와 어떻게 연결될 수 있는지를 제시한 이 책은 그 봇물 속에서 또 다른 보석으로 자리매김할 수 있으리라 기대한다.

홍준현, 중앙대 공공인재학부 교수

공공의 이익과 공동체 발전에 기여하고 사회적 가치를 추구하는 사회적경제, 공무원 시험을 준비하는 수험생 그리고 현장에 있는 공무원들은 반드시 사회적경제를 이해해야 한다. 그래서 이 책이 필요하다.

이인재, 지방자치인재개발원 원장

코로나 19 펜데믹으로 전 세계가 휘청거릴 때 가장 힘이 되는 가치는 "사회적 연대"였습니다. 전 지구적인 재앙을 개인의 힘으로 감당하는 것은 불가능할뿐더러 불평등합니다. 관행과 관습에 도전하는 상상력과 용기, 그리고 사회적 연대 속에 미래를 도모할 힘이 있습니다. "사회적경제는 이념이 아니라 현실"이라고 말하는 지용승 교수의 원고를 읽으며 가슴이 뛰었습니다. 켄 로치 감독의 말처럼, 우리는 "다른 세상이 가능하다"고 말하고 실천해야 합니다. 그것이 어떻게 가능한지 이 책은 조곤조곤 일러 주고 있습니다. 코로나 19 펜데믹 속에서 한 번쯤 나의 내일을, 우리의 미래를 고민해 본 사람이라면 이 책 속에서 그 해답을 찾아보시길 권합니다.

김승수, 전주시 시장

어느 때보다 사회적경제에 대한 관심이 커지는 요즘, 지역경제 위기 속 대안이 되어 줄 사회적경제에 대해 깊이 고민하고 있는 단체장, 공직자, 활동가들에게 추천하고 싶은 책.

박성일, 사회적경제친화도시 1호 완주군수

영화와 사회적경제, 매우 어려운 질문을 받았다. 지 교수, 늘 영화 속에서도 사람들에게 전달할 수 있는 사회적 메시지를 강조했던 그의 모습에서 이 책은 영화 같은 스토리라고 생각한다. 결론에서 언급한 〈나, 다니엘 블레이크〉는 내가 가장 좋아하는 영화 중의 하나이다. '나, 사회적경제', 그가 이야기하는 책과 내가 이야기하는 영화가 아주 절묘하게 잘 들어맞는다. 그래서 친구인가 보다. 재미와 흥행은 모르겠지만, 이 책을 영화화할 수만 있다면….

박원상, 영화배우

바야흐로 '각자도생'의 시대다. 코로나 19 시대에 경제는 움츠러들고 사람들은 빗장을 걸어 잠근다. '각자도생'의 길은 강자에게 유리하고, 약자에겐 불리할 것 같아 보이지만, 결국 모두에게 독이 될 뿐이다. 이럴 때일수록 우리에겐 '인간의 얼굴을 한 경제'가 필요하다. 《지역이 묻고 사회적경제가 답하다》는 그 해법을 제시한다.

박세열, 언론협동조합 프레시안(pressian) 편집국장

얼마 전, JTBC 〈차이나는 클라스〉라는 TV 방송에서 세계적인 석학 하버드대 마이클 샌델(Michael Sandel) 교수의 강연이 공개됐다. 그의 책 《공정하다는 착각: 능력주의는 모두에게 같은 기회를 제공하는가》에서 능력주의 사회에서 저학력 노동자들이 어떻게 벼랑 끝으로 내몰리게 됐는지, 약물이나 알코올로 인한 질환, 심지어 스스로 극단적인 선택을 할 수밖에 없는 상황 등 심각한 우리사회의 문제들을 날카롭게 분석했다. 그는 이러한 문제들에 대해 "우리가 공정하다고 믿었던 것이 모두 진실이 아니고, 내 것이라고 믿어 왔던 능력 또한 내 것이 아닐 수 있다"라는 이야기를 하면서, 또한 능력주의로 인하여 양극화가 만들어 낸 우리 사회의 문제점들에 대한 해결책을 제시했다. 그리고 그는 이미 몇 년 전 이 문제들에 대한 해결 방향의 메시지를 우리에게 던졌다.

　2010년에 발간된 책 《정의란 무엇인가》는 샌델 교수의 저서이다. 원래 하버드 대학생들이 듣던 대학 강의 'Justice(정의)'의 수업 내용이었다. '정의'에 대한 물음으로 강의를 했던 그는 수업 내용을 책으로 편찬하였다. 미국에서는 10만 부 안팎으로 팔렸고 다른 나라에서는 번역만 되었을 뿐 비교적 잘 팔리지 않았던 이 책은 한국에서 200만 부 이상 판매되었다. 이 책이 나올 당시 대한민국의 경제민주화나 윤리적 갈등 등 대한민국의 상황에서 소홀히 들을 수만은 없는 불편한 진실들이 많았기 때문에 불티나게 팔렸을 정도로 '정의'의 열풍을 일으켰다.

이 책은 '정의'만을 이야기하는 것이 아니다. 주된 내용은 사회적 이슈와 관련된 예시와 그것들을 해결하기 위한 도덕적 추론에 관한 이야기이다.[2] 즉, 정의의 실현을 둘러싸고 벌어지는 논쟁들이다. 정의를 이해하는 세 가지 방식은 행복, 자유, 미덕을 올바르게 분배하기 위해 사람들은 각기 다른 목소리를 낸다. 다양한 상황에서 어떤 사람들은 공리주의를 내세우며 다수의 행복과 쾌락의 수치에 의존하여 결정할 것을 주장하고, 또 다른 이들은 개인의 자유를 가장 존중하여 선택할 것을 주장하기도 한다. 그 외에도 많은 의견은 정의를 고민하게 만든다. 샌델 교수는 자신의 입장인 공동체주의와 부의 재분배에 대한 이야기로 책을 마무리 짓는다.

그는 이 과정에서, 인간을 독립된 주체적, 자발적 개인으로만 보기보다는 크고 작은 이야기에 속한, 일종의 서사적 존재를 이해하는 매킨타이어(A. MacIntyre)[3]의 견해를 적극적으로 받아들임으로써 자연적 의무, 자발적(합의적) 의무와는 구별되는 사회적 연대의 의무라는 개념을 설정하였다. 매킨타이어는 소크라테스의 말을 다음과 같이 인용하고 있다.

"나쁜 사람(bad man)이란 공동의 삶을 공유할 수 있는 능력을 결여하고 있는 것이다."

과거 우리나라 정권에서도 참 '나쁜 사람'으로 찍힌 사람들이 여럿 있었다. 이들이 공동의 삶을 공유하지 못하는 능력이 결여돼 있는 사람들인지는 모르겠지만, 그분이 '테스 형'[4]의 진의를 알고 사용했는지가 궁금하다.

매킨타이어가 인용하면서 밝힌 그가 추구하는 공동체와 목적론적 이상

이야말로 저자 본인이 계속 연구하고 발전시켜야 할 중요한 대상이라는 것이다. 샌델 교수는 우리에게 스스로 자신들의 생각을 탐구하고, 자신들만의 문제의 답을 도출하는 것을 요구하고 있다. 우리에게 정의에 대한 방향의 정답을 알려 주지는 않는다. 하지만 그의 책은 우리의 이야기와 이야기들을 통해 정의에 대한 생각을 정할 수 있도록 도와준다. 특히 샌델 교수가 중립적 원칙과 합의의 영역을 넘어서는 도덕적 의무, 즉 사회적 연대의 의무가 있음을 강조하면서 공동체주의 철학자인 것을 보면 그다지 이상한 모습은 아니다. '정의란 무엇인가'라는 질문의 답을 찾기 위해서는 꽤 어려운 도전이지만, 이 구절만큼은 깊은 인상을 남긴다.

> *"도덕은 목숨의 숫자를 세고, 비용과 이익을 저울질하는 문제인가?"*

현재 선진국이나 우리나라 등 대부분의 나라가 겪고 있는 상황은 심각한 저출산·고령화에 따라 인구가 감소하면서 일자리는 늘지 않고 오히려 줄어들고 있어서 청년실업이 악화되고 있다. 전국 시·군·구 46%가 지역인구 감소로 사라질 위기에 놓인 마을들이 증가하고, 이러한 문제는 소멸위험이 수도권으로 확산될 가능성이 있다는 것이다. 지방중소도시, 농촌지역에서 겪는 기회의 불평등이 청년들에게 수도권이나 대도시 이주를 선택하게 만들고 있다. 더구나 3포(연애·결혼·출산 포기)를 시작으로 내 집 마련과 인간관계를 포기하는 5포 세대, 그리고 꿈, 희망까지 포기하는 7포 세대에서 이제는 수많은 것들을 포기해야만 하는 N포 세대까지 우리사회에 등장하게 되었다. 우리사회는 균형을 잃어 가고 있다. 불균형, 불

공정, 불평등으로 사회가 상당히 불안하다.

소크라테스나 플라톤이 말했던 '공동의 삶'은 이제 옛말이 되었다. 정글의 법칙이 엄존하는 현실이 너무 두렵다. 치열한 생존 경쟁 속에서 '도덕적 윤리'는 실종되고 있는 것 같아 안타까울 뿐이다. 극심한 경쟁과 빈부격차 속에서 공정성마저 상실해 가는 사회에서 이제는 다른 경제 시스템이 필요하다. 우리사회에 청년들은 살고 싶은 사회에 대한 갈망이 있다. 사회적 문제를 해결하고 살 만한 사회에 대한 갈망이 만들어 내는 사회적경제는 '사람 중심'과 '자율경영' 그리고 '다 같이'라는 연대의 구호를 추구하는 그 가치와 그 안에서 그리고 지역에서 희망과 우리의 이야기들을 통해 공동체를 만들어야 한다.

이 책은 우리 사회문제들에 대한 고민과 공동체를 만들어 나가는 과정들을 살펴보면서, 사회적경제를 중심으로 지역의 균형 발전을 위해 그동안 학교에서 강의했던 내용과 생각들을 모아 보는 책이다. 유럽과 선진국 여러 나라의 사회적경제와 지역발전 사례들을 참고로, 우리나라 발전 과정에서 소외되어 온 지역을 사회적경제 방식으로 발전시킴으로써 지역의 고유성과 주민참여를 강화하고, 낙후지역 주민들의 삶의 질을 높이는 것에 대한 이야기들을 정리한 것이다.

고창군 부안면 용산용홍 마을에서

지용승

목차

3부

**지역의
다양한 주체와
연대 · 협력**

바보야! 문제는 사회적경제야!

영화 〈빅 쇼트, The Big Short〉는 2008년 금융위기 당시 실화를 바탕으로 한 이야기다. 헤지펀드 투자 전문가 '마이클 버리(Michael Burry, 크리스천 베일 역)'가 충격적인 진실을 알아차리면서 영화는 시작된다. 주택 시장이 호황을 누리던 당시 그는 시장의 폭락에 배팅하기 시작한다. 원래대로라면 대출이 불가능했을 술집의 스트립댄서마저 고급 콘도와 주택 다섯 채를 소유하는 세상, 100여 채가 넘는 주택단지에 실제로 거주하는 사람은 달랑 4명인 세상이 현실이었다. 진짜 문제는 이들 중 누구도 곧 닥쳐올 여파를 모른다는 것이었다. 그리고 아무도 믿지 않았던 마이클 버리의 예측은 실제로 벌어졌다. 급등하는 부동산 가격에 경기 과열을 우려한 미국 정부가 금리를 인상하면서, 서브프라임 모기지론(Sub-prime Mortgage Loan, 미국 내에서 신용이 가장 낮은 등급으로, 실제 상환 능력이 부족한 등급)의 금리가 오르고 상환능력이 없는 채무자들의 연체율이 증가한 것이다. 서브프라임 모기지 상품을 구매했던 금융기관들은 대출금을 회수하지 못하자 파산하기 시작했고, 심지어 2008년 9월 세계 4위 투자은행이었던 '리먼 브라더스(Lehman Brothers)'까지 6,130억 달러의 부채를 감당하지 못하고 파산하면서 세계 경제까지 흔들리게 되었다.

2008년 세계 금융위기는 이렇게 갑자기 발생했다. 경제 붕괴를 예상한 사람들은 많지 않았다. 경제 붕괴는 수십 년에 걸친 신자유주의 경제 정책의 결과이다. 금융부분의 탈규제화와 공공자산의 민영화가 핵심이다. 미국과 유럽에서부터 시작한 신자유주의 경제 정책들은 조합원 소유의 금융기관이었던 '주택금융조합' 등이 주식회사로 전환되었다. 이후 각 국가는 '긴축재정'과 '지역 공공부문 예산의 대폭 삭감', '공공서비스와 사회복지 혜택 축소'로 이어져 우리사회에 심각한 문제들로 확대되어 갔다. 오늘의 대한민국을 성장하게 한 그 힘은 자본주의다. 그러나 자본주의가 위기에 봉착했다. 과거에 우리는 대기업이 잘되기를 바랐다. 왜? 그들이 잘되면 우리 주변의 어려운 이웃들에게 나눠 줄 거라고 믿었기 때문이다.

프란치스코 교황(Pope Francis)은 2014년 첫 교황 권고 〈복음의 기쁨(Evangelii Gaudium)〉을 발표하면서 자본주의 사회의 불평등 구조를 강력히 비판했다. 복음의 기쁨은 프란치스코 교황이 저술한 첫 문헌이라고 말할 수 있다. 교황은 배제와 불평등의 사회를 비판하며 "오늘날은 경쟁과 적자생존의 법칙에 의해 지배되고 있으며, 힘 있는 사람이 힘없는 사람을 착취하고 있다"고 말했다.[5] 시장경제체제로 경제가 성장하면 세상에 더 큰 정의와 통합을 가져온다는 '낙수효과(trickle down)' 경제가 더 이상 작동하지 않는다고 비판하였다. 성장을 하고 나면 나머지 가난한 사람들이 다 같이 잘살게 된다는 경제학의 가정을 비판하며 시장에서 분배가 중요하다는 것을 강조한다는 점이다.

우리나라가 잘살게 된 것은 분명하지만, 그 배경에는 자본이 지배하는 세상인 자본주의가 있다. 2016~2017년 대한민국에서는 촛불혁명이 일어나고 갈등을 치유하기 위한 치열한 통합의 과정을 거쳤다. 새로운 역사가 시작됐다고 느꼈다. 하지만 저출산·고령화, 부동산 가격 폭등, 청년실업

증가, 저성장과 양극화 심화, 불안한 사회안전망, 지역인구 유출 등 우리 사회의 수많은 문제를 해결할 수는 없었다.

　방법은 없는 것인가 그리고 촛불혁명 이후 우리 사회에 던져진 근본적인 물음은 무엇일까. 수많은 문제점이 생긴 것이 요즘 우리의 현실이다. 그리고 여기 우리 경제에 새로운 변화를 이끌고 새로운 변화를 이야기하는 사람들이 있다. 그 해답은 우리가 살고 있는 지역에서 그리고 사회적경제에서 찾을 수 있다. 사회적경제는 건강한 사회를 이루는 디딤돌이 되고 마중물이 될 수 있는 형태라고 할 수 있다. 자본 중심에서 사람 중심으로, 지역 중심으로 그리고 가치 중심으로 세상의 중심을 바꾸는 사회적경제가 함께 사는 세상을 만들어 나간다. 사회적경제는 조직의 이익보다는 사람을 생각하고 이윤창출보다는 공공에 대한 가치에 더욱 무게를 두는 따뜻한 경제이다. 사회적경제 조직은 이윤이 발생하면 취약계층을 고용하고, 지역사회발전에 기여한다거나 사회적 가치실현을 위해 투자하는 등의 선순환 되는 효과를 거둘 수 있다.

　사회적경제 조직은 그 특성과 운영방식에 따라 사회적기업, 예비사회적기업, 협동조합, 마을기업, 자활기업, 소비생협 등으로 구분된다. 사회적기업으로 인정받으면 인건비, 전문 인력, 사업개발비, 사회보험지원, 세제지원, 금융지원 등 다양한 지원 혜택을 받을 수 있다. 일반 기업은 기업의 이익을 추구하는 것에 집중한다면, 사회적경제 조직은 사회 문제를 어떻게 해결할까라는 솔루션에서 출발한다. 결국 단순히 이익만을 추구하는 것이 아니라 우리 주변에, 우리 지역에, 우리사회의 문제를 어떻게 해결할 것인가에서 출발하기 때문에 일반 기업과는 출발선이 다르다. 그래서 사회적경제 조직은 우리가 안고 있는 기업의 문제를 해결할 수 있지 않을까. 이익 중심에서 가치 중심으로의 사회적경제 조직은 가치가 중심이다. 돈보다 중요한 것은 없다고 말하지만, 이들에게는 돈보다 소중한 것은 분명히 있다. 평등한 사회, 자연과 환경을 생각하고, 이웃을 생각하는 나눔이 있고, 삶의 질과 윤리를 생각하는 착한 기업, 이것이 사회적경제 조직이 걷는 길이라고 말할 수 있다. 사회적경제 조직은 바로 사람이 중심이다.

벼랑 끝에 몰린 어머니의 동반자살 실패로 인한 존속살인 사건과 돌봄 사각지대에 놓인 발달장애 자녀와 어머니가 목숨을 끊고, "다음 죽음은 나일지 몰라… 주간활동서비스 예산 확대가 절실"하다는 발달장애인 부모는 '엄마 없이 살 수 있는 세상'을 만들어 달라고 절규를 한다.[6] 2018년 9월 12일, 문재인 대통령은 다 함께 잘사는 포용국가를 위한 '발달장애인 평생케어 종합대책'을 약속했지만 예산은 1인당 15만3천 원뿐이다.[7] 그동안 우리는 사실 한 번씩 터져 나오는 사건 사고로만 발달장애를 떠올리곤 했다. 하지만 평생 자라지 않는 아이를 둔 부모의 심정은 누구도 쉽게 짐작할 수 없을 것이다.

'여행나누리'는 발달장애 아이들이 사회에 적응을 할 수 있도록 지원하는 여행 프로그램을 만들었다. 처음부터 거창한 일을 한 것은 아니었지만, 서로의 아픔을 위로하고 공감하는 데 그치지 않고 사회적기업을 만들었다. 이렇게 발전해서 발달장애인들의 공동체가 생겼으면 하는 부모의 심정에는 누구도 이해하지 못하는 절실함이 있다. 남들에게는 평범한 일조차도 하기 힘들어 보이지만 그래도 이들 역시 사회의 일원이다. 많은 성인 발달장애인들은 사업장에서 일하는 것을 원한다. 그렇게 큰일을 하거나 엄청나게 대단한 일을 할 수는 없을지언정 그들이 직원이 되어 회사

지역이 묻고 사회적경제가 답하다

가 성장한다면 그것이 우리가 살고 있는 사회의 진정한 행복이라고 말할 수 있을 것이다.

자본 중심에서 사람 중심의 경제로 사회적경제에는 사람이 중심이다. 즉, 소외된 이웃, 장애인, 경력단절여성, 노인 등 자본 중심 사회에서는 설 자리가 없는 사람을 끌어들인다. 취약계층을 위한 일자리 지원, 노동의 가치가 존중되는 곳, 구성원들과 함께 변화하고 성장하는 곳이 사회적경제 조직의 목표이자 이들의 목표이다. 다시 말해 사회적경제는 사람을 포용하고 있다.

또한 사회적경제는 지역에 그 중심이 있다. 지역에 있는 젊은 친구들에게 길을 제시하고, 거대공간이 아니라 서로 알고 있는 사람들이 만들어 가고 유의미한 콘텐츠를 만들어 간다는 것에서 큰 의미가 있다. 지역에 살기 때문에 꿈을 접어야 했던 이들은 다른 사람의 꿈을 이루어 주는 기업을 만들고 있다. 지역이라는 이유로 잊혀 가고 아무도 신경 쓰지 않고 버려둔 곳이지만 어떻게 보느냐에 따라 그것은 소중한 가치를 지닐 수 있다. 거대 자본의 힘 앞에서 대도시가 아닌 다른 지역은 설 자리를 잃어 가고 있다. 하지만 사회적경제는 지역이 중심이고, 그렇게 되어야 한다. 떠나고 싶은 곳이 아니라 누구나 와서 함께 살고 싶은 곳, 일부가 아니라 전체의 이익이 우선이 되고 지역민을 중심으로 함께 소통하며 내가 사는 곳을 함께 행복한 곳으로 만들어 가야 한다.

시장에 기반한 큰 기업들은 지역사회에 진입하거나 투자하려고 하지 않는다. 지방정부에게도 재정의 한계라는 문제가 있다. 따라서 지역의 문제들을 해결하기 위해서는 엄청난 제약들이 존재하며 이를 해결하기 위해서는 파트너십이 필요하다. 파트너들과의 협력은 우리가 생각하는 것보다 훨씬 많은 것들을 달성할 수 있을 것이다.

우리에게는 소위 '지역의 중추기관 즉, 앵커(anchor) 기관'들이 많이 있다. 예를 들어, 지방정부, 공공기관, 대학, 병원 등과 같은 우리 지역에 기반이 있어 사실상 떠나지 않고 계속 머물러 있어야 하는 기관들과의 파트너십이 필요하다. 다시 말해 이들이 지역우선 구매와 사회적기업, 협동조합, 마을기업, 자활기업 등과 같은 사회적경제 생태계 발전에 토대를 두는 조직들과의 파트너십 모델을 만들어 가야 한다.

이런 파트너십의 성공 사례는 영국 프레스턴(Preston) 모델에서 찾아볼 수 있다. 아직까지는 과정이지만 시민들이 지역경제의 주인이 되어 통제력을 가지고 사회적경제 생태계를 발전시켜 나간다면 지역을 토대로 '민주적'이고 '지역적'인 모델을 확산시킬 수 있다. 프레스턴 모델은 비영리 연구단체인 '지역경제전략센터(CLES, Center for Local Economic Strategy)'와 협력했고 그 지역에 있는 기관들과 협력을 했다. 프로젝트 시작 4년 후인 2017년에 이들 기관은 지역을 기반으로 하는 기업들로부터 상품과 서비스를 구입하는 조달 금액이 크게 늘었다고 한다.[8] 그 이후, 지역에 큰 변화가 생겼다. 1년 만에 프레스턴에는 1,600개의 일자리가 새로 생기고, 공공자금도 지역을 기반으로 하는 기업들에게 돌아가게 되었다.

이런 프레스턴의 실험에는 선례가 있다. 미국 북동부에 위치한 오하이오주(Ohio State) 클리브랜드(Cleveland)이다. 미국의 대표적인 철강 도시인 클리브랜드 역시 제조업이 쇠퇴하면서 위기를 맞았다. 필자가 박사과정 중에 공부하고 경험했던 이 도시는 일자리 창출과 지역 경제 회생의 실마리를 노동자가 소유하고 운영하는 생산자협동조합에서 찾았다. 지역의 앵커기관들을 잘 활용하면 노동자협동조합이 충분히 발전할 수 있다고 본 것이다. 2009년 클리브랜드에 설립된 에버그린 세탁협동조합 (Evergreen Cooperative Laundry)이 이를 입증하고 있다. 이 협동조합은 클리브랜드에서도 실업, 빈곤 문제가 가장 심각한 지역의 주민들로 구성이 되었다. 에버그린협동조합은 클리브랜드의 대표적 앵커기관인 '클리브랜드 클리닉(Cleveland Clinic)' 등의 대형병원 세탁 업무를 맡았다.[9] 이름에서 알 수 있듯이 이들은 저탄소, 친환경 원칙에 따라 세탁 서비스를 제공하고 있고 지금까지 영업 중이다. 이후 태양광 에너지 공급, 친환경 농업 등으로 그 영역을 확대하고 이러한 조달체계로 인해 에버그린협동조합은 안정적으로 수익을 확보하며 낙후 지역에서 지속적으로 고용을 창출하고 생활임금을 지급하고 있다. 에버그린협동조합이 성공하자 여러 분야에서 지역 노동자협동조합이 결성되어 현재는 10여 개 이상의 업체가 늘어났다.

우리나라 지역 기업들은 지역사회에 기반을 둔 중소기업과 가족기업들인 경우가 대부분이다. 이와 같은 파트너십은 지역이 결집하고 하나가 되어 지역사회를 재생하고 활성화할 수 있다. 또한 긴축재정의 문제로 발생되는 지방정부의 공공서비스와 사회복지 혜택 축소의 문제들에 대한 관심으로 이어져 지역사회 공공서비스를 복원할 수 있다. 사회적경제 조직의 특징은 공동체성이 강하여 자생력과 지속가능성이 있어야 한다. 그러기 위해서는 어떤 공동체가 문제가 있으면 그 문제에 대해서 깊은 고민을 하고 그것을 어떤 방식으로 해결해야 할지가 사업의 성격이 된다. 그리고 참여하는 사람들의 진정성과 참여하는 사람들의 공유가 있어야 한다. 그렇지 못한 일부 사회적경제 조직들은 마음은 앞서지만 그런 과정을 거치지 않아 정착하는 데 상당한 어려움을 겪는 것을 종종 볼 수 있다.

경제협력개발기구(이하 OECD)는 지역경제 및 고용개발(LEED, Local Economic and Employment Development) 협력프로그램 문서인 '사회적 경제를 통한 지역차원의 사회적 포용성 향상'이라는 주제의 한국을 위한 보고서에서 다음과 같은 점들을 지적하고 있다. '대한민국은 점점 증가하는 사회적 배제와 구조적으로 내재된 빈곤 문제를 해결하기 위해, 이러한 현실뿐만 아니라, 현재 당면한 도전들에 적절하고 효과적으로 대응할 수 있도록 하기 위해 제도적, 문화적 장벽들을 걷어 내야 하는 도전에 직면하고 있다'고 보고서에 기술하고 있다.[10]

전 세계가 코로나 19(COVID-19)라는 새로운 감염병이 불러온 위기 속에서 대혼란에 빠졌다. 이 위기가 끝나면, 많은 곳에서 경제적 퇴보가 일어날 것이 분명하다. 특히 지역사회는 지역 공급업체와 지역 노동력을 최대한 많이 사용하여야 한다. 코로나 19로 일자리를 잃은 사람들을 우선 고용하게 하고 공공부문과 민간부문에서 이들에게 많은 기회를 제공하여야 한다. 이는 곧 지역공동체를 회복시키는 길이다. 이를 위해서 사회적경제는 지역을 포용하고 있다. 현재 우리나라에 심각한 많은 문제가 있고, 정부는 딴곳에만 관심이 많은 것 같지만, 대한민국 경제가 지속가능한 발전을 위해서 가장 중요한 문제는 사실 사회적경제와 긴밀한 협력에 있다.

이 책은 '내가 가지고 있는 능력을 나누고 함께한다'라는 가치와 '이익보다는 사람'을 더 소중하게 생각하는 언뜻 보면 자본주의 시대에 살고 있는 우리의 현실과 어울리지 않는 바보 같은 이야기일 수 있다. 그런 이야기를 담고자 한다. 무엇이 더 소중한지에 대한 고민과 함께 우리 사회의 문제를 어떻게 해결해 나갈 것인지 그 해답을 사회적경제와 지역에서 찾아보려고 한다.

1부

사회적경제는
이념이 아니라
현실이다

1장

정부와 시장의 실패가 불러온
새로운 경제 패러다임

2011년 9월 17일 미국 뉴욕 맨해튼(Manhattan)의 한 공원에서 '월가를 점령하라!'는 구호와 함께 특별한 시위가 일어났다. 자본주의의 심장이라고 하는 월스트리트(Wall Street) 한복판에서 자본주의의 가장 아픈 곳을 찌르는 굉장히 상징적인 사건이었다. 이렇게 시작된 월가 점령의 시위는 보스턴(Boston)과 로스앤젤레스(Los Angeles), 워싱턴 D.C.(Washington, D.C.) 등을 거쳐 미국 주요 도시를 돌고 돌아 유럽과 아시아까지 함성이 이어졌다.

자본주의가 밑바닥을 드러내 보이고 있는 시점에서 저널리스트인 아나톨 칼레츠키(Anatole Kaletsky)는 새로운 자본주의 시대의 도래를 예측했다. 그는 자본주의가 태동한 이후 현재까지 자본주의 핵심 운영 시스템과 관련된 네 번의 변화가 있었다고 보고 있다. 그의 저서 《자본주의 4.0》은 자본주의 각 단계별로 특징적인 경제 이론 및 현상들을 설명하고 자본주의 4.0 시대에 정부와 시장의 주도권 다툼의 이데올로기적인 대립은 어떤

대안으로 우리에게 다가올 것인가에 대한 냉철한 분석을 제시하고 있다
(표 1).[11]

표 1. 자본주의 4.0 단계별 특징적인 이론 및 현상[12]

단계	특징	이론 및 현상
자본주의 1.0	자유방임적 경제 이데올로기	• 1776년 아담 스미스(Adam Smith), 국부론(An Inquiry into the Nature and Cause of the Wealth of Nations) • 1920년대 말 미국 대공황
자본주의 2.0	시장이 자본과 노동만의 관계에서 정부가 중요한 경제 주체로 부각	• 1931년 영국의 금본위제 폐지~1979년 스태그플레이션(Stagflation) 시기 • 1936년 케인스(John M. Keynes)의 고용, 이자 및 화폐의 일반이론(General Theory of Employment, Interest and Money) • 루즈벨트 대통령의 뉴딜(New Deal) 정책
자본주의 3.0	• 시장 근본주의(Market Fundamentalism)적 경제정책 • 신자유주의	• 시카고학파의 밀턴 프리드먼(Milton Friedman) • 작은 정부, 통화주의, 세금 감면, 규제 축소, 민영화, 저금리, 공급중시 경제(Supply-side Economics) • 로버트 루카스(Robert Lucas)의 합리적 기대 가설(Rational Expectations Hypothesis)과 효율적 시장 가설(Efficient Market Hypothesis) • 작은 정부론의 대두
자본주의 4.0	• 시장과 정부의 협조 • 적응성 혼합경제	• 2008년 글로벌 금융위기 이후 • 금융에 대한 정부의 규제적인 개입 • 글로벌 차원에서 국가 간의 협조 • 고령화에 따른 의료, 교육, 연금 문제에 대한 정부 정책이 중요 • 환경과 삶의 질을 포함한 다양한 성장

먼저, 자본주의 1.0은 애덤 스미스(Adam Smith)가 《국부론(An Inquiry
into the Nature and Cause of the Wealth of Nations)》을 출간한 1776년

부터 대공황 직후인 1932년까지의 기간으로 '보이지 않는 손(Invisible Hand)'이 상징하는 자유방임 자본주의 시대를 말하고 있다. 이 기간에는 미국의 독립선언, 프랑스 혁명, 영국의 산업혁명과 같이 시민들의 정치적, 경제적 자유사상이 전반적으로 확대되던 시기였다. 개개인이 열심히 살면 그것은 곧 사회 전체의 이익과 조화를 이루는 방향으로 자연스럽게 발전해 나간다는 주장이다. 정부가 굳이 시장에 직접 관여할 필요가 없다는 이야기다.

그러나 1920년대 후반 1930년대 초에 발생한 세계 경제 대공황은 이러한 자본주의에 의문을 제기했다. 시장은 가만히 놔두면 알아서 잘 굴러갈 것이라는 주장에 한계가 있다는 것을 보여 주었다. '보이지 않는 손'의 존재 자체가 보이지 않았던 것이다.

자유방임적 경제 이데올로기에 대한 문제의 해결책을 제시한 대표적인 사람은 존 메이너드 케인스(John Maynard Keynes)다. 1936년 그는《고용, 이자 및 화폐의 일반이론(General Theory of Employment, Interest and Money)》을 출간하였다. 케인스는 공급 능력에 비해 수요가 부족하기 때문에 재고와 실업이 증가하는 것이라 생각하고, 상품시장에서 수요 증가를 통해 이를 해결해야 한다는 '유효수요(Effective Demand)의 원리'[13]를 주장하였다. 그는 유효수요의 중요성을 강조하면서 그 유명한 '저축의 역설(Paradox of Thrift)'을 말했다. 즉, 저축은 개인으로서는 미덕일지 모르지만, 이것은 결국 소비를 위축시키고 투자로 연결시키지 않으며, 수요가 위축되어 산출(output)과 고용이 감소한다는 것이다. 따라서 정부가 적극적으로 시장에 개입하여 수요를 관리함으로써 경제를 성장시킬 수 있다는 것이다. 케인스는 저축의 미덕을 강조한 애덤 스미스를 비판하

지역이 묻고 사회적경제가 답하다

면서 과잉저축이 생산동기를 파괴할 것이라고 주장했던 맬서스(Thomas Malthus)의 주장을 옹호했다.

결국, 기존 자본주의 1.0 시대에서 시장이 자본과 노동만의 관계라면 자본주의 2.0 시대에는 자본, 노동 이외에 정부가 중요한 경제 주체로 인식되었다. 미국 루즈벨트(Franklin Roosevelt) 대통령의 뉴딜(New Deal) 정책이 이를 증명하게 되었고, 이 시기가 자본주의 2.0 시대라고 한다. 적극적인 재정정책 및 공공투자 등을 실시하고 시장의 완전고용을 추구하고 케인스식(式) 유효수요 관리 정책을 통해서 불황에 빠진 경제를 회복시키면서 세계 경제는 호황을 누리게 되었다.

하지만 자본주의 황금기(1946년~1969년)를 지나 1971년 닉슨의 브레턴우즈 체제(Bretton Woods System)[14]의 폐지로 국제금융 붕괴 및 2차에 걸친 석유파동(Oil Shock) 등 스태그플레이션(stagflation)이 발생하면서 케인스 유효수요 경제 이론은 퇴조하게 되었다. 보다 강력해진 노동운동으로 인한 높은 임금인상 요구와 정부의 과도한 간섭으로 경제 성장이 정체되고, 유효수요 관리 정책을 위해 지속적으로 화폐를 찍어 내다 보니 심각한 인플레이션 요인이 되면서 세계는 다시 불황의 늪으로 빠지게 되었다.

1980년대 이후 세계화와 함께 등장한 자본주의 3.0 시대에는 정부의 지나친 간섭 대신 각종 규제를 완화하는 이른바 '작은 정부론'을 주장하게 된다. 영국 대처(Margaret Thatcher) 수상, 미국 레이건(Ronald Reagan) 대통령에 의해 시작된 시장 근본주의(Market Fundamentalism)적 경제정책 시대이다. 정부의 개입 없이도 시장의 메커니즘은 잘 운영된다는 경제 고전학파들이 다시 머리를 들게 된 것이다. 애덤 스미스의 경제사상을 기반으로 한 그 학파들은 '신자유주의'라는 이름으로 세계화를 들고나왔다.

이 시대의 경제 방향을 이끈 대표적인 사람은 시카고학파(Chicago School)의 밀턴 프리드먼(Milton Friedman)이었다. 그는 경제는 자유주의 시장경제체제에서 자율적으로 움직여야 하고, 정부는 일정량의 통화 공급을 통한 인플레이션을 억제하는 소극적 역할에 한정되어야 한다고 주장하였다. 작은 정부, 규제 축소, 민영화, 저금리, 세금감면 등의 공급 중시 경제(supply-side economics) 등이 이 시대의 키워드였다. 또한 정부의 지출은 효율적이지 않다고 강조한 로버트 루카스(Robert Lucas)의 합리적 기대 가설(Rational Expectations Hypothesis)[15]과 금융시장의 자체적인 효율성을 강조한 효율적 시장 가설(Efficient Market Hypothesis)을 바탕으로 자유로운 경쟁을 통해 IT 산업과 금융산업이 발전했지만, 결국 지나친 신자유주의 사상은 브레이크 없이 과속 질주하여 2008년 세계 금융위기를 전후로 하여 몰락의 징조를 드러냈다.

마지막으로 자본주의 4.0 시대는 2008년 글로벌 금융위기 이후의 시대이다. 정부의 방임적인 금융 규제 정책에 대한 반성에서 출발하였기 때문에 금융에 대한 정부의 규제적인 개입이 더욱 필요하게 되었다. 아나톨 칼레츠키는 규제받는 소수의 통제된 시장과 투명하고 효율적으로 운영되는 대다수의 일반적인 경쟁시장이 혼합된 모습의 자본주의 4.0이 나타날 것으로 전망했다. 정부와 시장의 이데올로기적 갈등을 벗어나 정부와 시장의 협조를 중요하게 생각하고 있다.

그는 자본주의 4.0 시대의 특징을 한마디로 '적응성 혼합경제'라고 한다. 시장에 모든 것을 맡기는 것도 아니고, 그렇다고 정부도 철두철미하게 규제하지도 말아야 한다는 것이다. 불확실하고 모순이 가득한 현실 경

지역이 묻고 사회적경제가 답하다

제를 운영하기 위해서는 정부와 시장의 이데올로기 갈등보다는 융합과 협조로 사회적 문제를 해결해야 한다고 보고 있다. 또한 국가 내의 정부와 시장의 협조 외에 글로벌적인 금융위기, 무역 불균형, 재정정책과 통화정책, 지구온난화를 막기 위한 탄소배출권, 핵 확산 금지, 테러리즘 등에 대응하기 위해서는 세계적인 차원에서 국가 간의 협조도 필요하다고 이야기하고 있다. 그리고 에너지와 환경문제, 고령화에 따른 의료, 교육, 연금 문제에 대한 정부의 정책이 점차 중요해질 것으로 보고 있다.

2018년 11월 27일 인천 송도에서 개최된 제6차 OECD 세계포럼에서 '경제성과와 사회발전 측정에 관한 고위전문가그룹 보고서'가 발표됐다.[16] 이 보고서는 2009년 첫 번째 보고서가 발표된 이후, 9년 만에 발표되는 후속편이었다. 이 보고서에 의하면, GDP에 과도하게 의존함으로써 2008년의 금융위기를 예측하지 못했고, 그로 인한 경제적, 사회적 파급효과도 제대로 평가하지 못해 잘못된 방향으로 경제성장 정책이 이뤄졌다고 밝혔다. 각국이 경제사회적 성과를 측정할 때 GDP에 지나치게 기대고 있다고 비판한 것이다. 또한 노벨 경제학상 수상자인 조지프 스티글리츠(Joseph Stiglitz) 컬럼비아대학 경제학 교수는 포럼에서 경제성장과 사회발전 측정에 중요한 요소들로 성장의 혜택을 누리는 사람은 누구인지, 이러한 성장은 환경적으로 지속가능한 것인지 등과 같은 사항들을 고려한 측정 지표를 제시했다. 즉, 우리가 측정하는 것이 우리가 하는 일에 영향을 주기 때문에 사회, 경제, 환경의 전 측면에 걸친 제대로 된 웰빙 측정 지표가 필요하다는 것이다.

아나톨 칼레츠키도 역시 자본주의 4.0의 시대에 성장만을 강조한 GDP와 같은 기존의 경제성장 측정 방법에서 환경과 삶의 질을 포함한 지속가능한 성장의 측정 방법이 필요하다고 강조하고 있다.

이익을 추구하면서 동시에 공공성도 인식하는 자본주의, 비정규직이나 빈곤층 등 우리 사회의 모든 계층과 함께 동행할 수 있는 그런 자본주의 시대가 필요할 것이라는 분석이다. 자본주의 1.0 시대에서부터 자본주의 4.0 시대에 걸쳐 정부 실패와 시장 실패에서 봤듯이 정부와 시장이라는 이분법적 구분으로는 나라 전체 그리고 글로벌 공동체의 경제생활에 필요한 요구를 모두 충족할 수 없다. 다시 말해 신자유주의를 대체할 새로운 경제 패러다임이 필요하고, 정부와 시장의 영역이 아닌 제3의 영역에서 시민의 역할이 크게 강조된다고 말할 수 있다.

지역이 묻고 사회적경제가 답하다

2장

사회적경제에 관한 결의

전쟁의 폐허에서 일으킨 한강의 기적, 29번째 OECD 가입, 국민소득 3만 불 시대, 그러나 눈부신 성과의 그늘 속에는 빈부격차와 경제 불평등, 자원고갈과 환경오염 그리고 늘어나는 자살률과 우울증, 그 속에서 만들어진 말들이 우리의 가슴을 아프게 한다. 글로벌 자본주의질서 속에서 전개되는 양극화와 불평등의 현상들이 전 세계적으로 확대되어 가고 있다.

토마 피게티(Thomas Piketty) 교수는 지난 100년간 미국, 유럽, 아시아 등 주요국의 부의 집중현상을 언급하면서 이른바 'U자 곡선'으로 설명했다(그림 1).[17] 상위 10% 계층이 차지하는 소득이 전체에서 차지하는 비중을 분석했는데, 2012년 미국 데이터를 보면 미국인 전체가 벌어들인 소득의 52%를 상위 10%가 차지한 것이다. 이와 같은 방식으로 한국에 적용해 보면 역시 비슷하게 움직인다. 가치협력과 시장의 공공성 해체가 한국사회에서도 더욱 심각하게 나타나고 있는 것이다. 김낙년 동국대 경제학과 교수가 분석한 2012년 기준 우리나라의 상위 10% 소득 비중은 45.51%로 미국 수치와 비교하면 낮은 수준이지만, 일본 40.5%, 프랑스 32.69%에 비하면 훨씬 높다는 것이다.[18]

그림 1. 선진국의 가구 총자산 및 순자산 GDP 비중(좌)과
주요 선진국의 임금 소득 비중과 자본 소득 비중 추이(우)[19]

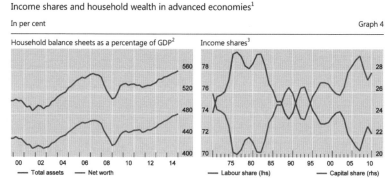

Income shares and household wealth in advanced economies[1]

In per cent   Graph 4

Household balance sheets as a percentage of GDP[2]   Income shares[3]

— Total assets — Net worth   — Labour share (lhs)   — Capital share (rhs)

[1] Simple average of the economies listed in footnotes 2 and 3.   [2] The euro area, Japan, the United Kingdom and the United States.   [3] France, Germany, Italy, Japan, the United Kingdom and the United States.

Sources: Piketty (2014); ECB; Federal Reserve Board; Japanese Cabinet Office; UK Office for National Statistics; authors' calculations.

© Bank for International Settlements

피게티 교수는 우측 그래프에서 볼 수 있듯이 주요 선진국의 부의 독점이 최근 들어 점점 심화되고 있으며, 임금 소득이 비중은 점점 하락하고 있으나 자본 소득의 비중은 증가하는 추세라는 문제를 제기하였다. 즉, 선진국의 부의 불평등이 매우 심각한 수준으로 특히 임금 소득 비중이 낮아지고 자본 소득 비중이 커지는 것이 이러한 불평등의 배후에 있다고 주장했다. 피케티 교수의 통계를 바탕으로 주요 선진국의 불평등 추이를 보면 상위 1%의 부를 소유한 부자들의 부는 1910년까지 극적으로 높아졌으나 그 후 대략 1970년까지 급격히 완화되었다. 그리고 불평등은 다시 높

아져 현재까지 이어지고 있다.

우리나라도 예외는 아니다. 헬조선, 이생망(이번 생은 망했다), 갑을사회, 금수저, 흙수저, 3포 세대를 넘어 N포 세대까지 총체적 위기를 진단받은 대한민국의 오늘 이제는 뭔가 다른 해법이 필요하다. 우리의 삶을 바꾸는 사회적경제 그리고 대한민국을 바꾸어갈 새로운 경제 시스템의 사회적경제는 다소 생소하지만 그렇다고 느닷없는 경제는 아니다. 사회적경제는 오래된 가치를 품고 있다. 인류의 역사화 함께해 온 협동과 사람 중심의 가치, 그 가치를 다시 떠오르게 한 시대의 물결로 2008년 위기에 빠진 시장경제 중심의 자본주의 체제를 구하기 위해 2009년 2월 EU 의회는 사회적경제 활성화를 위해 89%의 찬성으로 '사회적경제에 관한 결의'를 채택하였다.[20]

EU 회원국 대부분이 사회적경제에 관한 정책적 관심을 기울여 왔다. 국가적 차원에서 사회적경제 관련 특별법을 제정한 국가들은 스페인, 그리스, 포르투갈, 루마니아 등이다. 또한 지역 차원에서는 벨기에의 왈로니아, 브뤼셀 및 플랑드르, 스페인의 갈리시아 등에서는 특별법이 제정되기도 했다.[21] 헌장, 인증제도, 라벨, 다년간 계획 등의 제도적 이니셔티브들이 다양하게 등장해서 각 EU 회원국들이 사회적경제 분야에 기울이는 관심이 증가하고 있음을 보여 주고 있다. 특히 이탈리아, 스페인 등에서는 사회적 제3 섹터, 제3 섹터 사회적기업, 협동조합 등과 같은 사회적경제의 특수한 그룹에 대한 개혁 법안이 승인되었다.

사회적경제는 사회적으로 영향이 있는 일자리 창출과 경제적 활동의 원동력이라고 할 수 있다. OECD 추정치에 따르면 사회적경제는 유럽 연합(EU) 27개국에 걸쳐 1,190만 개의 일자리 비중은 고용의 6.4%를 차지하고 GDP의 약 6~8%를 차지하고 있다.[22] 이처럼 개인이 아닌 공동의 가치 그리고 경쟁이 아닌 협동과 상생, 포기가 아닌 자유와 도전의 꿈을 품을 수 있는 사회는 사회적경제가 만들어 낼 미래이다. 사회적 문제를 해소하고 가치 소비 시대에 부합하는 합리적 경제는 사회적경제가 가능케 하는 행복한 세상이다.

3장

사회적경제의 의미와 발달과정

사회적경제는 1800년대 초 유럽과 미국에서 협동조합, 사회적기업, 상호부조조합, 커뮤니티 비즈니스 형태로 처음 등장하게 되었다.[23] 이후 1970년대 후반에 들어서 라틴아메리카나 캐나다에서 사회적경제 개념이 다시 활발하게 논의되었다. 우리나라에서는 1920년대 농민협동조합, 도시빈곤층의 두레조합 형태로 나타났고, 이후 1960년대 시작된 신용협동조합 운동, 1980년대 생활협동조합 운동이 일어났다. 1997년 외환위기 이후에는 구조화된 실업문제, 고용불안, 심화되는 빈부격차, 쇠락하는 지역의 문제를 해결하기 위해 사회적기업, 협동조합, 마을기업, 자활기업 등을 필두로 하는 사회적경제론이 높아졌다. 사회적경제가 다시 주목을 받으면서 논의가 진행된 데는 다양한 이유가 있다. 사회적경제는 정부도, 민간도 아닌 제3의 섹터라고 정의할 수 있다. 실제로 정부와 시장뿐만 아니라 모든 영역 및 분야와 상호작용하면서 사회적·경제적 문제들을 해결해 왔다. 분명한 것은 공공의 이익을 위한 관심 주제들에 대한 가치를 공유하는 것이 사회적경제의 핵심이라고 말할 수 있다.

전통적으로 사회적경제라는 용어는 특정 유형의 조직(기업, 협동조합, 상호 조직 및 재단)을 말하지만, 최근 몇 년 동안, 사회적경제는 사회적기업과 비영리 사회적기업을 포함하기 위해 그 범위를 확장하고 있다(그림 2). 사회적경제 조직과 사회적기업은 은행, 보험, 농업, 보건, 사회복지서비스 등등 광범위한 분야에서 활동을 추구하고 있다.

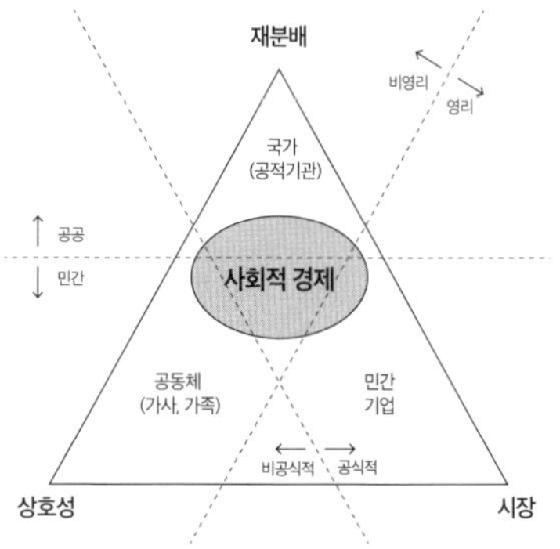

사회적경제에 관한 다양한 정의들이 있다(표 2). 먼저, OECD는 국가와 시장 사이에 존재히는 제3의 영역에서 사회적 요소와 경제적 요소를 모두 가진 조직으로 정의하고 있다.[25] OECD에서는 사회적경제 조직을 전통적으로 연대의 가치와 자본보다는 사람을 우위에 두고, 민주

그림 2. 사회적경제 개념도[24]

적이고 참여적인 거버넌스(governance)에 의해 활동이 주도되는 일련의 협회, 협동조합, 상호조직 및 재단 등으로 지칭하고 있다.[26]

그리고 국제노동기구(ILO)는 정부, 시장 및 사회적기업과 비영리단체 등의 다양한 경제 주체가 광범위하게 연대하는 사회경제적 생태계환경으로 정의하면서, 사회 및 연대의 경제라고도 말한다.[27] 유럽연합(EU)에서는 참여적 경영 시스템을 갖춘 협동조합, 상호공제조합, 사단, 재단 등의 사회적경제 조직들이 사회적 목적을 추구하기 위한 경제활동이라고 정의하고 있다.[28]

또한 1990년 벨기에의 왈룬 지역권 사회적경제위원회(CWES) 규정에

의하면 사회적경제는 이윤보다는 구성원 또는 커뮤니티에 서비스를 우선적으로 제공하여야 하고, 자율성, 민주적 의사결정 과정, 자본에 대해 사람과 노동을 우선시하며 이윤의 재분배보다는 연대, 자율성, 시민성 등의 가치에 기반을 둔 결사체 기반의 경제 조직으로 규정하고 있다.[29]

캐나다 퀘벡(Quebec)에서의 사회적경제는 사회적 목적을 달성하기 위해 '6대 원칙'에 따라 운영되는 기업의 경제활동이라고 정의하고 있다. 즉, 구성원 및 공동체의 필요 충족, 국가로부터의 자율성, 민주적 지배구조, 경제적 성과 추구, 출자액에 비례한 배당 금지, 해산 시 잔여재산 타법인 양도 등과 같은 6대 원칙을 강조하고 있다.[30]

사회적경제에 관한 세계적인 학자 드푸루니(Defourny)는 사회적경제를 법적·제도적 차원의 규범적 차원에서 이중적인 접근을 통해 규정하고 있다.[31] 즉, 법적·제도적 차원의 협동조합, 상호공제조합, 결사체라는 법적 지위를 포함하고 있고, EU에서 정의하는 사회적 목적을 추구하는 사회적경제 조직들과 성격을 같이한다고 할 수 있다. 또한 규범적 차원에서 구성원이나 공공을 위한 목표, 경영의 자율성, 민주적인 의사결정 과정, 수익 배분에 있어서 자본보다는 사람과 노동을 중시하는 4가지 원칙을 포함하고 있다. 이는 캐나다 퀘벡의 6대 원칙에 따라 운영되는 사회적경제 조직들과 맥을 같이한다고 할 수 있다.

마지막으로 폴라니(Polanyi) 역시 사회적경제에서 중요한 3가지 요소 즉, 구성원 또는 공공의 이익을 위하는 사회적 목적과 자본에 의한 이윤 배분을 제한하며 사람 중심의 의사결정 그리고 자본과 권력으로부터의 자율성을 강조했다.[32] 다시 말해 사회적경제를 상호배려 정신에 입각한 호혜성(reciprocity)의 원리, 나눔을 원칙으로 하는 재분배의 원리가 작동하는 경제로 인식한 것이다.

표 2. 사회적경제의 다양한 정의

기관 또는 학자	정의
OECD(2007)	• 국가와 시장 사이에 존재하면서 사회적 요소와 경제적 요소를 모두 가진 조직
국제노동기구 (ILO, 2008)	• 사회 및 연대의경제(solidarity economy)라고 정의, 정부, 시장 및 사회적 기업과 비영리단체 등의 다양한 주체가 광범위하게 연대하고 있는 사회경제적 생태환경을 의미
EU	• 참여적 경영 시스템을 갖춘 협동조합, 상호공제조합, 사단, 재단 등이 사회적 목적을 추구하기 위한 경제적 활동
왈룬사회적경제위원회 (Conseil Wallon del'Economie Sociale,. CWES, 1990, 벨기에)	• 이윤을 축적하기보다는 구성원 또는 커뮤니티에 서비스의 우선적 제공 • 자율적 경영 • 민주적 의사결정 과정 • 자본에 대해 사람과 노동을 우선시하며 이윤의 재분배라는 원리에서 벗어난 연대, 자율성, 시민성의 가치에 기반을 둔 결사체 기반 경제 조직으로 규정
캐나다 퀘벡(Quebec)	• 사회적 목적을 달성하기 위해 6대 원칙에 따라 운영되는 기업의 경제활동 * 구성원·공동체의 필요 충족, 국가로부터의 자율성, 민주적 지배구조, 경제적 성과 추구, 출자액에 비례한 배당 금지, 해산 시 잔여재산 타법인 양도
Defourny(2004)	• 법적·제도적 차원의 규범적 차원이라는 이중적인 접근을 통해 규정 • 법적·제도적 차원: 협동조합, 상호공제조합, 결사체라는 법적 지위를 포함 • 규범적 차원: 구성원이나 공공을 위한 목표, 경영의 자율성, 민주적인 의사결정 과정, 수익배분에 있어서 자본보다 사람과 노동 중시라는 4가지 원칙 포함

Polanyi(2009)	• 사회적경제를 상호배려 정신에 입각한 호혜성의 원리, 나눔을 원칙으로 하는 재분배의 원리가 작동한 경제로 봄 • 사회적경제에서 가장 중요한 3가지 요소: 구성원 또는 공공의 이익을 위한 사회적 목적, 자본에 의해 이윤 배분이 제한되고 사람을 중심에 두는 의사결정, 자본과 권력의 힘으로부터의 자율성

이처럼 사회적경제는 나라마다, 기관마다 다양하게 정의를 하고 있다. 우리나라 기획재정부는 사회적경제를 사회 구성원 간의 협력을 바탕으로 재화와 용역의 생산과 판매를 통해 사회적 가치를 창출하는 민간 분야의 모든 경제적 활동으로 정의하고 있다.[33] 그리고 사회적경제는 기존 사회서비스 개선, 취약계층 일자리 창출, 지역공동체 상생 등 다양한 사회적 가치 실현을 추구한다. 일반 사람들에게는 다소 쉽게 이해하기 어려운 부분일 것이다. 대조를 통해 쉽게 설명하자면, 사회적경제는 국가가 제1 섹터이고, 시장이 제2 섹터라고 한다면, 국가도 시장도 아닌 제3의 섹터를 말한다. 또는 공동체 경제라고도 할 수 있고, 국가와 시장 사이를 시민사회에도 경제가 포함되어 있기 때문에 시민사회라고 하는 개념의 경제적 버전으로 설명할 수 있다. 이를 통해서 사회적경제는 이익과 경쟁의 경제가 아니라 선의와 협력의 경제로 설명할 수 있다. 즉 우리 국민이 주인공이 되어 선의와 협력으로 공동체를 이루어 가는 경제 활동이라고 할 수 있다.

사회적경제의 시대적 변화 속에서 지역사회에 혁신의 시대가 다가오면서 공동체 형성을 위한 다양한 활동들이 전개되고 있다.[34] 공동체에 관심을 가지는 것은 지역사회를 재생하고 복원하는 데 중요한 역할을 수행할 것으로 기대되고 있기 때문이다.[35] 이런 사회적경제의 흐름은 전 세계적으로 확산하고 있으며, 그 형태도 사회적기업, 협동조합, 마을기업, 자활기업 등 매우 다양하고 전통적으로 영국을 비롯한 이탈리아, 유럽 등에서 발전되어 왔다.[36] 국내에서 사회적경제의 흐름은 지역사회에서 재생, 사회통합, 공동체의 복원 등 새로운 사회의 대안으로 나타나고 있으며 사회적기업, 마을로 대변되는 공동체 활동은 전국적으로 활발히 전개되고 있다.[37] 경쟁 중심에서 벗어나 협력과 연대를 지향해 우리 사회가 마주하고 있는 불평등의 문제들을 해결해 가는 데 중요한 역할을 하고 있다. 이러한 조직의 형태로는 사회적기업뿐만 아니라 협동조합, 마을기업, 자활기업 등 다양하게 존재한다(표 3).

그동안 우리나라에서는 사회적경제에 관해 정부중심과 정책 제도 중심으로서 논의가 되어 왔다. 사회적경제가 유럽에서 연구되고 도입되어 왔는데 유럽에서 정의된 사회적경제는 시민 조직이 주도해서 사회문제를 대안적 경제 방식으로 해결하는 비즈니스로 설명하고 있는 반면에, 한국의 경우 협동조합기본법이나 생협법에 기초한 협동조합이나 사회적기업육성법에 의해 설립된 사회적기업, 행정안전부 정책 지원 대상인 마을기업 또는 보건복지부의 정책지원 대상인 자활기업 이렇게 구성되어 있다.[38]

표 3. 사회적경제 조직의 유형과 정의[39]

조직유형 (중앙부처)	정의
사회적기업 (고용노동부)	• 인증사회적기업: 취약계층에게 사회서비스 또는 일자리를 제공하거나 지역사회에 공헌함으로써 지역주민의 삶의 질을 높이는 등의 사회적 목적을 추구하면서 재화 및 서비스의 생산·판매 등 영업활동을 하는 기업으로서 일정 기준에 따라 인증을 받은 기업(사회적기업육성법)

지역이 묻고 사회적경제가 답하다

	• 지역형예비사회적기업: 사회적 목적 실현, 영업활동을 통한 수익창출 등 사회적기업으로서의 실체를 갖추고 있으나 수익구조 등 일부 요건을 충족하지 못하고 있는 기업을 사회적기업으로 육성하기 위하여 자치단체장이 지정한 기업(한국사회적기업진흥원, 2017) • 부처형예비사회적기업: 사회적 목적 실현, 영업활동을 통한 수익창출등사회적기업 인증을 위한 최소한의 요건을 갖추고 있는 기업으로서, 중앙행정기관의 장이 지정하여 장차 요건을 보완하는 등 사회적기업 인증을 목적으로 하는 기업(한국사회적기업진흥원, 2017)
협동조합 (기획재정부)	• 일반 협동조합: 재화 또는 용역의 구매·생산·판매·제공 등을 협동으로 영위함으로써 조합원의 권익을 향상하고 지역 사회에 공헌하고자 하는 사업조직(협동조합기본법) • 사회적협동조합: 위 협동조합 중 지역주민들의 권익·복지 증진과 관련된 사업을 수행하거나 취약계층에게 사회서비스 또는 일자리를 제공하는 등 영리를 목적으로 하지 아니하는 협동조합(협동조합기본 법)
마을기업 (행정자치부)	• 지역주민이 각종 지역자원을 활용한 수익사업을 통해 공동의 지역문제를 해결하고, 소득 및 일자리를 창출하여 지역공동체 이익을 효과적으로 실현하기 위해 설립·운영하는 마을단위의 기업(행정자치부, 2017)
자활기업 (보건복지부)	• 2인 이상의 수급자 또는 차상위자가 상호협력하여 조합 또는 사업자의 형태로 탈빈곤을 위한 자활사업을 운영하는 업체(보건복지부, 2017)

우리나라의 사회적경제 활동은 글로벌 자본주의 경제체제의 문제점을 인식하면서 그 대안을 찾기 위한 방향에서 출발했다. 하지만, 우리는 사회적경제 개념 자체에 대한 학문적 논의가 충분히 이루어지지 않은 채로 정책적 또는 제도적인 개념 규정에 의존하는 경향이 있다. 특징적인 것은 사회적경제가 사회적 이익과 경제적 이익을 함께 추구하지만, 조직적 관점에서 조직 유형, 조직의 사례와 발전 경로, 조직지형 등 조직이라는 시각에 몰입하는 한계를 가지고 있다.[40]

정부의 공식 발표에 따르면, 정부의 정책 규정에 기초한 사회적경제의 규모를 추정해 봤을 때 우리나라의 경우 1.4%가 사회적경제 종사자로 나타나고, 반면 EU는 2018년 기준으로 사회적경제 분야에서 단체 및 기업 280개가 임금 근로자 1,360만 명을 고용하고 있다. 고용 규모는 EU 28개 국 회원국 근로자의 6.3%에 해당하는 것으로 비임금 근로자를 포함할 경 우에 그 규모는 무려 1,910만 명에 달하고, 이외에도 550만 명의 풀타임 근로자에 맞먹는 8,280만 명의 자원봉사자가 활동 중에 있다(표 4).[41]

표 4. EU의 사회적경제 현황[42]

구분	현황	비고
단체 및 기업 수	280만 개	
임금근로자 고용 수	1,360만 명	EU 28개국 고용의 6.3%
종사자 수 (非임금 근로자 포함)	1,910만 명	
자원봉사자	8,280만 명	550만 명의 풀타임 근로자에 해당
협동조합 등 단체의 회원 수	2억 3,200만 명	-

개념 규정에 의한 사회적경제의 규모 차이는 한국의 법적으로 규정된 협동조합, 사회적기업 등만 포함 한정되어 있는 반면, 유럽에서는 공제조 합, 사회행동결사 즉, 사단법인, 비영리민간단체, 재단도 포함되어 있다. 실제로 유럽 19개국 제3 섹터 사회적경제 종사자 수를 보면 67%가 이런 결사 및 재단에서 일하고 있다. 우리나라는 이런 결사나 재단 중에서 사 회적기업 인증이 없으면 재단 등을 사회적경제 섹터에서 제외되어 있다. 또 하나는 공제조합도 우리나라 사회적경제 섹터에 포함되어 있지 않다. 예를 들어 기초생활수급자나 자활근로자들이 한 달에 5천 원, 1만 원씩 모아서 55억 원 규모에 이른 자활공제기금도 유럽의 경우에는 사회적경

지역이 묻고 사회적경제가 답하다

제 섹터에 당연히 포함되어 있지만, 한국에서는 사회적경제 섹터로 분류되지 못하고 있다. 또 함께 일하는 재단, 사회연대은행 등 지원조직도 사회적경제 조직의 범주에서 제외되어 있다.

비영리섹터와 사회적경제 섹터의 공통점은 민간이 공식적으로 조직의 원칙을 결정하고, 의사결정의 자율성이 있고 자발적으로 가입하고 참여한다는 원칙, 이 세 가지를 공유한다. 반면 비영리조직과 사회적경제 조직은 강조점이 다르다. 비영리조직은 이윤 분배 금지 원칙이 강하고, 사회적경제 조직은 이용자에 대한 기여와 운영의 민주성을 강조하고 있기 때문에 조직마다 강조점이 다르다. 폴라니(Polanyi)의 주장은 비영리섹터가 최근 강조되는 점에서 알 수 있다. 자본주의 사회가 우리 삶에 과다하게 침투되어 부작용이 나타난 것은 아닌지, 금융위기, 공동체 파괴 등 결국 경제도 자본 중심 경제에 대한 대안을 만들 필요가 있다는 시민들의 열망에서 비롯되었다고 할 수 있다.[43]

4장

우리 곁에 사회적경제

사회적경제를 위해서 필요한 것은 두 가지로써 사회적경제의 제도적 형식보다는 사회문제를 대안적 비즈니스 방식으로 해결하려는 시민들의 주체적인 노력과 다양한 참여에 대한 가치를 부여하는 것이다.

우선 사회적경제기본법에 보면 농협중앙회나 중소기업중앙회가 포함되어 있는데 이처럼 거대한 조직은 한동안 선거 때마다 뉴스에 단골로 등장할 만큼 부패로 얼룩졌었다. 이런 조직들은 사회적경제 조직에 포함되어 있는 반면에, 우리나라 최초의 사회적기업인 '성이시돌 목장'은 1954년에 제주에 온 선교사 맥그린치(P. Mcglinchey, 한국명: 임피제) 신부가 제주의 어려움과 가난을 이겨 내기 위해 목축업 육성을 위해 설립한 목장으로써 사회적기업을 운영해 온 '재단법인 성이시돌 농촌개발협회'는 사회적경제기본법에는 명시적으로 포함되어 있지 않다.[44]

둘째는 사회적경제를 취약계층의 일자리 창출, 거대 자본의 착한 비즈니스로 생각하는 경향이 있는데, 우리 삶의 핵심적인 문제를 차지하고 있는 주택, 의료, 교통운수, 돌봄, 소상공인, 금융 등의 이런 다양한 분야에 있어서 자본 중심의 이윤 추구의 기업 목적이 아닌, 사람과 공동체 증진의 기업에 목적을 설정할 수 있다. 자본가가 아니라 노동자 또는 소비자, 원료공급자 또는 다양한 지역 주민들이 그 기업을 소유할 수도 있다. 그리고 잉여를 자본가에게만 배분하는 것이 아니라 그 이해관계자에게 모두 골고루 배분하거나 지속적인 공동체 발전에 기여하는 조직에 투자하는, 즉 기존의 자본주의 기업과는 구별되는 혁신적인 경제라는 관점으로 사회적경제에 대한 우리 인식의 지평을 좀 더 넓혀 가는 것이 필요하다 (표 5).

표 5. 사회적경제 유형별 목표 및 지원 정책[45]

구분	사회적기업	협동조합	마을기업	자활기업
소관부처	고용노동부	기획재정부	행정안전부	보건복지부
근거법령	사회적기업육성법	협동조합기본법	• 도시재생활성화 및 지원에 관한 특별법 • 마을기업육성사업시행 지침	국민기초생활 보장법
시작연도	2007년	2012년	2011년	2000년
주 참여자	취약계층 중심	이해당사자, 이해관계자 중심	지역주민 중심	저소득층 중심
정책목표	고용창출, 사회서비스 공급	새로운 법인격 도입을 통해 시장 경제 문제점 보완	지역공동체 활성화	탈빈곤
활동내용	2,161개소 (2017년 기준)	12,431개소 (2017년 기준)	1,446개소 (2016년 기준)	1,189개소 (2017년 기준)

설립방식	인증제	• 신고제: 일반 협동조합 • 인가제: 사회적 협동조합	심사제	신고제
사업주체	대부분 대표자 1인	공동출자자 (최소 5인 이상)	공동출자자 (최소 5인 이상, 주민 70% 이상)	대표자 1인
유형	• 인증사회적기업 (2,161개 인증, 1,877개 활동 중) • 예비사회적기업 (부처형 292개, 지역형 903개)	• 일반협동조합 (11,603개) • 사회적협동조합 (828개)	• 자립형: 909개 • 신규: 120개 • 1, 2차 년도: 111개 • 기타: 133개	• 지역자활기업 (1,055개) • 광역자활기업 (34개) • 전국자활기업 (4개)
고용	약 40천 명	약 30천 명	약 16천 명	약 15천 명
특징	• 일자리 제공 유형 이 70%를 차지	• 일반협동조합: 사업자협동조합 이 전체 75%를 차지 • 사회적협동조 합: 지역문제해 결목적형이 전체 40%를 차지	• 지역농산물 가 공 · 판매업종이 58%를 차지	• 5대 표준화사업 중 청소 소득이 21%차지

최근에는 사회적경제와 관련해 다양하고 새로운 개념 및 접근 방식이 나타나고 있다. 예를 들어, 사회적기업(social enterprise), 사회적기업가 정신(social entrepreneurship), 사회적 혁신(social innovation), 협력적 경제(collaborative economy), 공공선 경제(economy of common good), 순환경제(circular economy), 기업의 사회적책임(CSR), 기업시민(corporate citizenship) 등으로 이러한 추세는 경제구조가 저성장 및 저고용으로 변화됨에 따라 사회적경제가 담당해야 할 기능이 보다 중요해지고 있음을

지역이 묻고 사회적경제가 답하다

의미하는 것이다.[46]

우리나라의 경우 정치적인 이데올로기로 인해 사회적경제라고 하면 사회주의경제로 잘못 개념화하는 경향이 있다. 우선 확실하게 개념을 정의하자면, 사회주의경제는 국가적 소유를 기반으로 하는 중앙 집권식 명령경제인 반면, 사회적경제는 사회적기업, 협동조합, 마을기업, 자활기업, 생협 등 우리의 문제를 스스로 해결하려고 만든 자조경제이고 우리 사회의 취약계층을 공동체 속에서 포용하려는 포용경제이기도 하며, 마을과 학교 등 공동체의 신뢰 관계를 촉진하는 공동체 경제이다.

우리나라에도 지속가능한 수익 모델로 더 나은 사회를 만들어가는 사회적기업들이 있다. 이들은 우리 삶의 핵심적인 문제들을 해결하고 있다. 발달장애인의 행복한 일터를 만드는 '베어베터(Bear Better)'는 사회적 약자와 함께 일하며 모두가 행복한 사회를 만들어가고 장애인을 위한 무장애 공정여행을 만드는 '두리함께'는 건강한 삶을 위한 사회서비스를 제공하고, 강원도의 다양한 지역자원을 발굴하여 상품화하는 '소박한 풍경'은 지역사회에 새로운 활력을 불어넣는 사회적기업으로 성장 중이고, 혁신적인 아이디어로 일상의 문제를 해결해 가는 소셜벤처로 빛 부족 국가를 위해 혁신적인 조명기구를 개발한 '루미르(Lumir)'는 세계가 함께 겪는 문제를 해결하고, 위안부 할머니와 존엄성에 대해 생각하는 착한 라이프 스타일 브랜드를 탄생시킨 '마리몬드(Marymond)'는 존중받아야 할 가치를 회복하는 소셜벤처다.

연대와 협력의 가치로 모두가 주인공인 협동조합은 친환경, 안전한 먹을거리를 지향하는 '소비자생활협동조합'으로 건강한 먹거리를 위해 소비자가 뭉치고, 여성농민의 자립을 지향하는 조합원들이 활동하는 '언니네

텃밭'은 정당한 대가를 위해 생산자가 뭉쳤고, 장애인 자녀와 가족의 편안하고 돌봄을 지향하는 '열손가락서로돌봄 사회적협동조합'은 따뜻한 가치를 위해 모두와 연대하는 협동조합이다.

지역주민이 지역자원을 활용해서 지역의 문제를 해결하며 주민이 생산한 농산물과 반찬거리를 유통시켜 마을주민에게 일자리와 수익을 제공하는 여수의 '마을기업 송시'는 지역과 함께 성장하는 마을기업이다. 스스로 일어설 힘과 기회를 제공하는 자활기업은 아무도 소외되거나 배제하지 않으며 참여와 협동 속에 우리 주변의 문제를 해결해 온 사회적경제이다. 아이들의 마음속에 함께의 가치를 심어 주고 질망에 빠진 청년에게 새로운 기회와 희망을 전하고 혁신을 통해 우리의 푸른 별을 지켜 나가는 사회적경제는 변화와 혁신을 통해 행복한 오늘을 만드는 사람 중심의 경제이다.

사실 사회적경제기업이라는 단어가 없어지는 것이 맞을지 모른다. 사회적경제기업이든 아니든 모든 기업이 사회적 미션을 가지고 그것을 추구하는 사회가 만들어져야 한다. 경제가 사회적 미션을 추구하고 사회 구성원 모두가 좋은 삶의 질을 추구할 때 사회적경제라는 개념이 보편화되면서 사라져 가는 것이 우리 미래의 꿈일 것이다.

지역이 묻고 사회적경제가 답하다

5장

척박한 경제에서 또 다른 종류의 경제

갓 구운 빵 냄새에 이끌려 손님들은 하나둘 가게로 들어온다. 싸고 맛있다며 너도나도 사 가자 주인은 가격을 조금씩 올려 본다. 빵이 맛없으면 가격을 내려도 손님이 오지 않고 빵이 맛있으면 가게는 번창한다는 굉장히 합리적으로 보이는 시장경제 논리이다. 하지만 현실은 어떨까? 물가의 몇 배로 뛰는 가게의 월세, 겨우 힘들게 만들어 놓은 상권을 장악해 버리는 프랜차이즈 기업, 값싼 재료를 쓰고 저임금으로 무리하게 일을 시키며 줄여서는 안 될 비용을 줄이는 일부 사장님들은 얼핏 자연스러워 보이지만 사람보다 돈이 먼저인 이 시장이라는 곳에 경제라는 것이 다 그런 것일까?

우리는 언젠가부터 또 다른 종류의 경제를 만들어 가고 있는 사람들을 볼 수 있다. 지나친 이윤 추구 때문에 척박해진 경제 지형을 여러 가지 형태의 연대를 통해 중화시키고 있다. 어떤 사람들은 사회에 좋은 일을 하면서 돈을 버는 회사를 운영하고 있다.

주식회사 '착한여행'은 2009년 출범한 국내 공정여행의 효시로 사회적 약자에게 서비스를 제공하고, 주식회사 '어반비즈 서울'은 도시에서 꿀벌을 키우는 유쾌한 도시양봉가 기업으로 새로운 도시 문화를 만들면서 지역 사회를 발전시키고, 주식회사 '민들레누비'는 결혼이주여성들과 세계화를 꿈꾸면서 인권을 고려한 제품을 만들고 있다.

　이렇게 돈을 번다는 것이 현실적으로 가능한 이야기일까? 사회적기업 셰어하우스 '우주'는 젊은 청년들에게 좋은 주거 대안을 주고 싶어서 공용공간을 같이 활용해서 가격을 낮추거나, 혹은 비슷한 가격이더라도 혼자서는 갖출 수 없었던 큰 주방이나 큰 냉장고나 공용공간으로 효용을 내는 주택서비스를 제공하고 있다.

　어떤 사람들은 아예 모두 대표가 된다. 협동조합을 통해 제대로 된 제품을 사용하고 싶은 소비자가 뭉쳐서 상점을 차리고 또는 '목화송이' 협동조합처럼 제대로 된 일값을 받고 싶은 근로자가 뭉쳐서 일하기도 한다. 그리고 만약 제대로 된 집에서 살고 싶다면 돈을 모아 모두가 건물주가 되기도 한다. 협동조합 '한살림'에서는 조합원들이 물품을 만드는 과정에 직접 참여하면서 내 몸에 유해한 것은 넣지 않는다는 생명 중심의 세계관을 바탕으로 지속가능한 삶의 공동체를 만들고자 설립하였다. 가장 큰 장점이라고 한다면 생산자의 생활을 책임지는 정도로 물품 가격이 결정된다는 점이다. 과거에 가격이 높은 부분이 있었다면, 지금은 1차 농산물의 경우 생산자들의 농업기술 향상으로 인해 생산량 확보가 되고, 시중 농산물과 가격차등이 별로 없기 때문에 경쟁력을 가지고 있다.

　이 밖에도 마을기업은 지역 주민이 각종 지역자원을 활용한 수익사업을 통해 공동의 지역문제를 해결하고, 소득과 일자리를 창출하여 지역공동체 이익을 효과적으로 실현하는 마을 단위의 기업이다.

저소득층이 자립할 능력을 키워 주는 자활기업 등 무엇인가를 사고파는 모든 일상이 경제라면 사회적경제는 나도 제값을 치르고 나도 제값을 받는 제대로 된 일상을 마주하는 하나의 방법이다.

2007년 〈사회적기업육성법〉이 제정되면서 사회적경제와 관련된 법적 근거가 마련되었고 13년 동안 사회적 관심도도 많이 높아졌다. 2020년 7월 현재 우리나라 인증 및 등록기준 2,559개소의 사회적기업 인증 비율은 일자리 제공형 66.8%, 창의·혁신형 12.7%, 혼합형 7.7%, 지역사회 공헌형 6.7%, 사회서비스제공형 6.1% 순으로 일자리 제공형의 비중이 매우 높다.[47] 이처럼 다양한 형태의 사회적기업이 정책적인 중요성도 높아지고 범위가 다양하고 넓으면서 특히 소비자로부터 도움을 받는 기업도 있고, 한편으로는 소비자에게 이로움을 주는 기업 활동 등을 보면서 우리사회에 아주 많은 변화가 나타나고 있다고 생각해 본다. 다시 말해 사회적경제 영역에서도 소비자에게 도움을 주기 위한 다양한 시도가 이뤄져야 한다는 의미이다. 온갖 정성을 들여서 좋은 가치만 내걸면서 홍보와 마케팅을 한다면 지속성은 담보할 수 없다. 그렇지만 그 출발 지점에서 서로 도와주고 함께 해 주는 것은 분명히 필요한 부분이다.

〈사회적경제기본법〉이 국회에 계류 중이고 2007년 〈사회적기업육성법〉이 제정되고 발효된 지 벌써 14년째로 아직은 갈 길이 멀긴 하지만, 빵이 부족한 누군가와 빵 만드는 기회가 필요한 나와, 양심적으로 빵을 팔고 싶은 당신과, 좋은 나라를 만들고 싶은 정부가, 우리가 노력하고 계속해서 연결된다면 정말로 사람이 먼저인 일상이 다가올 것이다.

2부

사회적
가치 실현

6장

죽은 원조가 남긴 사회적 가치

우리는 과연 사회적 단체에 대해 얼마나 이해하고 있을까? 우리 누구나 한 번쯤 할 수 있을 법한 질문이다. 만약, 우리가 국제개발협력 분야에 공공기관 직원이라고 한다면 이 기관이 추구하는 사회적 가치란 어떤 것일까? 인도의 아라빈드(Aravind) 안과병원의 사례처럼, 개발도상국의 빈곤, 보건, 의료 등 여러 사회문제를 해결하도록 지원하는 것이다.

만약 우리가 아프리카에 말라리아 사망률을 낮추기 위한 지원사업의 담당자라면 어떤 방법을 선택할 것인가? 우리가 모기장을 무상으로 제공한다는 선택지를 택했을 경우, 어떤 일이 벌어지게 될까? 여기 아프리카에 한 지역에 모기장을 생산하는 작은 공장이 있다면, 지역 경제에 기반한 이 공장은 일주일에 약 500장의 모기장을 생산할 수 있다. 그런데 한 국제기구에서 이 지역 주민들에게 무상으로 모기장을 제공하기로 했다. 말라리아로 쓰러지고 고통받는 아동과 노약자를 지원하기 위한 목적이었다.

그러나 이 사업은 생각지 못한 결과를 만들었다. 무료지원으로 지역 주민 누구도 모기장을 구매하지 않자 지역의 모기장 생산 공장이 문을 닫게 된 것이다. 이 지역의 경제, 사회, 환경 영역에서 개인 공동체 그리고 미래 세대에 미칠 영향력에 대한 고려가 없는 단순 지원이었기 때문이다. 잠비아 출신 경제학자 담비사 모요(Dambisa Moyo)는 저서 《죽은 원조(Dead Aid)》에서 아프리카의 원조를 당장 중단하라고 주장하고 있다. 지금껏 우리가 해 왔던 해외 원조가 실상은 '죽은 원조'라는 것이다. 뚜렷한 개발 의지 없이 보내 주는 선진국의 원조가 아프리카를 더욱 처참한 경제로 몰아가고 있으며 그것이 아프리카의 죽음을 부르는 원인이 된다고 주장한다.[48]

사업의 목적에 맞는 성과를 달성하기 위해 시작한 일이었지만 단순 지원의 부정적 영향은 너무나 컸다. 그로부터 몇 년 후 지역 주민들에게 보급된 무상 모기장이 닳고 찢어지게 된다. 모기장을 새롭게 설치해야 하지만 이미 지역에 모기장 생산 공장은 망하고 없어진 지 오래다. 지역 경제를 교란한 셈이다. 주민들은 이제 또 다른 국제 원조의 손길을 기약 없이 기다린다. 결국 이 지역에 말라리아 사망률은 다시 높아지고 지역경제는 쇠퇴하게 된다.

그렇다면 다른 선택지를 골랐다면 어떻게 됐을까? 만약 주민들이 적정 가격에 모기장을 살 수 있도록 했다면, 아프리카 말라위에서 실제 있었던 일이다. 말라리아 사망률을 낮추기 위해 고민하던 한 NGO는 오랜 회의 끝에 모기장을 유상 판매하기로 결정했다. 왜 그랬을까? 말라리아 사망률을 스스로 낮출 수 있도록 지역생태계를 구축하자는 목표를 가졌기 때문이다. 이들은 말라위의 수도인 릴롱궤에서 모기장을 개당 5달러에 판매하기 시작했다. 그리고 도시에서 거둬들인 수익으로 농촌에서는 50센트라는 값싼 가격에 팔았다. 농촌에 보건소를 통해 모기장을 50센트에 팔면

개당 9센트의 수익이 보건소 직원 몫으로 돌아갔다. 직원들은 말라리아 위험에 취약한 산모와 아이들의 부모에게 모기장 구입을 권했다. 그 결과 2000년에 8%에 불과했던 5세 이하 아동 모기장 이용률이 2004년에는 55%로 증가했다. 말라리아 사망률은 계속 줄어들었다.

말라위 프로젝트는 국제개발협력을 목표로 하는 기관이 아동 사망률을 낮추기 위한 프로젝트이다. 이들은 무상 보급전략으로는 지역생태계를 파괴할 뿐 지속가능한 성과를 얻지 못한다는 것을 깨닫고 새로운 대응을 마련했다. 지역에서 생산하고 소비할 수 있도록 생태계를 조성하는 일을 통해 사회적 가치를 만들어 낸 것이다. 담비사 모요는 모기장 10만 장을 외국에서 수입해 들여오는 것보다 현지 생산업체가 생산할 수 있도록 재정을 지원하는 것이 효과적이라고 말한다.

정부는 2019년 정부혁신 종합 추진계획에서 사회적 가치에 대한 개념 및 체계를 발표했다.[49] 사회적 가치란 사회·경제·환경·문화 등 모든 영역에서 공공의 이익과 공동체의 발전에 기여할 수 있는 가치여야 한다는 것이다. 또한 헌법적 가치로써 사회권을 실질화하기 위한 가치이며, 경제적·환경적·문화적 가치를 포괄하는 상위 가치로써 체계를 설정하였다. 이는 헌법이 지향하는 가치 중 사회의 재생과 건전한 발전을 위한 가치로써 인권, 노동권, 안전, 사회적 약자 배려, 민주적 의사결정과 참여의 실현 등 공동체와 사회 전체에 편익을 제공하는 가치임을 말하고 있다.

중요한 것은 나의 일이 어떤 의미를 가지고 있는지 고민하고, 경제, 사회, 환경에 어떤 파급효과가 생길지 생각하며 나와 우리를 넘어서 미래 세대까지 고려하는 것, 이것이 바로 우리가 추구해야 할 사회적 가치가 되는 것이다.

7장

'같이'의 '가치'를 만드는 기업

몇 년 전 우리나라에 소방관을 주인공으로 한 영화가 두 편이나 개봉했었다. 영화 〈타워〉와 〈반창꼬〉이다. 아무리 강조해도 지나칠 것이 없는 게 불조심이라고 하는데, 이런 불조심이 가득한 가운데 위험을 무릅쓰고 화재현장을 달려드는 119 소방관들의 모습은 관객들에게 큰 울림을 준다. 특히 주인공 소방관이 홀로 현장에 남아 고군분투하면서 위험한 상황에 처하는 장면이 실제 소방관의 근무환경도 영화 속 자극적인 장면과 흡사하다. 한 해 평균 5.4명의 소방관이 화재나 구조 활동에 나섰다가 순직하고, 공무 중 다친 인원을 합하면 한 해 평균 약 500여 명이 크고 작은 안전사고를 당한다. 화마와 싸워 가며 불을 진압하는 소방관들이지만 이들이 받는 처우는 굉장히 열악한 것으로 알려졌다.[50]

영국 런던에는 한 편집샵에서 사회적기업 가운데 조금은 특별한 이념을 가진 기업의 제품을 찾아볼 수 있다. 언제나 위험천만하고 얼마를 받더라도 부족할 소방관들의 업무환경 개선을 위해 노력하는 라이프스타일 액세서리 브랜드이다. 환경보호라는 기업의 이념과 가치 그리고 소비자들의 가치 소비로 인해 리사이클링 매장보다는 전 세계 패션 매장에서 각광받고 있는 브랜드이다.

산업 폐기물로 제품을 만드는 영국의 사회적기업 엘비스 앤 크레스(Elvis & Kresse)는 쓰레기로 버려지는 산업폐기물을 모아 벨트, 지갑, 가방 등 고급 액세서리를 만드는 업-사이클링(Up-cycling) 기업이다. 업-사이클링은 재활용 의료로 옷이나 가방을 만들거나 버려지는 폐자재를 활용한 재활용품에 디자인 또는 활용도를 더해 그 가치를 높여 새로운 제품으로 탄생시키는 것이나. 제품을 본 고객들은 생선껍질이나 악어가죽을 이용해 만든 제품일 거라고 생각한다. 하지만 버려지는 소방호스를 활용해 만든 제품일 거라고는 쉽게 상상하지 못한다. 설명을 듣고 재료를 알게 된 후에도 믿어지지 않는다는 반응을 보인다. 런던 소방서에서 나온 폐기 소방 호스로 제품을 만들었다고 하면 다들 '이게 뭐지'라고 생각할 수 있다. 처음에 제품을 주문하기에는 두려움이 있다. 제품은 엉망일 거라고 생각할 수 있고 돈 낭비하는 것 아닌가라는 생각이 들 수 있다. 하지만 제품 상자를 열어서 품질을 확인하자마자 가방 보관 주머니는 낙하산 천으로 만들었고 수익의 50%는 소방관들에게 돌아간다고 하는 기업의 이념에 구매자들은 흔쾌히 그 소비에 만족한다.

7년 전부터 팔기 시작한 편집샵에서 가장 많이 팔리는 제품 중 하나가 되었다. 이 편집샵은 어떤 기업이 무슨 이념을 가지고 만든 제품인지 알아보고 스토리가 있는 기업의 제품을 들여놓는다. 사람들에겐 폐자재로 만든 제품의 선입견에 대한 우려가 있다. 하지만 환경에 관심이 있는 소비자와 매립지로 버려져 우리 환경을 오염시키지 않도록 한다는 생각에

이 브랜드 제품을 더 사고 싶게 만들어 준다.

영국 시팅본, 런던 외곽지역에 한적한 시골마을에 엘비스 앤 크레스(Elvis & Kresse) 기업이 있다. 이미 영국에서 유명한 업-사이클링(Up-cycling) 브랜드로 자리 잡은 이 기업에서는 바로 이곳에서 버려지는 폐자재들이 마술처럼 살아난다. 가방, 벨트, 지갑, 키홀더 등의 제품이 돼서 가치가 부여된다.

이 기업 대표의 환경을 생각하는 아이디어는 버려지는 소방호스에서부터 시작되었다. 소방서를 찾아가 3~10톤 정도의 소방 호스가 폐기된다는 사실을 알고 '이걸 고쳐 쓰면 어떨까'라는 생각에서 출발했다. 그래서 호스를 달라고 부탁한 것이 이 큰 모험의 시작이 되었다. 소방호스는 벨트나 가방 등 가죽제품으로 커피 원두봉투는 말려서 포장지로, 낙하산 천은 가방의 안감으로 재활용한다. 버려진 찻잎 봉투는 제품의 설명서로 새롭게 태어난다. 설립 첫해에는 2,000~3,000여 개의 제품을 팔았다. 지금은 수만여 개의 제품을 팔고 해외 여러 국가에서의 요청이 들어오면서 판매량은 계속 증가하고 있다. 물론 핵심 시장은 영국이며 미국이나 다른 유럽 국가들에게서도 판매를 많이 하고 있다. 세계 곳곳으로 제품을 보내고 있다.

이런 다양한 제품은 우리나라의 인터넷 쇼핑몰에서도 쉽게 구매할 수 있을 만큼 한국 소비자층도 확보하고 있다. 그 이유는? 가치 소비가 확산되고 있기 때문이다. 한국 시장에서 7~8년 전쯤 매우 흥미로운 일이 생겼다. 엘비스 앤 크레스(Elvis & Kresse) 비즈니스가 15~16세 아이들의 교육과정에서 소개되었다. 그러면서 한국시장에서 주문이 늘고 인기가 올라갔다. 이 사회적기업의 아이디어나 이념이 한국에서 생각하는 환경보호나 세상에 대한 사람들의 기여, 책임감 있는 행동, 원하는 변화를 이끄는 행동 등에 대한 생각과 잘 맞아떨어졌기 때문이다.

엘비스 앤 크레스(Elvis & Kresse) 기업 이념의 3대 요소는 '구제하고, 변화시키고, 기부한다'이다(그림 3). 이것이 엘비스 앤 크레스(Elvis & Kresse)를 지탱하는 사회적기업의 이념이다.

폐기물을 구제하고 새로운 제품으로 변화시키고 수익의 50%를 기

그림 3. 엘비스 앤 크레스 기업 가치[51]

부한다. 오래된 재료를 새롭고 튼튼한 액세서리로 재활용하여 환경친화적인 것 외에도 사회적 책임을 지고 있다. 이익의 50%를 근무 중 신체 부상을 입은 많은 소방관의 삶의 질 향상을 목표로 하는 소방관 자선 단체에 기부한다. 또한 장애인들이 일자리를 찾도록 돕는 단체인 Poole's Remploy 공장의 직원들을 고용하고 있다. 이곳을 자신의 일터로 선택한 직원들은 하나같이 환경을 살리는 데 동참한 자신의 시간에 자부심을 가지고 있다. 직원들은 흔히 일반적인 직장을 구하듯이 인터넷 등 광고를 이용한다. 이 일을 인터넷을 통해서 찾고, 작업실에서의 일들이 흥미롭게 느껴져 지원하고, 소방호스로 제품을 만드는 회사에 대해 흥미롭다는 생각으로 일을 시작한다. 이들은 집에 가서 잠자리에 들 때 '난 오늘 8시간 동안 이로운 일을 위해 힘썼어'라는 생각을 하게 되면서 밤마다 기쁜 마음으로 잠을 잘 수 있다.

호텔 카펫, 차량 시트, 공간 벽 시공, 가구 등 소비자의 요구에 따라 맞

춤 생산을 하는 비스코 프로젝트(BISCO Project)로 사업영역을 확대시킨 엘비스 앤 크레스(Elvis & Kresse)는 지금까지 재생한 폐기물의 양, 즉 원재료 사용량은 매년 250톤에 가까운 자원을 구제하고 있다. 창업 2년 만에 흑자 구조로 돌아서면서 완전한 재정적 독립도 이루어 냈다.[52]

이들이 생각하는 사회적기업이란 어떤 의미일까? 가장 중요한 것은 왜 존재하는가이다. 사회적기업에게 왜 존재하는가의 대답은 영향력이다. 사회적·환경적 영향력일 것이다. 그것이 사회적기업의 존재 이유이다. 엘비스 앤 크레스(Elvis & Kresse)가 생각하는 기업의 성장 기준은 두 가지이다. 첫째는 얼마나 많은 폐기물을 구제했는가? 둘째는 얼마의 돈을 기부할 수 있었나? 이 두 가지 기준이 가치 소비자 시대를 살고 있는 구매자들은 이 기업의 가치를 받아들이고 응원하며 기꺼이 지갑을 열고 있다.

비즈니스를 위한 미래가 있다면 이는 바로 사회적 비즈니스일 것이다. 이와 같은 기업들이 미래다. 환경을 파괴하고 사람들을 착취하는 파괴적인 비즈니스는 미래가 없다. 그들의 시간은 끝났다.

8장

자본주의를 위한 새로운 가치

사회적경제의 또 다른 형태인 농업으로 노다지를 캐는 포항 '노다지마을기업'이 있다. 경상북도 포항시에 6천여 평의 땅을 개간해 2013년 설립한 마을기업이다. 마을의 인력과 땅 그리고 스토리를 하나로 묶어서 일자리를 만들어 내는 데 힘을 쏟고 있다. 마을 주민의 노력으로 현재 이 마을기업은 영농팀, 가공팀, 마케팅팀으로 나누어 온라인 및 오프라인 판매가 활발하다. 1차는 고추, 감자, 고구마 등등해서 열한두 가지 다양한 친환경 농산물과 2차로는 떡류 및 장류 등의 가공품이 있다.[53] 가장 높은 판매를 올리는 인기 상품은 떡볶이 떡으로 떡류 상품의 반응이 좋자 치즈가 들어간 떡볶이 떡과 소시지와 떡을 엮은 소떡까지 연이어 개발했다.

노다지마을처럼 생산과 가공 그리고 마케팅 시스템까지 다 갖춘 곳은 찾기 힘들다. 친환경 제품에 해썹(HACCP) 인증까지 받았기에 소비자들의 인기를 많이 끌고 있고, 특히 소떡은 농림부 장관상까지 수상했다. 최근에는 포항에서 생산하는 과메기를 인근 업장에서 들여온다. 이곳에서 직접 농사지어 생산한 제철 채소를 과메기 곁들임 채소로 묶어서 세트 상품으로 개발했기 때문이다. 소비자들은 이 마을 기업을 통해 구매하지만, 결과적으로는 이웃 상품을 대신 팔아 주는 셈이 된다. 특히 이 마을기업에서는 부설연구소까지 설치했다. 꾸준한 연구를 통해 청국장에서 나는 특유의 냄새를 잡는 데 성공했다. 기존 제품은 콩 청국장 특유의 냄새가 많이 나는 편인데 노다지마을에서 자체로 만드는 미생물 배지를 이용하기 때문에 독성도 없어지고 특유의 잡내도 많이 잡아서 냄새가 없는 청국장을 만들었다.

게다가 특산물을 이용한 친환경 농법까지 개발했다. 포항의 특산물이 대게가 있는데 대게 껍데기를 활용한 GCM(Gelatin Chitin Microorganism, 젤라틴 기틴을 분해하는 미생물) 농법이다. GCM 농법이란 게 껍데기에 함유된 키토산을 활용하는 것으로 키틴 유생물이 게 껍데기를 분해해 발생하는 미생물로 유해물질을 죽이는 방식을 말한다. 2015년 농업 분야 경북도지사 표창을 받기도 한 이 기업은 연 매출 70억 원 달성을 목표로 하고 있다.

설립 당시 가구 수가 줄고, 쇠퇴해 가던 마을을 살렸듯이, 함께 일하는

그림 4. 노다지마을기업의 가치[54]

자연의 힘으로 키운 먹거리

지역 주민들과 함께 지속 가능한 농업을 위하여
노력하는 기업 노다지마을

농촌 일자리를 창출하고 품질 좋은 농산물 및 가공 식품을 생산하여
소비자에게 합리적인 가격으로 판매하고 있습니다.

직원들이 다 같이 잘사는 것이 기업 목표라는 노다지마을기업의 비전이다. 사회적경제의 대표적인 형태인 마을기업의 노다지마을은 자본주의를 위한 새로운 가치를 제시하고 있다(그림 4).

지역이 묻고 사회적경제가 답하다

9장

위기의 눈물을 닦아 줄 지역의 사회적 가치

고용위기를 겪고 있는 전북 군산 지역의 현재 모습은 어떨까?

> 전북도 "군산 경제, 홀로서기 역부족"[55]
>
> "군산경제 침몰 2년…'악몽의 터널' 끝이 없다"[56]
>
> "지도로 본 군산 경제…깊어지는 시름"[57]

이것은 대기업이 무너진 군산 경제의 현주소이다. 군산은 2017년 현대중공업 군산조선소 가동 중단에 이어 2018년 GM 대우자동차 군산 공장이 문을 닫으면서 침체된 지역 경제로 인해 급격히 위축되면서 인구 유출까지 진행되고 있는 상황이다. 이곳에 한 대기업이 사회적 가치를 추구하는 벤처 육성을 위한 공간을 조성했다. 전북 지역에서 도시가스 사업을 하고 있는 SK E&S가 군산 경제에 기여할 방법으로 스웨덴의 말뫼(Malmö) 사례를 벤치마킹했다.

스웨덴 항구 도시 말뫼는 1970년대까지 스웨덴 조선 산업의 상징이었다. 그러던 말뫼는 1980년대부터 조선업의 경쟁력이 약화되면서 쇠퇴하기 시작했다. 폐업하는 조선소가 줄을 이었고 2003년 거대한 크레인이 단돈 1달러에 팔리는 것에 시민들은 오열을 했고 스웨덴 국영방송은 이 장면을 장송곡과 함께 내보냈다. 이것이 지금도 회자되는 '말뫼의 눈물'이다. 말뫼는 과거의 눈물을 삼키고 IT와 디자인 중심의 첨단도시로 변모했다. 지방정부와 대학이 나서 도시재생 프로젝트를 시행하면서 스타트업이 몰려들고 6만여 개 일자리가 창출됐다. 그리고 그 '말뫼의 눈물'이 14년 후 한국의 눈물로 나타난 것이다.

전북 군산시 구도심 영화동에는 일제강점기부터 현대에 이르기까지 건물과 삶, 문화가 한데 어우러져 근대 시간여행이 가능한 이채로운 공간이다. SK E&S가 지원하는 소셜벤처(Social Venture, 창업으로 사회문제 해결과 사회적 가치를 추구하는 기업) 육성사업인 '도시를 충전하는 리뉴어블 시티 프로젝트(Renewable City Project)'를 구성하는 로컬라이즈(Localrise) 군산이 운영되고 있다. 로컬라이즈 군산은 영화동 일대를 군산의 문화·관광 중심지로 발돋움시키고, 지역 일자리를 창출하기 위해 만들어졌다.[58]

언뜻 평범한 카페같이 보이지만 건물 전체가 사회혁신을 위한 실험공간으로 구성되었다. 전체 3층 건물을 리모델링해 1층은 다 함께 이용할 수 있는 카페 공간으로 활용하고 있고 2층은 창업팀들이 활용하는 공유오피스로 이용하고 있으며, 3층의 경우에는 공용 주방과 미팅 룸으로 활용하고 있다. 총 23개 팀 70여 명으로 최종 선발된 구성원들은 2019년 1월부터 1년간 소셜벤처를 위한 창업지원과 교육을 받는다. 로컬라이즈 군산이라는 플랫폼(Platform)을 통해 청년들의 사회혁신이 펼쳐지고 있는 것이다.

창업 교육은 창업가를 교육·육성하는 사회적기업 '언더독스'가 전담하고 SK E&S는 프로젝트를 위한 사업비와 업무 공간, 숙박시설을 지원한다. 23개 팀은 1년 미만 초기 스타트업을 위한 '로컬라이즈 군산 인큐베이팅 트랙' 10개 팀, 2~3년 차 이상 스타트업을 위한 '로컬라이즈 군산 엑셀러레이팅 트랙' 13개 팀으로 나뉘어 2019년 6월까지 12주에 걸쳐 창업 교육을 받았다.

SK E&S는 인큐베이팅 팀에는 최대 1,000만 원, 엑셀러레이팅 팀에는 최대 5,000만 원을 지급할 계획이다. 23개 팀은 크게 '문화가 흐르는 관광도시', '모두가 잘사는 경제도시', '골고루 누리는 행복도시' 등 3가지 큰 테마로 구성되어 있다. 군산 지역의 일자리 창출과 관광객 유입을 목표로 지역의 낡은 공간을 리모델링해 문화와 상업 공간을 구축하거나, 지역의 고유한 특색을 보여 주는 여행을 기획하고, 지역 특산품을 개발하는 등의 사업을 구체화하고 있다. 지역사회 구성원들이 사회적경제 원칙을 존중하는 문화·관광 분야에서 사업을 전개할 경우 그 비용을 보전하고 사회적·환경적으로 갈수록 긍정적인 영향을 지역에 미칠 것이다.[59]

로컬라이즈 군산의 인큐베이팅 트랙과 엑셀러레이팅 트랙은 전문가들의 컨설팅을 통해 지속가능한 사업으로 정착되도록 지원을 받고 있다(표 6, 7). 하지만 공간과 숙소가 제공되고, 얼마간의 자금이 지원된다고 하더라도 창업에는 위험이 따르고 전망도 밝지 않을 수 있다. 그런데도 불확실한 새 일에 도전하는 청년들의 목표는 무엇일까?

표 6. 로컬라이즈 군산 인큐베이팅 트랙[60]

팀명	대표자	분야	사업 내용
비어드벤처	김용진	관광 연계	• 지역의 장소와 이야기를 활용한 로컬 빅게임 서비스
월명스튜디어	백서희	관광 연계	• 월명동 공간에 어울리는 근대 의상 대여 • 스냅샷 서비스
망치디자인	김윤혜	관광 연계/ 문화·예술	• 폐건물 재생 인테리어 서비스
클라우드9	편제현	미디어·콘텐츠	• 공간 대여, 게스트하우스 파티 운영
섬김	김종빈	기타 (특산품 브랜딩)	• 지역 특산물 김의 패키지화 및 브랜딩·유통
스페이스 방편	신석호	문화·예술	• 예술인 활동 지원을 통한 전시 및 이벤트 기획
Y-LAB	김수진	관광 연계/ 문화·예술	• 여행자와 지역의 이야기를 연결하는 체험형 • 로컬 콘텐츠 제작
현필름 스튜디오	김현필	미디어·콘텐츠	• 지역 기반 1인 영상 제작 프로덕션
화접도	이희정	관광 연계	• 시니어 대상 치유여행 서비스
뜨레	최창희	관광 연계/ 미디어·콘텐츠	• 지역 대표 이미지를 활용한 관광 상품 개발

군산시 진포 해양테마공원은 밤이 되면 많은 사람으로 붐비기 시작한다. 바로 다양한 푸드트럭의 음식을 맛보기 위해서다. 스타트업 '군산밤'(엑셀러레이팅 트랙)은 군산 출신 청년 5명으로 구성된 협동조합이다.[61] 2018년 4월 군산에 푸드존을 만든 이들이 뜻을 모아 7월 협동조합을 설립했다. 조합원들은 매주 목~일요일 저녁에 근대역사박물관 주차장에서 영업하고 있다. 로컬라이즈 군산에 참여하는 청년협동조합 '군산밤'은 주말 밤 이렇게 푸드 트럭을 운영하고 있다. 서울의 '밤도깨비야시장', 여수의 '낭만포차' 등과 같은 지역의 명소를 얻으면서 군산의 건전한 야간문

화를 일구고 있다. 군산을 방문한 관광객들이 대부분 낮에 와서 밤에 떠나는 상황에 야간에도 더 체류할 수 있는 시간을 만들었다. 열악한 재정이지만 매출의 10%를 걷어 지역 아티스트와 국악인들이 공연하는 문화 행사도 진행한다. 군산밤 전호엽 조합장은 군산지역 대표 축제를 만들겠다는 포부를 가지고 있다.[62] 침체된 지역 경제에 조금이라도 보탬이 되고자 하는 청년들의 의지가 사회적 가치인 셈이다.

군산이 가지고 있는 역사적 자원이나 관광의 가치가 청년들의 아이디어와 만나면 상승효과를 낼 수 있다. 슈퍼워커(Super Worker)는 군산과 글로벌을 잇는 슈퍼 크리에이터가 되겠다는 꿈을 가지고 있다. 슈퍼워커는 서울에 한 케이블 음악프로그램의 PD와 해외 유학파 PD, 아트 디렉터 그리고 열혈 매니저가 모여 영상 콘텐츠, 바이럴 광고, 방송국 외주 프로그램 등 다양한 콘텐츠를 만들고 있다.[63] 군산에 잘 알려지지 않은 콘텐츠들을 개발하고, 현재 '아이엠 군산'이라는 프로젝트를 진행하면서 재미있고 정보가 될 수 있는 콘텐츠를 직접 제작하고 있다. 지역 재생뿐 아니라 한국적인 콘텐츠를 만들고 영어 자막을 입혀 글로벌로 내보내는 슈퍼 크리에이터이다.

수제버거 맛집을 찾아다니는 '버거팩토리'는 싱가포르에 판권을 팔았다. '폴링'이라는 바이럴 광고를 제작했고, '라커걸'이라는 영상은 노래 잘하는 일반인이 운전하면서 흥얼거리는 내용으로 케이블 음악 채널에도 소개가 되었다.[64] 슈퍼워커는 지역의 이야기를 기록으로 남기는 의미 있는 작업을 하고 있다. 군산 곳곳에는 겨우 뼈대만 남아 있는 폐건물들을 심심치 않게 목격할 수 있다. 이들은 폐건물을 이용해 1층에는 커피숍과 같은 형태로 운영하고 2층에는 크리에이터 아카데미를 만들어서 크리에

이터들이 교육을 받고 편집과 촬영을 실습할 수 있도록 부스 공간을 만들어서 운영할 계획을 가지고 있다. 3층에는 서울 강남 압구정, 이태원 등과 같은 명소와 비슷하게 꾸며서 대관을 통해 지역 주민들이 자유롭게 이용할 수 있는 카페 형태와 크리에이터 미디어 공간도 가능할 수 있도록 조성하여 운영할 계획을 가지고 있다.

지역 재생을 위한 사회적 가치를 담은 공간의 탄생이 군산에 어떤 활력을 불어넣을지 기대가 된다. 공간이 조성됨으로써 군산에 새로운 일자리가 창출되는 효과와 아울러 소셜벤처 청년 기업이 많이 생겨 군산 지역 경세가 활성화될 수 있는 것이다.

표 7. 로컬라이즈 군산 엑셀러레이팅 트랙[65]

팀명	대표자	분야	사업 내용
모아스토리	민경호	관광 연계/ 미디어·콘텐츠	• 장애인을 위한 무장애 관광 상품 개발
유니링크	신희수	관광 연계/ 문화·예술	• 홈스테이를 통한 한일 민간교류 확대
Super Worker	이영선	문화·예술/ 미디어·콘텐츠	• 군산 사람들, 역사 건물, 문화 관련 영상 콘텐츠 제작
미스터포터	최은성	커뮤니티 활성화	• 군산 대학생, 인근 음식배달 서비스
자람패밀리	이성아	커뮤니티 활성화	• 생애주기별 맞춤 관광 및 지역 공헌 프로그램 개발
멍랩	노지호	기타(반려동물)	• 군산 길고양이 골목 조성
so.dosi	김가은	미디어·콘텐츠	• 외국인 여행자를 위한 자유여행 가이드 제작
라온미르	김선웅	관광 연계/ 문화·예술	• 독특한 매장을 활용한 레트로 사진 스튜디어 조성

지역이 묻고 사회적경제가 답하다

꽃일다	김지연	문화·예술	• 지역 창작자(공방) 전용 공간 조성 및 편집숍 운영
먹방이와 친구들	박형철	관광 연계/기타 (프랜차이즈)	• 군산의 맛과 근대를 담은 캐릭터 개발
군산밤	전호엽	관광 연계/ 문화·예술	• 푸드 트럭, 푸드존 운영
물나무에듀	김현식	관광 연계/ 문화·예술	• 흑백사진관 운영 및 사진 교육
2nd Tomorrow	박소영	관광 연계/ 커뮤니티 활성화	• 50+ 세대의 강점을 살린 트립 호스트 발굴

2nd Tomorrow(세컨드 투모로)는 50+ 세대의 자산을 발굴해 사회에 기여한다는 목표로 50+ 세대(50~65세)가 보유한 지식과 지혜로 사회에 활용될 수 있도록 교육과 컨설팅 서비스를 제공하는 스타트업이다.[66] 두 번째 내일, 또는 나의(내) 일이라는 의미로 이들이 가진 지식과 지혜를 파트너사에 연결해 주고 양쪽이 모두 윈윈(win-win)할 수 있게 하는 것이다. '리멤버 군산'이라는 여행 프로그램으로 군산의 50+ 세대가 할 수 있는 역량을 찾는 과정에서 역사와 개인이 만나는 이야기를 수집한다. 이를 바탕으로 구도심 로컬 투어를 기획하고 지역민들의 추억과 역사가 담긴 장소를 찾아가는 것이다. 로컬라이즈 타운에서 영화방앗간, 철길과 내항, 근대역사박물관, 군산과자조합으로 연결되는 길들을 통해 50+ 세대의 경험과 그들의 스토리는 관광객들에게 군산을 매력적인 도시로 안내한다. 전세계 4억 명이 이용하는 숙박공유업체인 에어비앤비(airbnb)에는 개인들의 경험을 공유하는 에어비앤비 트립(trip) 프로그램이 있다. 나의 취향에 맞는 프로그램을 고른 후 현지인과 함께 그리고 또 다른 여행자들과 함께 색다른 추억을 만드는 것이다. 경험 많은 50+ 세대는 이런 프로그램에서

활동할 수 있도록 발굴하고 교육하고 있다.[67]

　로컬라이즈 군산의 최종 목표는 청년들의 아이디어가 결국, 군산을 변화시키는 것을 보는 것이다. 청년들의 아이디어가 비록 시작은 작았을지라도 이 날갯짓이 큰 변화를 불러일으킬 수 있을 것이다. 로컬라이즈 프로젝트는 한 대기업과 지방정부 그리고 청년들이 지속적으로 강조하는 사회적 가치 추구와 맞닿아 있다. 지역 기반의 소셜벤처를 육성하고 경기 침체로 사라진 일자리도 창출해 가면서 군산시가 안고 있는 사회문제를 해결하는 데 기여하고 있다. 정부의 일시적인 지원이나 어느 특정 한두 기업의 집중 지원보다는 지속가능한 사회적 가치 생태계를 만들어가는 것이어서 로컬라이즈 군산의 모습을 더 주목할 수밖에 없다. 이것이 바로 군산의 눈물을 닦아 줄 사회적 가치인 것이다.

사회적경제 혁신타운 조성

　정부는 4월 10일, 한국산업기술진흥원에서 '사회적경제 혁신타운 조성 사업' 선정을 위한 심의위원회를 개최하여, 2019년도 사업자로 고용위기 지역인 전라북도 군산시와 경상남도 창원시를 결정하였다. 사회적경제 생태계 구축 달성에 필요한 정책의 일환으로 사회적경제 지원조직의 집적화를 통해 기업들의 전주기적인 성장지원을 위해서 2019년부터 '사회적경제 혁신타운 조성사업'을 추진 중에 있다.[68] 사업자는 기존 신청한 지자체를 대상으로 지역발전 및 사회적경제 분야의 민간전문가로 구성된 심의위원회에서 주민참여, 사회적 가치 확산 및 향후 활용도 등 사업취지 부합성을 종합적으로 고려하여 선정하였다. 금번에 선정된 지자체는 입주기업 수요분석, 타당성조사 등을 자체 수행한 바가 있으며, 입적지인 군산시와 창원시는 산업 위기지역으로 가점을 부여받았다.

표 8. 지자체별 사업추진 주요계획[69]

구분	연차별 주요 계획		
	1차년도('19)	2차년도('20)	3차년도('21)
전북 (군산)	신축·리모델링 실시설계 용역, 입주·장비 내역 세부수요 조사	신축·리모델링 공사 착공, 리모델링 완공, 운영위 구성	장비구축 완료, 팹랩운영, 신축공사 완공, 지원조직·기업입주준비
	군산시 옥구읍 (구)상평초등학교 리모델링 및 신축		
경남 (창원)	부지매입, 실시설계용역, 공사 착공	부지매입, 증축·리모델링 공사 착공, 관리동 완공, 지원조직 및 운영위 구성	증축공사준공, 연구실험 공간 완공, 지원조직·기업입주준비
	산업단지관리공단 (구)동남전시장 리모델링 및 증축		

사회적경제 혁신타운 조성사업은 사회적경제의 협업·네트워킹·혁신을 위한 인적·물적 거점 구축을 통해 통합지원체계 및 지역 사회적경제 생태계를 구축하는 데 목적이 있다.[70] 주요 사업내용을 보면 사회적경제 지원조직 즉, 사회적경제 지원센터, 연대회의, 협의회, 각종 연합회 등 다수지원조직을 물리적으로 집적화하여 사회적경제기업에 대한 통합 지원체계를 구축하는 것이다(표 8). 지원내용으로는 지자체 보조사업(국비 50:지방비 50)으로 설계비, 건축비(부지제외), 장비구축비, 시설부대비 등을 지원하고 있다. 이를 통한 기대효과로는 협업·집적화, 지역산업 연계 등을 통한 기술혁신 성장지원, 주민 직접고용 및 지역공동체 활성화 등으로 지역문제를 해결하는 데 있다(그림 5).

사회적경제가 잘 뿌리내리기 위해서는 텃밭을 만들 필요가 있다. 전북과 경남에 세워지게 될 사회적경제 혁신센터가 그 시작이 될 것이다. 또한 현재 국회에 계류 중인 사회적경제기본 3법(사회적경제기본법, 공공기관의 사회적 가치 실현에 관한 기본법, 사회적경제기업 제품 구매촉진 및 판로지원에 관한 특별법)이 하루 속히 통과돼서 사회적경제의 새로운 도약의 계기가 되기를 바란다. 사회적경제기본법은 말 그대로 사회적경제 활성화에 가장 기본이 되는 법률이다. 사회적경제는 건강한 일자리를 만들고 건강한 일자리는 다시 사회를 이롭게 한다. 사회적경제는 내일(tomorrow)의 내 일(job)의 희망임은 분명하다. 그러나 사회적경제에 대한 인식과 환경은 아직 열악하다. 사회적경제가 성장할 수 있는 건강한 생태계를 만드는 일이 지금 우리에게 주어진 과제이자 역할일 것이다.

그림 5. 사회적경제 생태계 조성을 위한 전주기 성장지원[71]

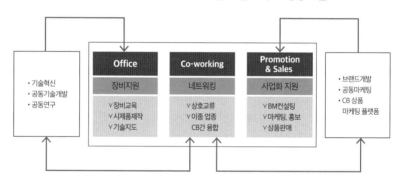

사회적경제는 그 뿌리가 자본주의 경제와 다르다. 이윤이 핵심이 아니라 사람이 핵심이다. 사회적경제는 정부가 미처 충족시켜 주지 못한 부분을 채워 줄 수 있다. 개인의 재미와 보람을 느끼면서도 사회에 기여할 수 있는 그런 훌륭한 조직인 것이다. 사회에서 어떤 역할을 하고 싶은지, 그

지역이 묻고 사회적경제가 답하다

역할을 하면서 어떻게 먹고 살지를 고민하다 보면 반드시 사회적경제와 만나게 될 것이다. 다음 세대가 어떻게 살아갈 것인가를 고민하고 다음 세대에게 희망을 주는 우리 곁의 경제인 것이다. 우리 모두가 행복해지는 경제이다. 또한 따뜻한 연대경제이다. 어려운 사람들이 기댈 수 있는 언덕이 될 수 있고 희망의 빛이자 사회와 경제를 동시에 발전시키고 빛낼 수 있는 것이다. 청년들이 꿈을 포기하지 않는 사회 그리고 행복하고 아름답게 잘 살 수 있는 것 그것이 바로 우리가 지향하는 사회적경제이다.

10장

사회적경제기업의 지속가능한 가치

사회적기업 주식회사 루미르는 개발도상국의 빛 부족 문제를 해결하기 위해서 비전력지역을 위한 조명을 개발하고 있다. 현재는 인도네시아를 중심으로 4,300명이 루미르의 개발도상국 램프를 사용하고 있다. 인도네시아의 경우 정말 더워서 아이들이 저녁때가 돼서야 공부를 할 수밖에 없다. 그러다 보니 빛이 필요하다는 것을 알게 되고 빛이 단순히 어둠을 밝히는 편리성 측면뿐만 아니라, 아이들에게 미래에 도움이 되는 그리고 경제적인 소득 증대와 같은 다양한 효과들이 있는 것을 확인할 수 있었다고 한다.[72]

스타트업이 하나에 집중하기도 어려운 상황에서 이윤창출과 사회적 가치를 동시에 추구한다고 한다면 굉장히 비효율적이고 많은 비용이 지출될 것이라고 생각할 수 있다. 하지만 사회적 가치를 만들어 내고 더 많은 사람이 공감한다면 더 큰 매출과 임팩트를 지속적으로 창출할 수 있는 시너지효과를 고려했을 때 충분히 의미가 있다.

미국 세인트 노바트 대학(St. Norbert College)의 볼프강 그라시(Wolfgang

Grassi) 교수의 연구에 따르면, 9가지 유형의 사회적경제기업의 사업모델을 제시하고 있다.[73]

① 기업이 서비스를 기업가에게 직접 판매하는 기업가 지원 모델
② 고객에게 제품과 서비스를 마케팅하거나 판매함으로써 고객을 돕는 시장중개 모델
③ 고객에게 취업 기회와 직업훈련을 제공하는 취업 모델
④ 제공하는 서비스에 대해 고객에게 직접 요금을 부과하는 모델
⑤ 저소득층에 초점을 맞추어 직접 사회서비스를 제공하는 저소득층 고객 모델
⑥ 공통의 필요나 목표를 공유하는 그룹회원에게 서비스를 제공하는 협동 모델
⑦ 고객과 시장의 관계를 구축하고 제품과 서비스를 제공하는 데 중점을 둔 시장 연계 모델
⑧ 상품이나 서비스를 판매하여 그 수익으로 사회 프로그램을 지원하는 서비스 지원 모델
⑨ 모기업의 하부조직으로 사회 프로그램에 자금을 지원하기 위해 제품이나 서비스를 판매하는 모델 등이다.

그라시(Grassi) 교수가 제시한 다양한 형태의 사회적경제기업의 사업모델들이 우리 사회에서 어떻게 적용되어 활동하고 있는지 확인할 수 있다. 〈포브스(Fobes)〉는 2019년 가장 혁신적이고 영향력있는 세계 5대 사회적기업을 선정해 발표했다.[74] 우리가 익히 잘 알고 있는 '함께 나누기 운동

(Me to We)', '아쇼카(Ashoka)', '그라민 은행(Grameen Bank)', '바반 고나(Babban Gona)', '굿윌(Goodwill)' 등이다.

이 시대의 가장 성공적이고 영향력 있는 사회적기업 중 하나인 미투위(Me to We)는 대부분 밀레니얼 세대에게 공정무역 상품과 글로벌 자원봉사 여행을 제공하는 사회적기업이다.[75] 두 명의 캐나다 형제에 의해 2006년 설립되었으며 현재 전 세계 수백만 명의 소비자와 수혜자가 참여하고

그림 6. 미투위(Me to We)의 가치[76]

있다. 소비자가 나(Me)에서 우리(We) 제품까지 고유한 코드를 입력하여 구내한 자금이 우리들의 삶을 어떻게 변화시키고 있는지 투명하게 확인할 수 있도록 하고 있다. 이를 통해서 긍정적인 영향을 줄 뿐만 아니라 보다 많은 참여를 통해 우리의 선택이 어떻게 영향을 미치는지 정확히 알 수 있는 것이다.

드레이튼이 1981년 조직한 아쇼카(Ashoka)는 92개국에서 온 3,500명이 동료들과 함께 강력한 네트워크를 구축하여, 모든 사람이 변화를 만들수 있고 모든 사람이 세상을 긍정적인 변화에 기여할 수 있는 힘과 능력을 가지는 세상을 만드는 것을 돕는 것이다.[77] 특히 아쇼카는 청소년과 젊은 세대들과 함께 일하고 그들에게 영향을 미치고 사명감을 부여하는 것이 궁극적인 목표이다.[78]

그림 7. 아쇼카의 비전[79]

지역이 묻고 사회적경제가 답하다

최근 연구 결과에 의하면 금융산업은 가장 신뢰도가 낮은 산업 중의 하나이다. 그렇다고 이 분야에서 놀랄 만한 사람과 사회적경제기업이 없다는 것은 아니다. 우리가 익히 잘 알고 있는 무함마드 유누스(Muhammad Yunus)와 그라민 은행(Grameen Bank)이다. 2006년 노벨평화상을 수상한 무함마드 유누스는 1976년 '빈민층을 위한 은행'인 그라민 은행을 출범시켰고, 소액대출 혁명을 시작하였다. 그라민 은행은 지금까지 900만 명의 대출자에게 무려 240억 달러의 대출금을 지원했다.[80] 그는 40년 이상 동안 담보 없이도 소규모 사업자들에게 소액 대출과 은행 업무 기회를 제공함으로써 빈곤의 근본적인 원인을 해결할 수 있는 비즈니스 솔루션의 힘을 보여 줬다.

그림 8. 가난한 사람을 위한
그라민 은행의 비전[81]

바반 고나(Babban Gona)는 아프리카에서 가장 인구가 많은 나라인 나이지리아 언어로 '위대한 농부'를 가리킨다. 급격히 증가하는 인구를 위해 바반 고나는 농작물 수확량을 전국 평균의 2~3배 늘리는 방법으로 그들의 미래를 보장하는 지원책을 마련했다.[82] 다른 사회적경제기업들과 마찬가지로, 바반 고나 역시 젊은 세대에 초점을 맞춰 나이지리아 미래에 실질적인 영향을 미치기를 원했다. 청년 실업률이 50%에 달하는 국가에서 이를 달성하기 위해 그들은 젊은 청년들에게 권한을 부여하여 농작물로도 돈을 벌 수 있다는

그림 9. 바반 고나의 미래 가치[83]

방법과 농업훈련을 제공했다. 결국 바반 고나의 사회적 가치와 훌륭한 교육을 통해 젊은 세대들에게 미래의 가치를 일깨워 준 것이다.

굿윌(Goodwill)은 할로윈 의상과 1990년대 헌 옷 재활용 붐을 일으킨 중고품 상점으로 유명하다. 하지만 그들은 그 이상의 일들을 하고 있다. 경제적·사회적으로 위험한 상황에 처한 개인들

그림 10. 굿윌 매장의 재활용 가치[84]

을 위해 다양한 직업훈련과 기타 지역사회기반의 프로그램들을 활용하여 고용의 기회를 제공하고 있다. 기존의 오프라인 시장에서 온라인 시장으로 전환하여 2007년에는 전자 상거래로도 성공적인 변화를 시도했다.

이처럼 사회적경제기업은 전 세계에 큰 영향을 미칠 뿐만 아니라, 많은 성공한 기업들이 '자선'과 '이윤'은 서로 배타적이지 않다는 것을 확연히 보여 주고 있다. 우리의 모든 기업을 사회적경제기업으로 바꾸어야 한다고 말하는 것은 아니다. 우리가 알아야 할 것은 비록 작은 일이지만 모든 기업은 세상을 바꿀 수 있는 힘을 분명히 가지고 있다는 것이다. 그 작은 일들이 우리 지역사회에서 의미 있는 영향력으로 재탄생되고 있다.

"재미가 없다면, 의미가 없다면 '판'을 뒤집어 봐!"

사회적협동조합 '판'의 이야기다. 판은 강원도 춘천시 지역 내에서 문

화·예술 분야로 활동하고 싶어 하는 친구들에게 지속적인 기회를 제공해서 전문 문화·예술 기획자로 성장시키고 있다.[85] 서울, 수도권을 제외한 전 지역에 청년 인구 유출이 심각하다는 사실을 알고 있었다. 춘천에서 친구들이 점점 사라져 가고 있다는 걸 느끼면서 어떻게 하면 춘천에 남게 할까에 대한 개인적인 고민에서 시작되었다. 다른 지역에도 청년들이 이와 같은 생각을 하고 있다면 지역의 인구 유출을 막아 낼 수 있지 않을까 하며 사회적 문제에 도전하게 되었다. 사회적협동조합 판은 정부나 지자체 그리고 대기업이 해결하지 못하는 틈새에 햇볕이 곳곳에 들어갈 수 있도록 하는 사회적경제기업이라고 정의할 수 있다.

그림 11. 사회적협동조합 판의 지역문화 이야기[86]

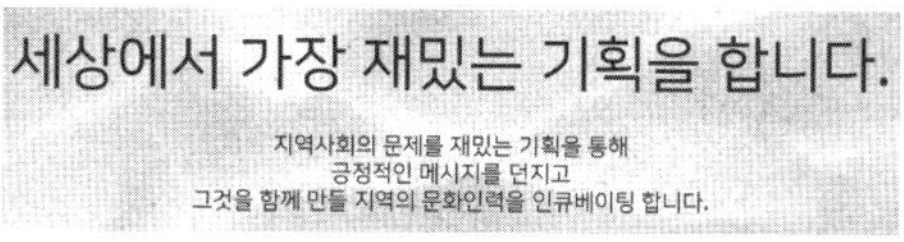

세상에서 가장 재밌는 기획을 합니다.

지역사회의 문제를 재밌는 기획을 통해
긍정적인 메시지를 던지고
그것을 함께 만들 지역의 문화인력을 인큐베이팅 합니다.

"노을빛 아름다운 세상으로 변화시키자!"

사회적기업 '뉴시니어라이프'의 이야기다. 세상이 바뀌어 100세 시대가 도래해 수많은 시니어가 청년기에 버금가는 뉴시니어의 여가생활을 누리고 싶어 한다. 또한 자존감을 얻기 위해 사회적 생산 활동에 적극적으로 참여하고 싶어 한다. 뉴시니어라이프는 패션쇼 프로그램을 통해서 시니어들이 무대 위에서 자기 자신을 과감하게 표현할 수 있도록 만들어 주고 있다. 옷이 아니라 사람을 위한 패션쇼 공연을 준비한다. 시니어들이 패션이라는 도구를 활용해서 자기를 표현하는 것이다. 그러면서 시니어들의 문화를 밝고 건강하게 고령사회를 바꾸어 나가는 것, 이것이 뉴시니어

라이프가 추구하는 사회적 경제기업의 방법론이다. 이들에게 사회적기업은 일반 기업과 비교해서 특별한 것이 아니다. 단지 이 사회를 변화시키는 내용의 사업이 어야 한다는 것이다.[87]

그림 12. 사회적기업
뉴시니어라이프의 노을빛 세상[88]

"편견이 눈을 감으면 가슴이 음악을 듣는다!"

사회적협동조합 '드림위드앙상블'은 국내 최초 발달장애 전문 연주단체이다. 원래 서울에 있는 한 발달장애 오케스트라에서 함께 클라리넷 파트로 활동하던 친구들이었다. 어머니들의 마음속에 갈등이 생겨나서 언제까지 취미로만 활동한 것인가에 대한 고민으로 스스로 직업화의 길을 열어 보자는 뜻으로 시작하게 되었다.[89] 드림위드앙상블은 발달장애 전문 연주자 직업 모델을 국내 최초로 운영하고 있다. 이 모델을 전국에서 벤치마킹하면서 많은 발달장애 연주자에게 직업의 길이 열릴 수 있는 사회적 영향력을 만들어 내고 있다.

그림 13. 사회적협동조합
드림위드앙상블의 같이의 가치[90]

이들은 강자와 약자 사이에 어디에도 존재하지 못하는 사람들을 다 품어서 일할 수 있는 기회의 장을 만들어 주는 정말 꼭 필요한 사회적

지역이 묻고 사회적경제가 답하다

경제 조직의 형태이다. 그래서 대한민국의 미래는 사회적경제 영역이 중요하고 더 세분화되고 다변화되어야 하는 이유가 여기에 있다. HP의 창업자인 데이비드 패커드는 "이익 추구가 기업의 중요한 존재 이유이긴 하지만 우리는 더 깊고 진정한 기업 존재의 의미를 살펴보아야 한다."고 말했다.[91] 그만큼 기업의 성장에서 필요한 가치는 나를 포함한 우리가 함께 동반성장할 수 있는 지속가능한 가치를 추구하는 것이 사회적경제 조직들의 공통적인 가치일 것이다.

"'우리'라는 시민이 중심이 되어 만든 변화의 물결"

2002년 탄생한 사회적기업인 '아름다운 가게'는 깨끗한 환경과 건강한 지구를 위해 시작한 나눔 문화운동이다.[92] 리사이클링 운동으로 더욱 푸르게 빛나는 우리별 지구를 만들고 우리라는 시민이 중심이 되어 만든 변화의 물결이다. 그 중심은 시민들이 기증한 물건을 통한 재사용과 순환에 있다. 아름다운 가게는 자원 재순환이라는 정책 목표를 가지고 시민의 일상 속의 활동으로 자리 잡게 하였다.

그림 14. 아름다운가게의 자원 재순환[93]

모두가 함께하는 나눔과 순환의 아름다운 세상 만들기

아름다운가게가
꿈꾸는 세상

순환하는 세상

모두가 행복한 세상

함께하는 세상

"쓸모없는 것을 쓸모 있는 것으로…"

그리고 일상의 재활용을
넘어 혁신의 새활용이라는
새로운 물결을 만든 사회적
기업 모어댄이 있다. 방탄소
년단(BTS) 멤버 RM부터 방

그림 15. 모어댄의 사회적 가치[94]

송인 강호동, 김동연 전 경제부총리, 최태원 SK 그룹 회장까지 유명 인사
들이 멘 가방으로 주목을 받으면서 환경을 생각하는 착한 브랜드로 일반
인까지 소비자의 일상생활로 들어왔다. SK 이노베이션에서 사회적 가치
를 알리는 착한 기업 '모어댄'을 2015년부터 지원하고, 지금은 국내를 대
표하는 사회적기업으로 성장하고 있다. 폐자동차 가죽시트로 가방과 지
갑을 만드는 사회적기업이다.

모어댄의 시작은 우연이었다. '쓸모없는 것을 쓸모 있는 것으로 만든다'
는 기업 대표의 철학을 지지해 주는 사람들이 늘어나면서 가능성이 시작
됐다. 모어댄 최이현 대표의 말이다. "제가 타던 차를 뺑소니 사고로 폐차
할 때 너무 아까워서 자동차 시트의 가죽 커버를 벗겨 왔는데요. 친구들
이 가죽 품질이 좋다며 가방으로 만들면 좋겠다고 권했어요."[95] 우리나라
에서 한 해에 버려지는 자동차는 60만 대, 이런 버려지는 자동차 부품을
이용하여 튼튼한 가방이나 액세서리를 만들게 되었다. 마침내 2015년 가
죽 소재가 가진 장점을 살려 패션 아이템으로 변신한 폐자동차 가죽은 지
난 2018년 6만 8,818kg에 달하는 가죽을 업사이클링(Up-cycling) 했다.

이 기업은 소 5,060마리를 죽여야 구할 수 있는 만큼의 가죽을 재사용해

얼은 것이다. 이렇게 폐가죽 68만 톤을 업사이클링해서 줄인 탄소발자국 (사람이 활동하거나 상품을 생산 및 소비하는 과정에서 직간접적으로 발생하는 이산화탄소의 총량)은 11,440톤으로 30년생 소나무 173만 그루를 심는 효과와 맞먹는 양이다.[96]

　모어댄은 '폐자원을 재활용하는 업사이클링' 말고도 모어댄이 추구하는 또 하나의 사회적 가치가 있다. 바로 사회적 취약계층을 대상으로 한 일자리 창출이다. 모어댄은 '세상엔 쓸모없는 물건이 없듯, 쓸모없는 사람도 없다'는 철학으로 경력단절여성과 북한 이탈주민 고용을 위해 노력하고 있다. 모어댄처럼 아이디어와 스토리가 있으면 적은 자본으로도 사회적기업가로 성장할 수 있다. 모어댄에게 끝(폐자동차)은 새로운 시작(업사이클링)이었다. 끊임없이 도전하고 혁신하는 사회적기업이 있고 나눔과 순환을 실천하는 시민들 그들 모두가 지속가능한 지구를 만드는 사회적경제의 바탕이다.

11장

사회적 문제를 고민하는
소셜벤처(Social Venture)

최근 미국 경제전문 통신사 블룸버그가 한국을 전세계에서 가장 혁신적인 나라로 꼽았다. 블룸버그는 '2021 혁신지수(Bloomberg Innovation Index)'를 산정한 결과 한국이 1위에 올랐다고 발표했다. 혁신지수는 연구개발(R&D) 비용, 첨단 기술기업들의 집중도, 생산능력 등에 가중치를 두어 국가별로 점수를 매긴다. 한국은 이번에 90.49점(100점 만점)을 받았다.[97] 우리경제의 혁신을 가속화하기 위한 전방위적인 노력의 결실이고, 국가경쟁력을 확보하는 데 크게 기여한 것은 사실이다.

코스타리카(República de Costa Rica)는 축구팬이라면 축구를 잘하는 나라로, 커피를 좋아하는 사람들에게는 맛있는 커피를 생산하는 곳으로 손꼽히는 중미의 작은 나라다. '풍요로운 해변'이라는 뜻을 가진 나라 이름처럼 아름다운 자연환경을 유지하고 있고, 영국 신경제재단(NEF, New Economics Foundation)이 선정하는 '행복지수(HPI, Happy Planet Index)'[98] 세계 1위를 세 번이나 차지했다. 성장을 대신하는 새로운 후생

지역이 묻고 사회적경제가 답하다

지표로 세계의 관심을 끌고 있는 것은 행복지수이다. 코스타리카라고 하면 어떤 사람들에게는 낯설겠지만, 어느덧 정책을 연구하는 사람들에게는 주목받는 나라가 됐다. 그 이유는 '행복지수 1위' 코스타리카의 지역발전 전략이 바로 사회적경제이기 때문이다.

하버드 대학 퍼트넘(Putnam) 교수는 미국의 통계자료를 통해 공동체가 활성화되면 더 행복해지고, 교육 성취율도 높아지고, 범죄가 줄어들고, 사회는 더 건강해진다는 사회적 자본의 중요성을 증명하였다.[99] 영국의 싱크탱크 레가툼 연구소(Legatum Institute)가 발표한 '2019 레가툼 번영지수(Legatum Prosperity Index)'에 따르면 한국은 이 같은 사회적 자본(Social Capital) 부문에서 전체 167개국 중 142위를 차지한 것으로 나타났다. 이는 중동의 레바논, 아프리카의 우간다, 동유럽의 벨라루스, 남미의 페루 등과 비슷한 수준이다. 레가툼 연구소는 사회적 자본의 항목에 대해 특정 국가에서 개인적 관계, 사회적 관계, 제도에 대한 신뢰, 사회규범, 시민의 참여가 얼마나 강력한지 측정한 것이다. 이와 함께 레가툼 연구소는 사회적 자본과 함께 안전, 개인의 자유, 거버넌스, 투자환경, 기업여건, 시장 접근도와 기간시설, 경제의 질, 생활환경, 보건, 교육, 자연환경 등 12개를 평가의 세부 항목으로 설정했다(그림 16). 이를 통합해서 한국은 종합 순위 167개국 가운데 29위로 중상위권을 기록했다.[100]

그림 16. 한국 레가툼 번영지수 (Legatum Prosperity Index)[101]

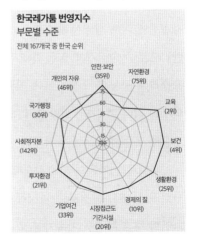

2017년 소셜벤처의 주무부처가 중소벤처기업부로 결정되면서, 정부는 2018년 5월에 '소셜벤처 활성화 방안'을 발표했다. 정책의 기본방향은 지속적으로 성장할 수 있는 양질의 청년일자리 창출이며, 소셜벤처 개념을 명확하고 가치평가체계를 확산해서 소셜벤처의 창업을 활성화하자는 것이 골자다.[102] 소셜벤처는 사회 문제 해결을 위한 혁신 비즈니스를 하는 만큼 '자본'이 아닌 '가치'가 우선시되어야 할 것이다. 사회적 가치를 추구하는 기업의 특징인 사회성과 기술력 우수 기업의 특징인 혁신성장성을 동시에 추구하는 사회적 혁신 기반의 소셜벤처를 어떻게 확인할 수 있을까? 소셜벤처는 통상적으로 혁신적인 기술이나 아이디어를 통해 사회적 가치를 창출하는 기업으로 인식되며, 일자리 창출은 물론 사회적 문제를 시장 기능을 통한 비즈니스 모델로 해결하는 등의 많은 장점을 가지고 있다.

그렇다면 소셜벤처는 정확히 무엇이고, 일반벤처와는 어떤 차이점이 있으며, 소셜벤처로 성공한 사례가 있는지 궁금할 수 있다. 소셜벤처의 개념이 등장하게 된 배경과 소셜벤처를 일반 벤처기업과 구분 지을 수 있는 차이점은 무엇인지 설명하면서 소셜벤처 관점에서 창업가들의 특성과 차별점에 대해 성공사례를 통해 찾아볼 수 있다. 소셜벤처라는 개념은 일반적으로 사회적경제 공동체 혹은 전통적 비영리 기업은 사회적 가치를 창출하여 공동체 구성원이나 지역사회에 기여하지만, 경제적 이익을 낼 의무는 없다.[103] 반면, 일반벤처 기업들은 그들이 창출하는 가치를 기업의 소유주 또는 주주들에게 경제적 이익의 형태로 돌려준다.

소셜벤처는 기존의 사회적경제 공동체들의 사회적 미션을 달성하거나 사회적 문제를 해결하는 과정에서 창출하는 사회적 영향력과 일반벤처 기업의 주요 특성인 지속가능성, 혁신성을 동시에 갖추고 있는 기업을 의

지역이 묻고 사회적경제가 답하다

미한다.[104] 소셜벤처는 사회적 가치 창출과 경제적 가치 창출을 동시에 추구하는 기업, 혁신 또는 혁신적인 접근방법으로 사회적 문제를 해결하는 기업, 사업의 확장 또는 지속가능한 성장을 위한 접근방법, 즉 비즈니스 접근법을 활용하는 기업으로 요약할 수 있다.

2019년 미국 버클리 대학(UC. Berkeley)에서 열린 글로벌 소셜벤처 대회(GSVC, Global Social Venture Competition)에 국내 기업인 '엘에스테크놀로지'와 '밸리스 반려동물 생활연구소' 두 팀이 한국 대표로 참여했다.[105] '엘에스테크놀로지'는 오존을 이용하여 고효율 정수 솔루션을 연구하는 기업으로 국내 수처리 시장의 고비용 구조를 해결하고 국제개발협력 사업으로 넓히고자 노력하고 있다. '밸리스 반려동물 생활연구소'는 저평가받는 국내 농수산물을 펫푸드로 제조하고 유통하는 일을 진행하고 있다. 소셜벤처는 이렇듯 사회가 가지고 있는 다양한 문제를 혁신적인 기술이나 비즈니스 모델을 통해서 해결하려고 노력한다. 특히, 지속가능한 수익과 사회적 가치를 함께 추구한다는 점에서 다른 일반기업들과 차별성을 갖는다고 말할 수 있다.

12장

소셜벤처가 추구하는 사회적·경제적 가치

소셜벤처의 특징은 그림 17을 통해서 개념을 조금 더 자세히 보면, 우선 첫 번째 특징은 사회적 가치와 경제적 가치를 동시에 추구한다는 점이다.[106] 다만, 추구하는 가치에 비중을 어디에 더 많이 두느냐에 따라 몇 가지 유형으로 분류할 수 있다. 하지만 기업마다 운영의 목적이나 방식, 지향점이 분명치 않거나 스스로 달라질 수 있어 소셜벤처의 영역을 딱 잘라 구분하기는 어렵다. 그러므로 소셜벤처를 일반벤처기업이나 비영리 기관

그림 17. 소셜벤처의 영역: 사회적 가치와 경제적 가치의 동시 추구

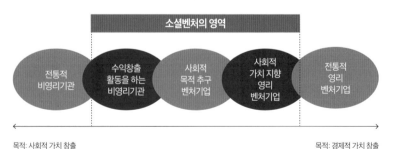

과 완벽히 구분되는 유형으로 볼 것이 아니라 사회적 가치와 이익을 동시에 추구한다는 기본 개념 속에서 이해하는 것이 바람직할 것이다.

예를 들어 소셜벤처가 주로 활동하는 영역은 다음과 같은 사례로 확인할 수 있다. 1인 가구를 위한 소셜벤처 '노잉커뮤니케이션즈'는 자취하는 사람들에게 유용한 콘텐츠를 SNS에 올리면서 시작되었다. 광고와 소셜커머스에서 발생한 수익으로 다양한 사회적 행사를 개최하고 있다. 자취생이 모여 밥을 지어 먹는 '혼밥말고 여럿밥', 자취를 원하는 사람들을 위한 토크쇼 등을 열고 있다.

교육 및 일자리 문제를 해결하려고 노력하는 소셜벤처도 있다. '마블러스'는 교육콘텐트 소셜벤처로, 가상현실(VR)을 구현해 교육격차를 해소하고 있다. 에피소드에 따라 가상공간이 펼쳐지고 영어 학습이 가능한 '가상현실 영어 수업'은 서울, 경기 일부 지역아동센터에 무료로 보급되기도 했다.

또 다른 소셜벤처 '코리안앳유어도어'는 시각장애인 일자리 문제에 관심을 가진 것에서 시작했다. 시각장애인의 섬세한 언어표현능력을 한국어 회화교육에 접목해서 시각장애인이 제공하는 1:1 전화 한국어 회화교육 서비스를 개발했다.

또한, '트리플래닛'은 나무를 심어, 환경문제를 해결하기 위해 노력하고 있다. 지금까지는 스마트폰 나무심기 게임, 스타 숲, 추모 숲 등 개인이 숲을 만드는 방법을 마련했다면, 현재는 반려 나무 입양, 재난복구 숲 조성 사업, 실내 숲 조성 사업 등을 하고 있다.

이처럼 소셜벤처는 다양한 분야에서 사회적 가치를 추구한다는 점에서 사회적기업과 공통점을 갖고 있지만, 혁신과 규모로 사회적 문제를 해결하고자 한다는 점에서 차이점을 가지고 있다.

소셜벤처의 두 번째 특징은 혁신성이다.[107] 소셜벤처는 기존 사회시스템에서 전통적으로 해결책으로 대응하기 어려운 수많은 사회 문제들을 담당하고 있다. 이 때문에 소셜벤처는 기존과 다르거나 더 뛰어난 해결책을 고민해야 하면서 지속가능한 사회적 영향력을 끌어냄으로써 새로운 사회 시스템으로 변화시켜 나가야 하는 것이다. 즉 소셜벤처에 있어 혁신성은 달성하고자 하는 사회적 미션을 실행으로 옮겨 주는 핵심 수단이자 경제적 수익을 창출하게 하는 경쟁우위 요소이다. 이렇듯 혁신성은 조직의 유연성을 강조하고 외부 지향적이며, 위험 감수, 창의성, 혁신 및 적응성이 특징이며, 역동적이고 기업가적 조직의 개발을 촉진한다.[108]

이러한 혁신을 토대로 바다에 떠다니는 쓰레기 문제를 해결한 청년의 이야기를 확인할 수 있다. 매년 바다에 버려지는 쓰레기는 800만 톤으로 플라스틱 조각의 수는 5조 개가 넘는다고 한다. 2011년 그리스에서 스쿠버다이빙을 하던 16살의 청년인 보얀 슬랫(Boyan Slat)은 물고기보다 더 많은 쓰레기 더미를 발견하고 왜 이 많은 쓰레기를 아무도 치우지 않는지 궁금했다.[109] 이유는 단순했다. 수많은 쓰레기가 한곳에 머물러 있지 않고 계속 이동해 있기 때문이다. 보트와 그물을 이용해서 수거하기에는 어마어마한 자원과 비용 그리고 시간이 필요했다. 보얀 슬랫은 오션 클린업(Ocean Cleanup)이라는 재단을 설립하고 전 세계 과학자와 엔지니어들과 협업하여 새로운 방식을 고안해 냈다. 쓰레기들이 이동하는 경로에 그물망을 설치하고 친환경장치를 이용해 수거할 수 있도록 한 것이다.

이처럼 소셜벤처의 혁신성은 최소한의 투입으로 최대한의 산출을 끌어내는 것이라고 할 수 있다. 이 과정에서 환경보호 등의 사회적 영향력을 발휘하고 새로운 시스템으로 변화시키는 것이다.

  마지막으로 소셜벤처의 세 번째 특징은 사회문제를 기업적 접근으로 해결하는 비즈니스 접근법을 활용한다는 것이다.[110] 소셜벤처는 경제적 이익창출뿐만 아니라 사회적 영향력을 키우는 데 초점을 둬야 한다. 다시 말해 소셜벤처 창업 프로세스를 정확히 이해하고 장기적인 관점으로 접근하여 비즈니스 모델을 수립하면서 사업타당성을 분석하는 것은 물론 창업 후에는 사회적 가치와 경제적가치를 측정하고 관리하는 비즈니스 방법론을 실현해 나가는 것이 중요하다. 사회문제를 해결한다는 것은 사회혁신이라는 의도이며, 비즈니스 접근은 기술, 속도, 효율성 등과 같은 일반적인 벤처들이 추구하는 특징들을 공유하고 있다.

더불어 사는 비즈니스

  최근 우리나라 국민건강보험공단 발표에 따르면 2019년 한국인이 가장 많이 받는 수술은 백내장 수술이라고 한다. 인구 10만 명당 수술 건수 기준 백내장 수술은 1,305건으로 2위인 제왕절개 수술 580건, 3위 일반척추 수술 348건보다 압도적으로 많이 시행됐다.[111] 1990년대 인도 사람들은 영양실조와 노화로 인해 백내장 걸릴 확률이 상대적으로 높았다. 그러나 높은 비용으로 인해 치료도 제대로 하지 못하는 많은 사람이 실명했다. 은퇴한 인도의 안과의사 고빈다파 벤카타스와미(Govindappa Venkataswamy), 일명 닥터 V는 시각장애로 고통을 받고 있는 수많은 인도인을 위해 자신의 신념을 실천하기로 했다. 그러나 은행으로부터 대출을 받을 수 없었다. 대출 담당한 은행 관계자들은 닥터 V에게 이렇게 말했다.

"당신은 너무 나이가 많아요(You are too old)"

"당신은 돈을 낼 수 없는 사람들을 위해 공짜 수술을 하겠다는 거 잖아요. 당신은 펀딩을 받을 수 있는 비즈니스 모델을 가지고 있 지 않아요(You are prepared to operate for free on patients who cannot pay. You don't have a business model we can fund.)"[112]

닥터 V는 가족이 가진 모든 보석을 담보로 잡혀 운영비를 구하고 집에서 침상 12개로 시작했다. 세계에서 가장 큰 안과병원 아라빈드(Aravind Eye Care System, 환자의 소득 수준에 따라 수술 비용을 차등 지불하는 방식을 채택한 병원)

그림 18. 오로랩, 더 많은 것을 더 많이[113]

는 이렇게 인도 남부의 작은 도시에서 문을 열게 됐다. 데이비드 그린은 아라빈드(Aravind) 안과병원과 파트너십을 맺고 비즈니스 방식을 적용하여, 인공 수정체 가격을 개당 4~6달러까지 낮춘 오로랩(Aurolab)을 설립했다. 그는 중간 유통과정을 축소하였고, 대량 구매를 통해 낮은 가격으로 공급자와 협상하였다. 이러한 그의 노력으로 고품질이면서도 저가의 의료제품을 제공하는 오로랩이 탄생하게 된 것이었다.

더불어 사는 비즈니스를 실천하는 소셜벤처 오로랩은 사회적기업이다. 데이비드 그린은 이를 '더불어 사는 자본주의'라고 설명한다. 오로랩은 지금도 저렴한 제품 생산을 위해 연구와 투자를 아끼지 않고 있으며, 창출되는 수익으로 가난한 사람들을 위한 서비스를 확충하고 있다. 또한 그

지역이 묻고 사회적경제가 답하다

과정에서 은퇴한 과학자, 안과 의사 등 관련 분야 전문가들을 영입함으로써 연구 및 생산 부분에서 수백 명의 일자리를 창출하는 데 기여하고 있다.

사회적기업의 고질적인 문제는 바로 지속가능성이라는 역량이다. 오로랩은 탄탄한 기술력으로 시장점유율 2위를 차지하고 지속적으로 발전해 나가는 인공수정체 기업이다. 단순한 영리기업들과의 경쟁에서도 밀리지 않으면서 사회적 가치와 경제적가치도 실현하는 바람직한 사회적경제의 예라고 할 수 있다.

소셜벤처를 만들고 이끌어 가는 사람들, 소셜벤처 창업가들은 누구일까? 그리고 일반벤처기업 창업가와 어떤 점이 유사하고 차이점은 무엇일까? 이들을 종종 세상을 낭만적으로 변화시키려는 꿈을 가진 몽상가라고 표현하는 경우도 있다. 이는 이들이 정부나 시장 영역에서 해결하지 못하는 사회적 문제라고 하더라도 이 문제에 해결책을 찾아 세상을 긍정적으로 바꾸려는 의지를 지니고 있기 때문이다.

또한 소셜벤처 창업가는 사회 문제를 인지하는 데 그치지 않고 사회에 나타나는 문제들을 고민하며, 문제가 지속될 때 사회 진통을 예상하는 사람들이다. 이러한 감정을 동기로 문제 해결 아이디어를 실행에 옮기는 사람, 이런 사람들이 소셜벤처 창업가들이다. 그렇다면 소셜벤처 창업가는 일반벤처 기업의 창업가와 어떤 점이 유사하며 어떤 점이 다를까? 소셜벤처의 특징들에서 이야기했듯이 유사한 점은 목표를 위해 혁신적이고 비즈니스적으로 접근한다는 점이고, 차이점은 소셜벤처 창업가들의 창업계기가 빈곤, 교육, 인권, 환경 등과 같은 사회적 이슈와 결부되어 있다는 점이다. 최근 몇 년간 빈곤,[114] 환경,[115] 부의 불평등[116]과 같은 심오한 사회적 문제를 해결하는 데 적극적이고 혁신적인 역할을 수행하는 비즈니스 조직들이 점점 늘어나고 있다. 이들은 사회적 이슈를 다루고,[117] 점점 더 사회적 영향과 수익을 동시에 추구[118]하는 혁신적인 비즈니스 솔루션을 채택한다는 점에서 일반 창업가와는 다르다고 할 수 있다.

많은 이들이 찾고 있는 제주 올레길을 통해서도 소셜벤처 창업가를 확인할 수 있다. 불가능을 가능하게 만든 체인지 메이커(Change Maker), 언론사 편집국장을 그만두고 퇴직한 서명숙 씨는 스페인 산티아고 순례길을 떠난 여행에서 우리나라에도 걸으면서 행복을 느낄 수 있는 길을 만들어야겠다는 결심을 했다. 그렇게 서울 생활을 정산하고 제주로 내려가 사단법인 제주올레를 설립하고 길을 만들기 시작했다. 2007년 9월에 시작해 매년 15~20킬로미터를 개장해 총 26개 코스, 420킬로미터가 넘는 제주 올레를 만들었다.[119] 또한 올레 아카데미를 통해 제주와 올레에 대해 교육을 제공하고 제주로 이주를 고민하고 있는 사람들과 이미 제주로 이주한 사람을 연결하는 네트워크도 관리하고 있다. 매년 제주로 유입되는 인구가 늘어나고 제주 올레를 통해 창출되는 경제적 효과가 매우 크니 단순한 길을 만드는 것이 아니라 문화를 만들고 확산시켰다고 볼 수 있다. 결국 소셜벤처 창업가의 의지와 신념이 우리 사회에 어떤 변화를 불러일으키는지 엿볼 수 있는 사례라고 할 수 있다.

이렇듯 수많은 난관을 극복하고 사회적 가치를 전파하는 소셜벤처를 창업하는 창업가들의 특성을 네 가지로 정리할 수 있다.

첫째, 기회를 추구하고 이를 행동으로 옮긴다. 사회적 문제를 동정의 시선이 아닌 어떻게 개선할 것인가의 시선으로 바라보는 것이다.

둘째, 사회적 가치를 창출한다. 단순히 표면에 드러난 사회문제를 해결하는 것이 아니라, 문제의 원인을 공략하고 이를 해결할 수 있는 혁신적인 방안을 제시하여 사회적 가치를 창출해 낸다.

셋째, 지속가능한 해결책을 추구한다. 소셜벤처 창업가는 그들이 변화시킨 사람들이 자신의 삶을 변화시켜 나갈 수 있도록 하는 변화 주도자의 역할을 해나간다.

넷째, 한정된 자원으로도 그 역할을 다한다. 현재 가진 자원이 부족하거나 한계가 있더라도 이를 극복하기 위해 끊임없이 고민하고 노력한다.

한국사회적기업진흥원은 국내에서 소셜벤처의 의미를 다음과 같이 정리하고 있다.[120] 먼저 국내에서는 정부가 사회적기업육성법을 제정하여, 사회적 목적을 달성하기 위하여 영업(이윤 추구) 활동을 영위하는 사회적 기업을 인증하고 있다. 둘째, 소셜벤처와 사회적기업의 목적과 운영원리는 유사하지만, 정부의 인증을 받아야 하는 사회적기업에 비해 소셜벤처는 사회적기업 인증제도에 의한 설립 기준에 구애받지 않고 다양한 방식과 형태를 통해 더욱 도전적이며 창의적으로 사업화할 수 있는 장점이 있다. 마지막으로 국내에서는 정부와 민간의 예비사회적기업가 발굴 지원 및 각종 경연대회 개최를 통해 소셜벤처 창업을 장려하고 있고, 특히 청년 계층의 소셜벤처 창업이 돋보이며 중소기업 또는 퇴직자의 소셜벤처의 전환 등도 유력한 흐름으로 형성되고 있다고 정리하고 있다.

현재 4차 산업혁명이 진행되고 있는 지식정보화 시대에 적합한 네트워크형 기업으로써 수평적 관계를 중시하고 투자 중심의 자금조달과 투명

경영의 특성을 보유하고 있기 때문에 전통적 사회 복지와 대안 기업의 새로운 경영모델로써 소셜벤처를 이해할 수 있다.

13장

사회적기업의 의미와 활동

사회적기업 오로랩처럼 사회적기업의 형태는 지역사회기업, 협동조합, 자선단체, 주식회사 등 다양한 유형으로 나타나고, 국가별로도 사회적기업에 대한 정의나 정책지원 수단도 다양하다. 아래 표에서 볼 수 있듯이 다양한 기관과 학자가 이야기하는 사회적기업에 대한 정의를 확인할 수 있다(표 9).

표 9. 사회적기업의 정의[121]

기관 또는 학자	정의
OECD(1999)	• 기업가 정신 아래 조직되고 사회적·경제적 목표를 추구하는 조직 • 빈곤층의 훈련을 통한 노동시장의 재통합과 산출물, 서비스를 통한 지역공동체의 발전을 추구하는 조직
영국(Office of the Third Sector, 2007)	• 주주이익의 극대화를 위한 동기에 의해서 작동하는 것이 아니라, 이익이 주로 사회적 목적을 위해서 재투자되는 사회적 목적의 기업

영국(Social Enterprise Coalition, 2003)	• 사회적 목적을 위해서 시장에서 영리활동을 하는 조직 • 법적 지위가 아닌, 사회적 목적, 사회적 결과, 사회적 임무, 이익의 분배 등과 같은 일정한 속성(nature)에 의해서 규정
미국(The Roberts Enterprise Development Fund)	• 저소득층에게 일자리 창출과 직업훈련 기회를 제공하기 위해서 비영리 기관에 의해서 설립되어 수익을 창출하는 기업
Pearce(2003)	• 사회적 목표가 있고 이윤배분이 금지되고, 민주적이고 책임 있는 공동소유구조를 가진 모든 기업
한국(사회적기업육성법 제2조)	• 취약계층에게 사회서비스 또는 일자리를 제공하여 지역주민의 삶의 질을 높이는 등의 사회적 목적을 추구하면서 재화 및 서비스의 생산·판매 등 영업활동을 수행하는 기업
한국보건사회연구원 (2005)	• 영리적 기업 활동을 통해 수익을 창출하고 창출된 수익은 사회적 목적을 위해 환원하는 기업

그렇지만 일반적으로 사회적기업은 사회적, 경제적 성과 목표를 모두 가지고 있으며, 이는 사회적 가치를 창출하고, 긍정적이고 사회적 영향력을 창출하면서도 수익성과 번영을 위한 충분한 가치를 포착하는 것을 목표로 하고 있다.[122] 이는 대체로 사회적기업의 목적이나 고용대상, 이윤처리 방식, 운영기관의 법률적 형태, 서비스 내용 등의 다양한 측면을 대상으로 개념들을 정의하고 있다.[123] 특히 우리나라의 경우는 사회적 목적을 추구하고 이를 위해서 수익창출 등 영업활동을 수행하는 조직을 말하고 있으며 일반적인 기업은 이윤을 추구하나, 사회적기업의 경우는 취약계층에게 일자리나 사회서비스를 제공하는 등의 사회적 목적을 동시에 추구한다고 할 수 있다. 한편 무함마드 유누스(Muhammad Yunus)가 창안한 사회적기업 개념은 사회적 목적이 경제적 목적보다 우선하며 공익에 봉사하는 비영리 민간 이니셔티브를 장려하는 기업이라고 정의[124]하며 자본주의를 위한 새로운 차원의 비전을 제시하고 있다.

또 다른 한편으로 사회적기업은 사회적·경제적 성과의 우선순위에서 불균형을 야기할 수도 있다. 그 이유는 사회적·경제적 중심을 성공적으로 결합하기 위한 행동으로서 서로 반대되는 처방전을 만들어 내는 매우 다양한 조직을 배치하고 사회적 가치 창출을 위한 이해관계자들을 기반으로 하기 때문에 매우 어려운 과제일 수 있다.[125]

사회적기업의 역사를 살펴보면 유럽은 1970년대 후반 복지국가 위기로서 복지제도를 개혁하고 공공부문을 민영화하면서 제3 섹터로써 사회적기업의 개념이 출현하게 되었다.[126] 1980년대 중반의 높은 실업률과 소외계층 증가 등에 따른 사회문제 해결과 사회통합을 위한 방안으로 사회적기업을 제도화하려는 노력이 있었다. 이 당시 EU는 사회적기업의 고용비중이 7% 내외였다.

미국은 1990년대 노동시장에서 적응하지 못하는 빈곤층을 위한 경과적 일자리를 제공함으로써 새로운 모델로 사회적기업이 부각되기 시작했다.[127] 1980년 레이거노믹스 등장과 함께 연방정부의 사회복지 예산의 감축과 비영리기관의 재정 자립도를 향상시키라는 요구가 있었다. 이로 인해 비영리공익활동 지속을 위한 수익사업이라는 일환으로 사회적기업이라는 용어가 최초로 사용되었다. 여기에 빌 드레이튼(Bill Drayton)은 사회적기업가라는 용어를 시대의 주류로 가져온 것으로 널리 인정받고 있다. 이후 1981년부터 그의 조직인 아쇼카(Ashoka)는 세계 유수의 사회적기업을 지원하고 그들과 네트워크를 구축하고 있다.

우리나라의 경우 1970~1980년대 정부 주도의 빈민운동을 거치면서 협동조합운동 경험이 외환위기 이후 자활사업과 민간위탁, 공공근로 등을 통해 확산되어 왔다.[128] 2006년대 말 사회적기업 육성법이 제정되고 2007

년 7월 1일 시행되면서 일부제한적이지만, 본격적으로 사회적기업이 제도화되는 기틀을 마련했다.

표 10. 사회적기업의 역사 및 차이[129]

내용	유럽	미국	한국
중점목표	사회적수혜	수익창출	사회적수혜 → 수익창출 강조
일반적 조직형태	협동회사/협회/회사	비영리조직	비영리조직과 상법상 회사포괄
활동의 초점	대인서비스	모든 비영리활동	대인서비스 → 다양한 분야로 확대
사회적기업 유형	제한적	다수	제한적
이해관계자 참여	일반적	제한적	일반적
전략적육성(개발) 주도	정부/EU	민간재단	정부
법적 프레임워크	개발(또는 개발 중)	부족	개발
이윤 분배	제한적 인정	원천배제	제한적 인정

사회적 가치와 경제적 가치에 대해 보다 구체적으로 사회적기업의 특성과 관련하여 영국의 전국 사회적기업 연합조직(SEC)은 사회적기업의 특성으로 다음 3가지를 제시하고 있다.[130]

첫째, 기업지향성(enterprise orientation)을 추구하는데, 이것은 제품의 생산 및 서비스의 시장 판매, 시장에서의 경쟁을 지향한다.

둘째, 사회적 목적(social aims)을 가지는데, 이것은 일자리 창출, 훈련, 지역서비스제공 등과 같은 명백한 사회적 목적을 가진다.

셋째, 사회적 소유(social ownership)의 성격을 가지는데, 이것은 소유구조가 이해당사자들의 참여에 기반을 두는 자율적 조직으로서, 이익은 이해당사자 집단에 분배되거나 또는 지역사회를 위해서 사용된다는 것을 의미하고 있다.

따라서 사회적기업은 사회적 취약계층에게 일자리를 제공하고 사회적 서비스를 제공하는 사회적 목적을 추구하는 기업으로써, 기업의 형태를 갖추면서 민주적으로 운영될 뿐만 아니라 여기에서 창출되는 이익 역시 사회적 목적을 위해 재투자되며, 제품 및 서비스 생산·판매 등과 같은 영업활동을 수행하는 기업으로 정의할 수 있다.

또한, 2011년 사회적경제에 관한 EU 집행위원회의 정치적 아젠다 전환이 이루어지면서 이후에 사회적기업과 사회적 혁신이 새로운 정책 분야로 자리 잡게 되었다.[131] 2008년 도입된 〈중소기업법(Small Business Act)〉의 개정을 검토하는 과정에서 '사회적 비즈니스(Social Business)'에 대한 높은 관심이 나타난 가운데 사회적경제나 사회적기업과 같은 용어가 동시에 사용되게 되었다. 이와 같은 내용으로 2011년 '사회적 비즈니스 이니셔티브(Social Business Initiative)'에서는 사회적기업에 대한 제도적 개념을 명시하게 된 것이다. 사회적기업은 '소유주나 주주의 수익이 아닌 사회적 영향(social impact)을 주목적으로 하는 사회적경제의 운영자'로 정의하고 있다.[132] 또한 기업가적이며 혁신적인 방식으로 시장에 재화와 서비스를 공급하며 이익을 사회적 목표 달성을 위해서 우선적으로 사용하는 조직을 의미하고 있다. 이에 따라 '시장사회경제(market social economy)'라는 새로운 공공정책 분야가 등장한 가운데 사회적기업과 사회적 혁신 등의 이 두 가지 키워드가 EU 집행위원회의 정책 영역으로 대두된 것이다. 아래 표는 EU에서 명시한 사회적 비즈니스 이니셔티브의 주요 내용을 보여 주고 있다.

표 11. EU 사회적 비즈니스 이니셔티브(Social Business Initiative) 주요 내용[133]

분야	핵심 활동
사회적기업의 자금조달 환경 조성	1. 유럽사회투자기금(European Social Investment Funds)에 대한 규제안 마련 2. 소액대출 개선 3. 9천만 유로 규모의 사회적기업을 위한 유럽 차원의 금융수단 마련 4. 사회적기업에 대한 구조기금(structural funds)의 우선 투자 및 공통전략 프레임워크(Common Strategic Framework) 수립
사회적기업의 가시성(visibility) 개선	5. 사회적기업의맵핑(비즈니스 모델, 경제 비중, 조세제도, 모범사례 선정) 6. 사회적기업에 대한 라벨(label) 및 인증에 관한 데이터베이스 7. 사회적기업 활성화를 위한 국가 및 지방 정부의 행정 역량 구축 개선 8. 사회적 투자자 및 기업가를 위한 전자 데이터 교환 플랫폼, EU의 교육 및 훈련 프로그램에 대한 접근성 개선
사회적 기업가정신에 우호적인 법적 환경 조성	9. 사회적기업에 적합한 법적 형태 마련, 유럽 협동조합 및 재단에 대한 규정 단순화, 상호조합 현황에 대한 연구 10. 공공조달 개혁 관점에서 계약 시 품질 및 노동조건의 강화 11. 사회적 및 로컬 서비스에 대한 국가 지원 관련 시행규칙의 간소화

지역이 묻고 사회적경제가 답하다

14장

지역과 함께하는 소셜 디자인(Social Design)

연애와 결혼 그리고 출산과 같은 우리의 기본적인 행복추구를 포기한 3 포 세대를 넘어 모든 걸 포기한 N포 세대까지 대한민국의 청년들이 벼랑 끝으로 내몰리고 있다. 학자금 대출을 못 갚는 청년 신용불량자가 1만 명에 육박하고 취업도 안 되는데 대출이자까지 감당해야 하는 우리나라 청년 3명 중 1명은 신용불량자 경험이 있다고 한다.[134] 희망보다는 무거운 절망으로 한국을 떠나는 2030 젊은 세대들의 현주소이다. 하지만 이러한 절망 속에서 희망을 피워 내는 청년들이 있다. 청년 사회적기업가의 길로 드리운 절망을 걷어 내며 사회적경제를 통해 새로운 미래를 만들어 가는 청년들이 있다. 이처럼 사회적기업의 확산과 더불어 혁신적인 기업가 정신은 사회적경제의 중요한 요소로 부상하고 있다.[135]

작은 봉제공장 980여 개가 몰려 있는 봉제마을로 유명한 서울의 창신동. 이곳에서 버려지는 하루 22톤, 연간 88만 톤의 자투리 원단으로 인해 생기는 자원낭비와 환경오염은 창신동의 태생적인 문제이다. 그 시작은 버려지는 자투리 천을 재활용해 만든 자투리 쿠션, 그리고 또 한 번의 진화, 어떻게 하면 이것들을 줄여 볼 수 있을까? 이 사회적기업은 줄이는 디자인을 할 수 있을까 해서 사실은 자투리 원단들을 활용해서 쿠션들을 만들었는데 그걸 만들다 보니 오히려 아예 옷을 만들 때부터 자투리 천을 남기지 않고 디자인하는 것이 필요하겠다고 생각하게 되었다. 봉제공장에서 일하는 사람들의 일거리에 밀접하게 옷을 만들지만, 더 환경적으로도 지속가능하게 만들 수 있는 제로 웨이스트(Zero Waste) 디자인을 실행하고 있다.

이 기업 대표는 서울 창신동 지역아동센터에서 아이들에게 미술을 가르치면서 창신동 지역의 문제점을 발견하고 이를 해결하고자 2011년 사회적기업 '공공공간'을 설립했다. 자투리 천을 활용한 방석, 천 폐기물을 만들지 않는 패션 브랜드 '제로 디자인(Zero Design)', 창작자와 제조업자를 연결해 주는 플랫폼 '위드굿즈(Withgoods)' 등 디자인을 바탕으로 여러 가지 비즈니스 모델을 제안하여 지역 사회의 문제점을 해결하고 있다.[136]

그림 19. 공공공간의 소셜 디자인[137]

공공공간의 대표는 2017년 까르띠에 여성 창업자 어워드에서 아시아 대표로도 선정되었다. '공공공간'은 사회문제에 공감하고, 해결책을 공유하며, 지역 사회와 공생하는 지속가능한 소셜 디자인을 실천하는 사회적 기업이다. 교육 프로그램에서 시작하여 지금은 패션 브랜드와 플랫폼을 운영하고 로컬 디자인, 지속 가능한 디자인에 대한 컨설팅까지 다양하다. 이 밖에 제로 웨이스트 제품을 만들어서 자원을 재활용하고 지역 브랜딩 디자인도 하고 있다. 수많은 시행착오를 거치면서 시작된 제로 웨이스트 디자인을 실행하면서 회사 운영 자금 확보에 어려움을 겪고 있을 때, 그녀의 뜻에 공감한 많은 지자체와 기업들의 지원과 환경을 생각하는 착한 사회적기업으로 주목받으며 성장하고 있다.

그리고 그 길 위에 세워진 또 다른 목표는 지금까지는 지역에서 어떻게 하면 환경 폐기물을 줄이면서 지역의 장인들과 함께 지속적인 일자리를 만들까에 대한 고민이었다면, 앞으로 지역에 조금 더 새로운 일거리와 청년 창작자들이나 요즘 1인 크리에이터들이 쉽게 제조할 수 있게 연결하는 브리지 플랫폼 역할을 하는 것이다. 창작자들과 제조하는 사람들이 함께 사용할 수 있는 생태계가 만들어질 수 있는 사회적 플랫폼을 만들어 가는 것이다. Made in 창신동, 고부가가치 일감을 많이 만들어 내고 지역의 재봉업체들을 살려내는 일이다. 점점 쇠락해가는 창신동에 활기를 채워 가고 있는 이 여성 대표는 함께 잘 사는 길을 통한 지역사회 기여는 물론 새로운 협력과 상품개발을 통해 지속적인 성장을 위한 수익모델도 함께 구축해 가는 젊은 CEO이다.

기업의 이름이 특이하다. 지역의 공공성 혹은 공동체의 가치를 처음부터 정해 놓지 말고 다 비운 상태에서 생각하자는 의미로 숫자 0을 BI에 넣었다고 한다. 지난 10년 동안 공공공간이 비워져 있는 공(0)에 어떤 가치를 담고 추구해 왔을까? 사회에 '공감'하고 해결법을 '공유'하면서 같이 '공생'하는 걸 목표로 삼고 있다. 그래서 공공공간의 앞의 3글자 공은 공간, 공유, 공생을 의미한다고 한다.[138]

돈을 벌고 비즈니스를 실행하는 과정에 우리와 함께하는 사람들과 함께 이익을 창출하고 사회에 영향력을 발휘하는 것에는 많은 제약이 따른다. 특히 소셜 디자인의 성공사례를 찾아보기 어렵고 소셜 디자인에 대한 냉소적 시각이 있다. 소셜 디자인이 성공하려면 다음과 같은 조건이 필요하나.[139]

첫째, 정확한 목표 설정이다. 어떤 타깃에게 어떤 솔루션을 제시할 것인지 정확하게 목표를 설정하고, 어떤 영향력을 창출하게 되는지 숫자로 말할 수 있어야 한다.

둘째, 장기적인 관점의 지속가능한 구조를 만들어야 한다. 사람들이 소셜 디자인에 큰 기대를 갖지 않는 이유는 그동안 많은 소셜 디자인이 단기 프로젝트로 끝났기 때문이다. 소셜 디자인이 성공하려면 장기적인 관점에서 지속 가능한 구조를 만들고, 오랫동안 유지할 수 있도록 자원이 계속 들어올 수 있는 모델을 만들어야 한다. 소셜 디자인을 진행했던 지역에서 디자이너들이 떠나고 나면 관리법에 대한 노하우나 원치 않는 상황이 발생했을 때 해결방법이 없고 처음 의도와는 달리 흐지부지하게 된다. 프로젝트가 실패했다기보다는 이후의 모델링을 안 했기 때문에 생기는 문제이다. 장기적인 관점에서 프로젝트를 진행할 필요가 있다. 여러 프로젝트에서 나타나는 모델들은 또 다른 솔루션으로 나타나기 때문이다.

마지막으로 사회적기업가정신이다. 강력한 비즈니스 전략이 필요하다. 소셜 디자인이라고 해서 마냥 착한 마음과 의지만 가지고 있으면 안 된다는 것이다. 오히려 사업가보다 더 영리하고 기민하게 움직여야 한다.

15장

사람 중심의 사회적기업가정신

지역발전과 연관해서 기업가정신은 경제적 기회를 포착하며 자원을 조직하고 기회를 활용하여 새로운 경제활동을 창출하는 것을 의미한다.[140] 일반적으로 기업가정신은 외부환경 변화에 대응하면서 기회를 추구하고 그 기회를 잡기 위해 혁신적인 사고와 행동을 하면서 새로운 가치를 만들어 내는 역량으로 논의되고 있다.

반면, 유럽에서는 사회적기업가정신(social entrepreneurship) 개념을 통해 개인보다 집합적 거버넌스의 메커니즘에 초점을 두고 있다.[141] 다시 말해 사회적기업가정신은 집합적인 차원을 지니는 동시에 사회적 목적을 추구하는 과정으로서의 특성이 강조되고 있다.[142] 따라서 사회적기업가정신은 사회적기업가들이 만들어 내는 네트워크를 통해 형성하는 집합적 행동[143]이며, 복잡하고 다양한 사회적 문제를 다루기 위한 혁신적인 접근 방식[144]이라고 할 수 있다.

사회적기업가정신이라는 용어는 1980년대에 빌 드레이튼(Bill Drayton)

이 설립한 단체인 아쇼카(Ashoka) 조직에서 처음 등장했다. 2010년 한국 개발연구원에서 열린 '사회적기업가정신 국제 콘퍼런스 2010'에도 참석했던 미국의 빌 드레이튼 아쇼카 재단 창립자는 사회적 변화를 위한 새로운 아이디어를 가진 사람들로서 기업가적 능력과 도덕성을 겸비한 사람들을 찾아 지원하는 사회적 벤처 펀드를 설립했다. 그는 사회적기업가정신을 이렇게 말했다.

> *"사회적기업가는 생선을 주는 것은 물론이고 고기 잡는 법을 가르쳐 주는 것으로는 만족하지 않는다. 고기잡이 산업을 혁명적으로 바꿀 때까지 멈추지 않는다. 이를 사회 문제 해결에 적용하는 것이 사회적기업가 정신이다."*[145]

그는 기업가 정신을 영리기업에만 국한시키지 않고 사회적 문제를 해결하는 데 있어 사회적기업에도 그 개념을 확대시켰다. 사회적경제의 적극적 요소로 필요하고 해석되는 혁신은 지역주민들의 새로운 필요에 대응하는 기업가 정신을 발휘한다.[146] 지역적 관점에서 사회적경제와 기업가정신에 대한 논의로 캐나다 퀘벡의 경우 사회적경제는 지역사회의 협동적 기업가정신을 기반으로 세워진 모든 활동과 조직으로 규정하고 있다.[147] 이처럼 혁신적 지역발전의 사회적기업가정신과 관련된 정의와 개념은 엄격하게 정의되지 않을 수 있으며 나라마다 다를 수 있지만, 이와 관련된 주요 동기와 특징과 가정은 동일할 수 있다.

노루지와 라이미(Noruzi & Rahimi)의 연구에 따르면 사회적기업가와

관련하여 8가지 기본 가정을 다루고 그 특징들을 설명하고 있다.[148]

① 사회적기업가는 개인이나 그룹, 지역공동체 또는 조직일 수 있다.
② 지속가능하고 대규모 사회적 변화가 주요 동기가 된다.
③ 사회적기업가정신은 사회적 문제를 해결하기 위해 기발한 아이디어나 창의적인 아이디어를 포함하고 있다.
④ 모든 분야 및 그 분야들 속에 존재한다.
⑤ 사회적기업가는 성공하기 위해 사회적기업에 종사하거나 시장 지향적인 도구를 사용할 필요는 없다.
⑥ 사회적기업가정신의 측정량은 개인과 실체에 따라 달라질 수 있다.
⑦ 사회적기업가정신의 강도는 상황이 변하고 시간이 흐르면서 지속적으로 변화하고 변화할 수 있다.
⑧ 사회적기업가들은 비록 정해진 비율은 없지만, 때때로 실패한다.

사회적기업가정신은 복잡한 사회적 문제를 다루기 위한 혁신적인 접근 과정이고, 사회적기업가들은 중요한 역할을 해냈다.[149] 이것의 핵심은 단순한 이익 추구가 아니라, 사회적 문제 해결에 궁극적 목적이 있으며, 전통적인 기업과 동일한 비즈니스 모델로 시작한다. 세계적으로 기업가 정신의 시나리오를 사회적기업가로 바꾸어 만든 방글라데시 그라민 은행(Grameen Bank)의 무함마드 유누스(Muhammad Yunus), 인도 자영업 여성협회(SEWA, Self-employed Women's Assosiation)의 엘라 바트(Ella Bhat), 미국 아쇼카(Ashoka) 재단의 빌 드레이튼(Bill Dryton), 케냐 그린벨트(Green Belt)의 마타이(Ms Maathai) 등이 그 역할을 했다. 이러한 사회적기업가들은 그들의 혁신적인 사상, 열정과 확고함을 통해 사회적 가치를 창출하고 사회적 문제를 해결하면서 전 세계 가난한 사람들의 삶에 긍정적인 변화를 가져오고 있다.[150]

이제 개인에게만 사회적기업가정신을 요구하는 것으로는 충분하지 않다. 우리 사회는 다양한 사회경제적, 문화적 배경을 가진 사람들과 함께 사회적기업을 혁신적이고 창의적으로 운영할 수 있는 사회적기업가정신을 요구하고 있다.[151] 우리나라의 사회적기업가정신을 위한 거대한 프로젝트는 경제적, 사회적, 문화적, 환경적인 현실을 개선하고 이 부분에서 문제에 대한 해결책을 찾는 혁신적인 프로젝트여야 한다. 이렇듯 소셜벤처의 지속가능성을 위해서는 사업 중심의 경영방식이 아닌, 혁신이 필요할 때 스스로 주체가 되어 우리사회를 이끌어가는 사람 중심의 경영방식이어야 한다.

16장

일자리를 통해 빈곤을 퇴치하는 희망의 길

지하철역에서 종종 빅이슈 판매원들을 만날 수 있다. 영국에서 취약계층의 일자리를 만들기 위해 펴낸 잡지로서 홈리스들에게만 잡지를 판매할 수 있는 권한을 주어 자활의 계기를 제공하고 있다. 그리고 우리나라에서도 이처럼 취약계층을 위해 좋은 일자리를 만드는 회사가 있다. 바로 '두손컴퍼니'이다. 친환경 종이 옷걸이 제조업으로 시작해서 현재 매출 24억 원의 물류업체로 성장하고 있다.[152] 박찬재 대표는 사회적경제를 통해 새로운 미래를 만들어가고 있는 또 다른 청년 CEO로 다양한 계층의 사람들과 함께하는 사회적기업 '두손컴퍼니'를 이끌고 있다.

박 대표는 2011년 서울역에서 노숙인들을 강제로 내쫓는다는 기사를 보고 똑같은 서울시민인데 돈이 없다는 이유로 내쫓길 수 있다는 사실에 충격을 받고, '노숙인들을 어떻게 하면 도울 수 있을까'라는 고민에서 종이 옷걸이 사업을 시작하게 되었다. 일자리라는 기회를 통해서 사회에서 소외된 이들에게 희망을 줄 수 있다는 생각이었다. 종이 옷걸이와 판촉물 판매에 주력하며 수익확대를 통해 노숙인들의 일자리를 늘리려고 했던 그 생각만큼 수익은 늘지 않았고 고민이 쌓여갔다. 이 시기에 주변 제조업체 대표들의 조언을 통해 물류에 대한 고민을 하면서 물류 관리에 어려움을 겪던 스타트업(start-up)이나 소규모 제조기업들이 앞다퉈 '두손컴퍼니'의 '품고'를 찾기 시작했다.

품고의 성장과 함께 일자리에 의한 희망을 다양한 사람들과 키워 나가고 있다. 두손컴퍼니는 홈리스 쉼터나 복지기관들과 추천 채용제를 운영하고 있어서 다양한 연령대와 다양한 지역 출신의 직원들로 구성되어 있다. 두손컴퍼니에서 근무하는 모든 사람을 회사운영의 최상위 가치로 두어 '핸디맨(Handyman)'이라 부르고 있으며, 상하관계가 아닌 역할 분담의 개념에서 서로 의지하고 협력하고 있다. 두손컴퍼니는 2015년 소셜벤

그림 20. 빅 이슈, 당신이 읽는 순간 세상이 바뀝니다[153]

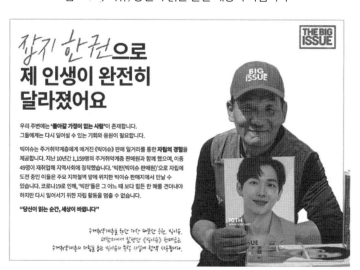

처 경연대회를 참여하여 솔루션 부문 최우수상을 차지하였다. 이후에 본격적으로 회사가 커지고 발전할 수 있는 전환점이 되었다. 시장의 문제와 사회의 문제를 균형 있게 해결할 수 있는 사회적기업으로서 크게 성장하고 있다.

사회 변두리에 있는 이들을 살펴보지 않았다면 결코 존재하지 않았을 '두손컴퍼니' 그리고 이웃과 동네 환경을 돌아보지 않았다면 결코 탄생하지 못했을 '공공공간'은 보다 나은 사회를 향한 청년들의 의지와 선택으로 사회적경제라는 지도위에 새로운 희망의 길을 그리고 있다. 우리의 꿈을 옥죄는 '헬조선'이 아닌 꿈을 펼치는 대한민국을 만들어 길 사회적경제의 길이다. 그 길은 지금 더 많은 청년과 그들의 꿈을 기다리고 있다.

지역이 묻고 사회적경제가 답하다

17장

정부는 사회적경제기업의 협력자

국민의 사회적경제 문화와 역사가 앞선 영국은 7만여 개 이상의 사회적 기업이 활동하고 있다. 이 기업 중 2016년 약 70% 이상이 수익을 얻거나 수지균형을 달성을 하면서 성공적인 안착을 보이고 있다. 이 중 89%는 여성 임원을 포함하고 있으며, 34%는 흑인 및 아시아 소수민족을, 36%는 장애인을 포함하는 등 영국의 취약지역에 기반을 두고 활동하는 것으로 알려져 있다. 2030년이면 영국의 사회적기업이 중소기업의 성과를 넘어설 것으로 예측하고 있다. 7만여 개 이상의 사회적기업에서 발생하는 매출 규모는 2,400만 파운드(약 420억 원) 이상이라고 한다. 그 가치는 36조 원에 달한다. 또 이들 사회적기업은 100만 개의 일자리를 만들어 내고 있다. 수치로 보면 GDP의 4%, 전체 일자리의 5%에 해당한다.[154] 이러한 이유로 경제 위기 속에서도 지난 10년 동안 가장 크게 성장하는 분야로 사회적경제를 말할 수 있다. 또한 사회적기업은 브렉시트(BREXIT) 이후 다양한 리더십과 포용적 고용에서 더욱 크게 기여할 것으로 기대하고 있다.

이처럼 영국에서 사회적경제 조직이 활발하고 시장에서 성공할 수 있었던 이유는 창업가를 지원하는 중간지원조직의 다양한 지원이 있었기 때문이다. 전문가들이 사회적경제의 지속가능성을 돕고 있으며 대학에서도 관심과 참여가 활발하여 정부도 세금을 낮춰 주는 등 적극적인 지원을 하고 있다. 또한 사회적기업이 활발하게 시장에서 성공하기 위해서는 대기업과의 협업이 중요하다.

영국의 사회적기업의 지역 확산의 형태인 '퍼스트포트(Firstport)'는 스코틀랜드의 초기 및 중기 사회적기업을 대상으로 지원 프로그램을 운영하는 중간 기관이다.[155] 퍼스트포트(Firstport)는 초기자금 지원이나 사업 모델과 운영에 관한 컨설팅 및 실무에 필요한 정보와 자료 등을 제공하고 보유하고 있는 네트워크를 활용하여 실천 가능하고 안정적인 사회적기업 모델을 양성하는 데 목표를 두고 있다.

퍼스트포트는 특정 지역을 기반으로 사회적기업이 지역사회를 재생하고 활성화하기 위해 사회적투자유치 프로그램(Launch Me), 사회적기업 육성 프로그램(Vital Spark), 사업규모 확장 및 모델 확산을 지원하는 프로그램(Ditto) 등을 성장 단계 및 지역별로 세분화하여 운영하고 있다.[156] 그중 아가일(Argyll) 지역의 사회적기업가(Social Entrepreneur) 지원 프로그램인 '바이탈 스파크 프로젝트(Vital Spark Project)'는 사회적기업이 지역사회를 어떻게 변화시키는지 보여 주는 좋은 사례다.

아가일 지역은 자연과 문화가 풍부한 지역이지만 극심한 경제적인 양극화 현상과 이민자나 다양한 이해관계로 인하여 커뮤니티가 분열되고 경제적으로 낙후된 지역이었다. 퍼스트 포트는 공동체에 무엇이 필요한지 파악하고 지역주민들이 함께 모이는 공간을 만들고 교육, 펀딩과 사회적기업가 육성 프로그램 등으로 창업을 지원했다. 6개월간의 코워킹 스페이스를 운영하고 이후에는 지역주민들이 직접 운영하도록 하였다. 사용하지 않는 정원을 기부 받아서 야채농장을 만드는 기업(Fuss Pot Farm), 자폐아 부모를 위한 교육 서비스 전문기업(Inspired by Autism), 장애인용 목발 거치대가 있는 저렴한 전동휠체어 제조기업(ZERO Limits) 등이 초기 스타트 기업으로 꼽힌다.[157]

이렇게 퍼스트 포트의 성공적인 운영에는 스코틀랜드의 '공동체 정신', '연대'와 '나눔'의 역사적 전통이 밑거름이 되었다. 문화적, 역사적 기반 위에 정부의 지원금과 사회적기업가 역량 개발 프로그램이 공공시장 개방 등으로 스코틀랜드의 사회적경제의 생태계가 단단하게 완성될 수 있는 동력이 되었다. 영국의 사회적기업 성장에 크게 기여한 것은 자본이나 기술이 아닌 서로를 신뢰하는 사회적자본과 정부의 제도적 지원이라고 할 수 있다.

사회적자본은 다양한 이론적 접근이 있지만, 특히 퍼트넘(Putnam) 교수는 이탈리아 지역 사례를 토대로 신제도주의적 관점에서 규범, 네트워크, 신뢰를 중심으로 실증적 연구를 통해 공공이슈에 대한 시민참여 네트워크와 지역의 규범을 중심으로 이루어진 사회적 결속이 강한 지역에서 참여와 협력이 나타나고, 결국 이와 같은 사회적자본이 강한 지역의 지방정부의 성과가 다른 지역보다 높게 나타나고 있다고 설명하고 있다.[158]

또한 정부의 제도적 지원은 사회적기업이 시장에서 살아남을 수 있도록, 법적인 기반을 마련해 주고 판로를 개척해 주는 매우 적극적이고 디테일한 법적, 제도적 뒷받침이 이루어지고 있다.

영국 정부는 토니 블레어(Tony Blair) 총리 시절인 2001년 사회적기업

실을 만들어 사회적기업 지원을 본격적으로 실시하였다. 그리고 2006년, 이를 발전시켜 제3 섹터청(Office of the Third Sector)을 신설했다. 그해에 '사회적기업 육성 계획(Social Enterprise Action Plan: Scaling New Heights)를 발표했다.[159]

이 계획은 크게 4가지 영역을 포함하고 있다. 첫째, 사회적기업 문화 활성화, 둘째, 정확하고 적절한 정보제공, 셋째, 사회적기업 자금 조달, 그리고 마지막으로 정부와 효과적인 협업이다. 마지막 정부의 협업이 바로 공공구매에 관한 것이다. 이 일환으로 2006년에 이미 2012년 런던 올림픽과 같은 대규모 정부 사업에 사회적기업을 참여시키는 것에 대한 논의가 시작되었다.

영국 노동당 정부(1997~2010)의 사회적기업 정책 방향 중의 하나는 공공서비스를 사회적기업을 통해 제공함으로써 공공서비스의 양과 질, 그리고 효율성을 제고시키는 것이었다.[160] 2008년 글로벌 금융위기 이후 2010년 집권한 보수당-자유민주당 연립정부 역시 긴축 재정을 펼치는 한편, 사회적기업을 통한 공공서비스 제공 기조를 그대로 유지했다.

'큰 사회(Big Society)' 정책은 이러한 상황 속에서 탄생하게 되었다. 큰 사회 정책의 기조는 크게 세 가지였다.[161] 첫째, 지역사회로 권한 이양, 둘째, 공공서비스 제공자를 사회적기업 등 다양한 주체에게 개방하는 것과 마지막으로 시민 참여를 지원하는 것이었다. 큰 사회 정책 기조 아래, 공공기관은 사회적기업에 대한 우선구매를 확대했다. 그 결과 영국에서 사회적기업이 정부와 사업을 협력하는 것은 보편화되었다.

영국 사회적기업을 지원하는 총괄 지원기관이자 네트워크인 '영국사회적기업협회(SEUK, Social Enterprise UK)의 2017년 조사 결과에 따르면 공공영역 대상 비즈니스를 하는 사회적기업은 54%(중복응답)로 매우 높게 나타났다.[162] 이는 기업의 가장 주요한 자금원으로서 20%를 차지하고 있다. 일반대중 대상 비즈니스를 하는 것(60%) 다음으로 높으며, 기업 등 민간영역(52%)보다도 높다. 그리고 제3 섹터 기관(7%) 및 기타 사회적기업(3%) 대상과의 비즈니스를 하고 있다. 즉 영국에서 사회적기업은 일반기업과 비즈니스를 하는 것보다 정부와 비즈니스를 하는 것이 더욱 보편적이라고 말할 수 있다.

이렇게 광범위하고 다양한 형태로 존재하는 사회적기업이 여러 형태로 정부와 비즈니스를 하고 있다는 것은 사회적경제 생태계에 매우 고무적인 일이다. 그중에서 사회적기업 대상 공공구매가 활성화될 수밖에 없는 세 가지 정책 중에는 〈공공서비스(사회적 가치)법〉, 커뮤니티 구매 권한, 커뮤니티 도전 권한이 있다.[163]

첫째, 〈공공서비스(사회적 가치)법(Public Services Act, Social Value)〉이다. 정식 명칭은 "행정 기관들로 하여금 공공역무 계약들과 관련하여 그리고 연관된 목적을 위하여 경제적, 사회적, 환경적 후생에 관하여 고려할 것을 요구하는 법률"[164]이다. 공공조달의 경우 기획단계에서 사회적, 환경적 가치가 결정된다. 이 법의 가장 큰 특징 중의 하나는 서비스 계약 조달 절차 이전부터 사회적 가치를 고려하도록 했다는 것이다. 감독관은 사회적, 환경적 가치를 고려해서 조달 절차를 추진해야 하며, 최저 가격 원칙 이외에 이러한 가치가 반영되도록 추진해야 한다.

둘째, 지역사회의 각종 단체들에게 지역의 공공서비스를 제공하는 주체가 되기 위해 도전할 권한(Community Right to Challenge)이다. 이는 지역주권법(Localism Act)의 한 내용이다. 이를 통해, 지역사회 단체가 지역 서비스를 보다 효과적으로 수행할 수 있다고 생각되면, 지역 서비스를 운영하기 위한 관심을 표현하는 법적 권리를 부여한 법이다. 사회적기업, 자선단체, 지역 사회단체 등이 공공서비스에 대한 공개 입찰과 심사를 요청하면, 지역평의회는 이를 검토한다. 이 법으로 인해 사회적기업 등 지역사회단체는 공공서비스 조달에 보다 적극적으로 참여할 수 있는 기회가 열린다. 이 법으로 인해 공공서비스 제공업체의 다양성을 높이고, 지역사회 요구에 대응하면서 공공서비스 개혁을 이루어 내고, 특히 지역 사회단체의 공공서비스 구매가 제한적이라는 문제를 해결하기 위해 도입되었다.

영국은 공공서비스(사회적 가치)법으로 사회적기업에게 유리할 수 있는 가이드라인을 마련해 놓은 한편, 커뮤니티 도전 권한으로 공공기관에 능동적으로 요구하면서 공공구매에 참여할 수 있는 기회를 열어 주고 있다. 하나의 법은 공공기관이 준수할 사항을 규정하고 또 다른 하나의 법은 사회적기업이 주장할 수 있는 권리를 규정함으로써, 공공구매 참여 환경을 조성하고 있다.

셋째, 또한 이러한 단체들에 지역 내 자산을 취득할 권한(Community Right to Buy)을 부여하고, 이와 같은 자산을 기초로 다양한 서비스를 제공하도록 하는 것이다. 이 역시 2011년에 제정되고 2012년에 발효된 지역주권법(Localism Act)의 한 내용이다.[165] 교회, 학교, 상점, 삼림지대, 도서관, 레저센터, 운동장 등 공공기관이 소유하던 자산을 매각할 때, 지역사회에게 먼저 구매할 수 있는 권한을 부여하는 것이다. 먼저 지역사회 단체는 공공기관이 소유하고 있는 자산에 대한 관심을 등록할 수 있다. 그리고 이렇게 등록된 자산을 공공기관이 팔려고 하는 경우, 지역사회 단체는 6개월 기간 동안 공동 명의로 자금을 마련하여 먼저 입찰에 응할 수 있는 권한을 부여받는다. 지역사회 단체는 자선기관, 사회적기업 등 지역사회 이익을 위한 단체로 지역사회 구성원에 의해 통제되는 단체를 말한다. 그리고 이렇게 우선권을 부여받기 위해서는 해당 자산이 지속가능한 개발에 사용되고, 공공의 이익에 기여하고, 다수의 구성원과 관계되고, 커뮤니티의 충분한 지원이 있어야 한다.

'로컬리티(Locality)', 주민들의 활동을 지원하고 이를 정책과 연결해 주는 중간 지원조직[166]

우리나라의 경우 지방정부로부터 토지나 건물 등을 무상이나 저렴한 가격으로 제공받기 쉽지 않다. '커뮤니티 구매 권한'은 이러한 장벽을 낮추는 역할을 해 주고 있다. 그러나 제도를 만들었다고 해서 장벽이 저절로 낮춰지는 것은 아니다. 그런 관점에서 '로컬리티(Locality)'라는 네트워크 기관 사례는 시사하는 바가 크다. 지역 자산화를 돕는 로컬리티는 강력하고 성공적인 지역 커뮤니티를 지원하는 전국 네트워크다. 영국 전역에 600여 개 회원 조직을 가지고 있으며 활발하게 활동을 펼치고 있다.

로컬리티는 지역 주민들이 필요로 하는 서비스를 제공하고, 지역에 투자와 일자리를 만들어 내는 활동을 펼치고 있다. 그중에 중요한 역할 중 하나는 지역사회가 토지, 건물, 녹지 공간, 수영장 등을 소유하고 관리하여 함께 이익을 공유하도록 하는 일을 돕는 것이다. 이것은 일차적으로 사회의 공유자산이 개인에게 매각되는 것을 방지하는 것이다. 그리고 이를 커뮤니티 자산으로 만들거나, 사회적기업, 지역단체 등 공공의 이익을 위해 일하는 기업이나 기관이 이를 활용하여 지속적으로 지역을 위한 가치를 만들도록 함으로써, 공유 자산을 미래 세대를 위해 보존하는 일을 하고 있다.

로컬리티는 커뮤니티 구매 권한을 적극적으로 활용하도록 돕고 있다. 회원 기관들이 지역사회에 가치 있는 토지나 건물을 사전에 등록하고, 내부 위원회 회의에 참석하여 적절한 조건을 협상하는 것을 돕고, 지배구조와 사업계획 수립을 지원하며 각 단계에서 도움을 주고 있다. 지역 자산화를 추진한 다음에는 지역 공간을 이용하여 임대료와 유료 서비스의 수입을 창출함으로써 보조금에 대한 의존도를 줄일 수 있도록 돕고 있다. 자산화한 공간을 새롭게 개발해야 할 필요성이 있는 경우에도 도움을 주고 있다.

대표적인 사례로 2017년 버밍엄의 모슬리 로드 수영장이 폐업 위기에 놓이자 지역사회는 '모스릴 로드 배스 액션 그룹'을 결성하여 지역자산화를 추진했고, 마침내 버밍엄 시의회가 손을 들어 줘 2018년 4월부터 지역사회에서 운영하기 시작했다. 수많은 사례가 있다. 공공자산을 지역사회 자산화하여 사회적기업 방식으로 운영하는 모델로써만이 아니라, 지역사회가 합심하여 운영하는 모델로서도 시사하는 바가 크다.

영국 정부는 크게 다섯 가지의 지원방향을 가지고 있다. 법적으로 공공구매를 뒷받침하는 기반을 만드는 것이 중요하겠지만, 그렇다고 해서 공공구매 참여 문턱이 낮아지는 것은 아니다. 보이지 않는 수많은 장벽을 부수지 않으면 안 되기 때문이다. 영국 정부가 사회적기업들이 공공조달에 참여하기 위해 넘어야 할 여러 장벽을 해소하는 다양한 활동을 펼치고 있는 것은 우리가 세심하게 눈여겨봐야 할 지점이다.

영국 정부의 다양한 지원 활동 중 첫째는 정책수립 과정에서 사회적기업의 참여를 고려한다. 예를 들어 영국은 2006년 영국 폐기물 관리를 지속가능한 방식으로 전환하는 전략을 발표할 시점에 사회적기업이 보다 많은 역할을 할 수 있도록 정책 수립과정에 반영했다.

둘째, 공공구매에 대한 충분한 정보를 제공한다. 공공서비스 발주 부서와 사회적기업 간 만남의 기회를 제공할 뿐만 아니라, 사회적기업을 대상으로 공공입찰과 조달에 대한 상세 교육 과정을 제공하고 있다. 또한 연간 일정표에 의거 입찰 계획 정보를 미리 제공함으로써, 소규모 사회적기업이 충분한 시간을 갖고 준비할 수 있도록 하고 있다. 또 2003년 사회적기업국은 공식적으로 '공공조달: 사회적기업을 위한 지침서(Public Procurement: A Toolkit for Social Enterprise)'를 제작하여 배포하고 있다.[167] 이 지침서의 목적은 공공부문 사업을 성공시키는 데 있어서 사회적기업의 바람직한 실천을 제공하면서, 다양한 방법으로 충분한 정보를 제공하여 사회적기업이 공공구매에 적극 참여하도록 유도하는 것이다.

셋째, 사회적기업이 공공조달에 참여하기 위해 경쟁력을 제고할 수 있도록 지원한다. 사회적기업은 전통적기업보다 업력, 규모, 역량 등이 뒤처질 수 있다. 사회적기업이 공공조달에 참여하도록 하기 위해서는 경쟁력 제고를 위한 지원을 함께 병행해야 한다. 영국 재무부는 2003년 전문성과 경험을 갖춘 뛰어난 사회적경제 조직들의 성장과 발전을 위한 펀드(Futurebuilders England Fund)를 만들고 이를 운영할 주체를 찾아 나섰다. 그 결과 제3 섹터, 금융기관들이 참여하는 컨소시엄 형태로 비영리회사(Futurebuilders England Ltd)가 2003년 12월에 설립되었다. 조성된 투자금은 1억 2,500만 파운드였다. 이 기금은 2008년 4월 이후 영국의 대표적인 자선투자기관인 ACF(Adventure Capital Fund)가 만든 사회적기업 SIB(Social Investment business)가 이어받아 운용하고 있다.[168]

넷째, 사회적기업이 창출하는 사회적 성과가 무엇인지 명확하게 보고

할 수 있도록 지원한다. 공공구매의 '사회적·환경적 조항'을 잘 활용할 수 있도록 하는 한편, 사회적기업이 선정되었을 때 이에 대해 특혜 시비가 없도록 합당한 설명을 할 수 있도록 하고 있다. 예를 들어 영국의 신경제 재단이 운영하는 사회적기업의 품질 및 영향력 평가도구인 증명 및 개선 지침서(Proving and Improving) 개발을 지원하고 있으며, 이를 통해 사회적기업들이 고객이나 정책 입안자들에게 그들이 창출하는 경제적, 사회적, 환경적 가치를 보다 더 가치 있도록 돕는다.[169]

마지막으로 제품 주문받을 확률이 높은 규모가 있는 민간기업과 사회적기업 간의 컨소시엄 등을 통해 협력을 권장하여 사회적기업이 공공 조달에 참여할 수 있는 기회를 확대하고 있다. 컨소시엄 구성을 위한 법적 지원을 하고, 컨소시엄 파트너에 대한 정보를 제공함으로써 사회적기업이 컨소시엄을 통해 입찰에 참여할 수 있도록 장려하는 것이다.

이처럼 영국 정부는 사회적기업의 협력자이다. 2006년 제3 섹터부(OTS, Office of th Third Sector)의 사회적기업 정책을 보면 정부는 사회적기업들이 공공부문과 함께 사업을 하고 정부와 협력함으로써 공공의 목표를 달성할 수 있도록 전략적 파트너십을 맺고 있다.[170] 영국 정부는 사회적기업을 지원 대상으로 보는 것이 아니라 협력자로서 접근하고 있다.

사회 문제를 해결해야 한다는 관점에서 정부와 사회적기업은 같은 지점의 방향성을 가지고 있다. 그렇기에 정부가 사회적기업이 공공조달에 참여할 수 있도록 구조적 장벽을 허물고, 사회적기업의 역할을 적극적으로 인정하고 찾아내는 것이 당연한 것이다. 우리나라도 사회적기업의 공공구매 참여를 활성화하기 위한 제도적 과정에서 놓치지 말아야 할 것은 사회적기업을 같은 방향을 바라보는 협력자로 인정해야 한다는 것이다.

지역이 묻고 사회적경제가 답하다

협심(Cooperation)

경상북도 칠곡군 왜관읍 소재 고용노동부 인증 사회적기업인 '알배기협동조합'은 칠곡군과 사회적 가치 실현과 지역사회 공헌 활성화를 위한 업무협약을 체결했다.[171] 이 협약은 사회적 목적을 추구하면서 영리활동을 하는 사회적경제 조직의 성장과 도약을 위해 관내 단체들과의 유기적 연계를 지원해 사회적 가치 실현과 지역사회 공헌활동의 실효성을 도모하기 위해 마련됐다. 알배기협동조합은 2014년 창업하여 6년 차 협동조합(연 매출 3억 5천만 원)으로 전체 직원은 10명으로 규모가 있다. 직원 평균나이 32세 젊은 청년층이 모여 설립했다.[172] 협동조합 이름에 담긴 의미는 겉보다는 속이 꽉 찼다는 순우리말로 보이는 것보다는 그 안에 가치에 집중하자는 것이다. 대구대 신문방송학과 창업동아리로 시작해 경상북도가 적극 지원해 성장한 광고·디자인협동조합이다. 사회적경제 아카데미 수업을 수료하고 협동조합이라는 시스템에 대해서 배우게 되면서 그 협동조합이 이 시장에 부합하게 되어서 창업하게 된 계기다.

홍보디자인, 마케팅 등 광고대행업은 대부분 도시에서 큰 시장을 겨냥하지만 알배기협동조합이 경북 칠곡군으로 내려온 이유는 위치가 굳이 중요하다고 생각하지 않고, 사회적기업의 특성상 행정과의 소통이 굉장히 중요하다고 판단하였기 때문이다. 칠곡군은 여기에 크게 부합되는 도시였고, 행정 담당자들과의 소통과 업무에 대한 진행이 굉장히 원활했었던 부분이 협동조합 성장에 가장 큰 강점이었다. 실패해도 전혀 이상하지 않을 나이였던 젊은 대표는 창업기간 5년을 넘어서 이제는 자생력을 가졌다. 도전과 창의력은 청년들의 큰 무기이다.

사회적기업의 성공 및 지속가능성 요인에 대한 연구로써 휠러(Wheeler 등)는 아시아, 아프리카, 중남미의 지역을 기반으로 두고 있는 50개의 사회적기업에 대한 사례분석을 통하여 사회적기업의 지속가능성과 발전을 위한 요인으로 기업가 정신과 기업경영능력, 기업가의 지속적인 개발의욕 및 자세, 가치창출과 관련된 파트너십 확립, 재무자원의 조달능력 등을 들었다.[173]

특히 이 중에서도 칠곡군 협동조합의 지속가능성의 힘은 바로 협심(cooperation)에 있다. 알배기협동조합은 디자인과 아이디어를 제공하면 또 다른 협동조합에서는 제작을 한다. 농업기술센터와 같이 하고 있는 용역 중의 하나가 칠곡군에 있는 관내 농가들이 모인 협동조합에서 만든 가공상품을 칠곡군 관내에 있는 카페들에 샵인샵(shop in shop) 프로젝트를 진행하고 있다. 말 그대로 가게 안에 또 하나의 가게가 있는 샵인샵 프로젝트는 지역 내 사회적기업 제품을 관내 카페 내부에 진열해 구매율을 높이고 홍보효과 증대를 추진하는 사업 대행 사업에서 주체사업으로 확대된 형태이다. 농가 조합원들이 집에서 직접 기르는 농산물을 아침에 신선할 때 따 가지고 바로 제품화한다는 것이 큰 장점이다. 관내 농산품협동조합의 판로개척을 위한 사업은 현재까지 관내 12곳에 농가들의 6차 가공식품들이 진열되어 있고 앞으로 더 늘어날 계획이다. 알배기협동조합은 대행 사업에서 주체사업으로 사업 영역을 확대하는 계기가 되었다. 광고나 디자인처럼 무형의 서비스보다는 유형의 제품을 개발하면 조금 더 지속적인 회사의 수익이 창출되다 보니 수익을 통해서 발전가능성이 높아지면서 안정적인 일자리를 창출할 수 있다는 점에서 이 프로젝트를 실행하고 있는 것이다.

이처럼 지역사회에 젊은 청년들이 부족한데 협동조합과 협동조합 사이에서 힘을 보태면서 좋은 역할을 해 주고 사회적경제라는 아름다운 의미의 새로운 바람을 일으키고 있는 상황이다. 샵인샵 선반 목재품 설치는 그 지역에 있는 목공소협동조합과 같이 협업을 통해 설치 진행을 했다. 이러한 협심은 관내 설치할 식품의 종류를 파악하고 진열할 제품들을 선정하는 회의까지 진행한다. 경상북도 내 각 지역 행정기관은 협심으로 탄생한 사회적경제 활동기업 제품들에 대한 제품개발 제안서를 검토하고 심사를 통해 제품 개발비를 지원하고 있다. 이제 단순히 혼자서 이러한 제품들을 만들어 내는 것이 아니라 관내에 있는 협동조합 그리고 또 다른 사회적기업들과 같이 협업을 통해서 제품들을 만들어 내고 있다는 것이 가장 큰 성과이다.

사회적기업을 시작할 때와 기업이 운영되고 나서 일정부분 확정되는 단계의 두 가지 부분이 어쩌면 행정기관에서 도움을 줄 수 있는 부분이다. 시작단계에서는 이런 사회적경제 조직, 사회적 생태계를 만들어 나가고 같이 협업하는 기관들이 많이 있다. 이런 기관들을 통해서 전문적인 컨설팅을 받을 수 있도록 연결도 해 주고, 사업의 확장단계에 있어서 기존 정책뿐만 아니라 군 실정에 맞는 활성화 사업들을 개발해서 행정에서 지원하고 있다. 이처럼 아이디어와 협심의 결합은 사회적경제의 가치를 실현한다.

18장

사회적경제와 지속가능성

사회적경제 조직들은 경제적 목적과 사회적 목적이라는 두 마리 토끼를 다 잡아야 하는 상황에서 여전히 기반이 취약하고, 사회적 목적만 추구하면서 수익을 창출하지 못하는 상태가 계속되면 지속가능하지 못하고 시장에서 도태될 수밖에 없다. 고용노동부와 한국사회적기업진흥원은 '2019년 사회적기업가 육성사업 실태조사' 결과를 발표했다. 조사 결과, 2018년 기준 우리나라 사회적기업은 4,400여 곳으로 3년간의 지원기간 동안 인증을 반납하거나 폐업한 업체는 48%로 5년 생존율은 52.2%에 달한다.[174] 각종 지원에도 불구하고 일반기업과 비슷한 생존율을 보이고 있다. 사회적경제의 양적팽창은 불가피한 흐름이지만, 이럴 경우 고용이 늘어나게 되고 지역경제의 비중은 높아져서 점유율은 높아질지 모르지만, 고용의 안정성이라는 측면에서 어느 정도 담보될 수 있을 것인가에 대한 우려가 있다.

선택과 집중이 필요하지 않을까. 사회적경제 영역에서 경쟁력이 없는 업체들은 스스로 자정해서 걸러질 것이고, 경쟁력을 갖추는 업체는 나름 대로 의미 있게 사회적경제 영역을 확실하게 구축해 나갈 것이다.

사회적경제 분야에서 세계 석학으로 통하는 자크 드푸르니(Jacques Defourny) 벨기에 리에주 대학 경제학과 교수 겸 사회적경제 센터장은 중앙일보와의 인터뷰에서 다음과 같은 내용으로 사회적경제 지속가능성에 대한 관심 사항과 논의를 제시했다.

> "사회적기업의 자생력을 위해서는 근본적으로 인내심이 필요하다. 정부는 돈을 투자했기 때문에 효과가 빠르면 좋겠지만 일단 기다려야 한다. 사회적경제 그룹 안에는 수많은 활동 조직이 있다. 사회적경제의 목적은 이 모든 조직을 발전시키는 데 있다. 목적을 달성하기 위해서는 다양한 조직이 가지고 있는 고유의 역동성을 유지해야 한다. 고유의 역동성이란 기업가정신을 갖춘 조직 구성원들 모두가 참여하는 것을 말한다. 또 강조하고 싶은 것은 시장경제 관점에서만 문제를 해결하려고 하면 안 된다. 노인이나 사회적 약자들은 경쟁력을 완전하게 갖춘 사람들보다 상대적으로 자생력을 갖추기 힘들다. 이들을 고용하지 않는 것이 아니라 숙련된 기술자와 비숙련된 기술자 간의 조직 혼합, 봉사활동이나 기부 등 다양한 방법을 통해 문제를 보완해야 한다."[175]

우리나라 사회적경제기업들의 자생력은 어느 정도 수준에 이르고 있을까. 2015년 경상북도 '사회적기업종합상사협동조합'은 국내 처음으로 설립해서 경상북도 사회적경제는 진일보했다. 사회적기업 자생력을 높이는 데 기여하면서 새로운 사회적기업 창업에 있어서 길잡이 역할을 하고 있다. 사회적기업의 교류, 협력, 정착을 통해 '사람 중심 경북세상' 구축을 선도하기 위해 창립하게 된 것이다.[176] 또한 사회적경제기업의 공공시장 판로개척을 위해 2018년부터 본격적으로 사회적경제 상사맨 육성사업을 진행하고 있다. 경상북도에 있는 사회적경제기업 1,000여 곳들의 홍보 판매를 지원하기 위해서 시장분석을 하고 또 판매를 개척하기 위한 판촉 행사 및 판매 촉진을 위해 상사맨 활동을 지원한다.

종합상사의 활약은 대단하다. 전국적으로 종합상사 붐을 일으키고 공공기관 우선 판매세도와 함께 경북지방 우정청은 매년 10억 원 징도 판로지원과 대기업 제휴를 맺었다. 2016년 43억, 2017년 93억, 2018년 110억, 2019년 242억, 2020년 322억 원의 매출을 올렸다.[177] 코로나 19로 인한 경제침체와 소비둔화가 지속되는 위기상황에도 불구하고 종합상사의 판로지원을 위한 경상북도의 예산 편성과 적극적이고 유연한 민간 조직의 대응으로 목표인 300억 원을 초과달성하는 성과를 거두었다. 이런 위기 속에서도 매년 2.3% 성장률을 올릴 수 있었던 이유는 사회적경제기업의 연결고리인 상사맨의 활약이 크게 한몫을 했다.

사회적기업 제품을 소비자에게 알리는 홍보활동과 지역의 사회적기업 제품 판매점을 관리하고 기획하는 활동을 지속적으로 이어 나가고 있다. 판로개척과 운영에 어려움을 겪는 사회적기업을 찾아가 기업 운영 점검과 방향제시에도 열정적이었다. 그리고 사회적기업 제품을 알게 된 소비자들 사이에서는 착한 기업, 건강한 제품이라는 인식과 함께 지속적인 소비를 기대할 수도 있게 되었다. 사회적경제 상사맨은 큰 공공기관이나 민간 기업을 개척해 사회적기업 제품을 활용하도록 계약하고 기관을 통한

지역이 묻고 사회적경제가 답하다

제품 진입을 확보해 나가고 있다. 또한 사회적기업으로 판로가 많이 없기 때문에 판로개척이나 소비자들에게 쉽게 다가가기 위해 판매뿐만 아니라 홍보나 신제품 시음 등 테스팅 목적으로 오프라인 매장을 운영하고 있다.

사회적기업을 돕는 사회적기업

여기 우리에게 익숙한 이 수치에서 무엇을 떠올릴 수 있을까?

95만 명

5,120억 원

38만 톤

260만 개

95만 명은 1223년 칭기즈칸이 유럽정복 과정에서 학살한 주민들의 숫자이다. 5,120억 원은 2017년 다빈치의 작품 구세주(Salvator Mundi)의 경매가격이고, 38만 톤은 2013년 전라남도에서 생산된 소금의 양이며, 260만 개는 2018년 일주일간 밴쿠버에서 소비되는 일회용 컵 개수를 나타내고 있다. 이 수치 모두는 영국의 사회적기업 FRN(Furniture Re-use Network, 가구재활용네트워크)이 기록한 성과를 반영한 수치이다. 바로 지속가능한 지구를 위한 사회적경제의 힘을 증명하는 수치이다.

환경문제는 시장실패가 따른다. 다시 말하면 이윤추구를 목적으로 하는 시장이 정상적으로 작동하지 않는 영역이다. 따라서 환경문제 해결을 위해서는 규제를 통해서 시장참여자가 환경보호를 위해 강제로 비용을 지출하도록 만드는 것이다. 환경보호를 위한 다양한 규제가 만들어졌지만, 여전히 사회적 이익이 존재함에도 불구하고 영리를 추구하는 기업을 통한 서비스 제공이 어려운 사각지대가 있기 마련이다. 시장에서 정상적으로 작동하지 않는 영역의 경우 공공서비스를 통하여 해결할 수 있지만 사회적 서비스가 필요한 지점을 찾아내는 데 공공의 역할이 부족한 경우가 많다. 해외의 오랜 역사를 가지고 있는 친환경사회적기업의 경우 지역사회에 기반하여 지역사회에 필요한 공공의 환경서비스를 고민하면서 사회적기업으로 성공적으로 성장하고 있다. 이들은 지역기반의 네트워크를 통히여 정부의 환경정책의 파트너가 될 수 있는 능력을 갖추었다.

연대와 협력으로 세상을 바꿔 가는 사회적경제 중의 하나인 FRN은 영국의 가구재활용 사회적기업이다. 그 시작은 버려진 쓰레기였다. 버려지면 쓰레기가 되는 폐가구와 가전들을 보면서 현실을 바꿀 유일한 답은 재활용(recycle)이었다. 버리는 대신 필요한 가정에 보내 주자 어느새 하나둘 재활용 사회적기업들이 늘어났다. 그러나 어떤 지역에는 버려지는 제품은 많은데 그 재활용품을 사용할 사람이 없었고 또 다른 지역에는 제품이 필요한 저소득층은 많은데 재활용할 물품이 없었다. 각기 다른 지역의 문제를 해결하기 위해 필요한 것은 네트워크(Network)였다.

마침내 1989년 영국 전역의 300여 개 가구 및 전자제품 재활용 자선단체들이 통합네트워크 FRN(Furniture Re-use Network)를 설립하였으며, 현재는 약 400여 개 이상의 단체 및 기업이 참여하고 있다. 회원사의 고용인원은 3,000명이며, 연간 8,000명의 직업훈련생에게 직업훈련을 하고 있으며, 10,000명의 자원봉사자가 결합하고 있다.[178] 이후 FRN이 일궈 낸 놀라운 성과는 매년 95만 명에 이르는 전국 저소득층에 가구 및 가전 지원을 하고 있다. 이를 통해 저소득층이 가구나 가전제품을 사는 데 지출할 3억 4천만 파운드, 우리 돈으로 환산하면 약 5,120억 원을 절약하게 되었다. 그러나 FRN이 줄인 것은 그저 돈뿐만이 아니었다. 새 제품이 만들어질 때 발생하는 연간 38만 톤의 이산화탄소도 함께 줄였다. 또한, 가구 및 가전제품 260만 개를 재사용하여 무려 9만 톤의 쓰레기를 줄이는 성과를 거두었으며, 매년 실적이 증가하고 있다. FRN의 직업훈련 대상에는 감옥의 장기수들도 포함되어 있다. FRN은 중고가구 및 전자제품에 대해서 품질테스트를 거쳐 인증마크를 제공함으로써 중고품의 품질관리를 철저하게 하고 있다.

이처럼 FRN이 성공할 수 있었던 이유는 무엇이었을까? 환경 사회적기업의 역사가 오랜 나라의 경우 민간과 정부, 지역사회의 유기적인 협력과 지원이 친환경 사회적기업의 성장을 이끈 사례가 많다. 지역 기반 네트워크 아래 정부의 지원 정책과 민간의 파트너십이 결합하는 구조다.[179]

이를 통해서 얻을 수 있는 시사점은 다음과 같다.

첫째, 협력과 연대이다. 전국적인 네트워크를 통한 협력과 연대로 시너지 효과를 거두고 있었다. 중고품 품질에 대한 관리나 정부 및 기업 간의 협상에서 유리한 구조 그리고 홍보, 정보 제공 및 기술훈련 등 집합적 협업을 통해 보다 큰 성과를 만들어 낼 수 있다.

둘째, 틈새시장의 선점이다. 시장이 정상적으로 작동하지 않는 분야에 진출하여 복지와 고용창출, 환경적 가치를 결합하여 시장을 선도하였다. 시장경쟁이 치열한 재활용 시장에서 사회적기업이 진입할 수 있는 틈새시장을 어떻게 공략할 것인가가 관건이다. 영리추구를 목적으로 하는 일반기업이 시도할 수 없는 분야를 개척하는 것이 필요하다.

마지막으로 사회적 가치를 입증하는 성과를 보여야 한다. 협력과 연대의 시너지 그리고 틈새시장을 공략하는 한편, 사회적 취약계층의 고용 및 사회적 수익의 기부, 환경적 가치의 창출 등 사회적기업으로서 본연의 사회적 가치를 입증하는 성과가 필요하다.

　이처럼 가치의 순환을 통해 빈곤과 환경파괴를 해결해가는 FRN과 지속가능한 지구를 만들기 위한 사회적경제의 노력은 대한민국에서도 이어지고 있다. 국내에서도 재활용대안기업연합회와 같이 재활용 분야 사회적기업들의 연대체가 있어 공동의 시너지 효과를 낼 수 있는 활동의 개발이 필요하다.

3부

지역의
다양한 주체와
연대·협력

19장

사회적경제 조직 네트워크

캐나다는 지역별로 다양한 형태와 목적을 가진 사회적경제가 역사적으로 뿌리 깊게 자리 잡고 있으며 거의 전 분야에 걸친 사업 다양성과 규모를 자랑하고 있다. 2016년 톰슨 로이터 재단(Thomson Reuters Foundation) 조사에 의하면, '제3 섹터'로도 불리는 캐나다의 사회적경제는 전체 경제활동인구의 11%(200만 명)를 차지해 세계 2위를 기록하고 있으며 9,200개 협동조합과 비영리 기관의 경제활동은 GDP의 8%에 달한다.[180]

왜 퀘벡은 인구수보다 협동조합 조합원 수가 더 많은 사회적경제의 모델로 성장할 수 있었을까? 스페인 몬드라곤과 이탈리아 볼로리냐와 함께 세계 3대 사회적경제 모델로 손꼽히는 캐나다 퀘벡주, 프랑스와 영국의 식민지를 거치며 비주류세력인 프랑스계가 모여서 살고 있는 이곳은 상대적으로 낙후된 지역으로 속했다. 하지만 1960년대 이후, 프랑스계의 차별을 막기 위한 개혁이 이루어지고 사회적경제 육성정책이 성과를 내면서 최대의 경제호황기를 맞고 있다.

이곳은 한때 수많은 기업이 도산하고 실업률이 12%까지 치솟아 올랐던 곳이다. 1998년 우리나라에 IMF 외환위기 바로 전 해인 1996년 캐나다 퀘벡은 심각한 경제 실업률과 상당한 재정 적자의 경제 위기에 직면해 있었다. 이런 상황 속에서 위기 극복을 위해 정부가 도입할 바람직한 경제 모델이 있는지 정부가 국민에게 제안해 줄 것을 요청했다. 심각한 경제 위기 상황에 정부와 국민은 과감한 결단을 내렸다. 퀘벡주는 다양한 주체의 연대와 협력체계를 구축해야 한다는 '민관협치(Good Governance)'를 받아들여 사회적경제 활성화에 발맞추게 되었고, 사회적경제를 통한 경제 침체를 극복하려고 했다. 이때 바로 사회적경제 네트워크 '샹티에(Chantier)'가 등장하게 되었다. '샹티에'는 1996년 설립된 퀘벡의 사회적경제 조직들의 연합체로서 위기 극복을 위해 막연한 이상보다 구체적 현실을 강조했다. 정부는 국민이 지지하는 경제모델을 선택했고 그 결과 사회적경제 혁명이 시작되었다.

이어 2014년 사회적경제기본법이 채택되면서 사회적경제 조직에 대한 체계적인 지원이 가능해졌다. 현재까지 사회적경제의 강력한 네트워크로서 역할을 하고 있다. 그들은 이렇게 말한다. "우리가 싸우느라 시간만 보내고 있었다면 모든 것이 사라졌을 것이다." 그들은 승자 독식이 아닌 연대와 협동을 바탕으로 한 경제모델을 제시했고 결과는 대성공이었다. 무려 22만 개의 새로운 일자리가 생겨났다. 중요한 것은 어떻게 사회적경제로 위기를 헤쳐 나갈 것인지, 어떤 방식으로 비즈니스를 할 것인지, 일자리는 어떻게 만들 것인지와 같은 현실적인 문제를 네트워크를 통해, 지역 사회의 구성원들에게 자세히 설명하는 과정을 거치면서 끈기 있게 실천했다.

이런 노력 끝에 '샹티에'는 지역사회의 요구를 실천하고 공공의 이익을 대변하는 사회적경제로 퀘벡 경제를 다시 일으켜 세울 수 있었다. 지금까지도 '샹티에'는 33명의 각 분야 대표들로 구성된 이사회는 모든 구성원이 충분히 동의할 수 있는 수준에 이를 때까지 토론하고 합의하는 인내와 끈기의 역사를 이어가고 있다. 현재 퀘벡 경제의 약 10%를 사회적경제 영역이 차지할 정도로 크게 성장하고 있으며, 샹티에 네트워크는 사회서비스 분야뿐만이 아니라, IT, 정보통신 등 다양한 산업 분야에서도 사회적경제 영역을 뿌리내리면서 청년들을 위한 사회적경제로 나아가고 있다. 우리나라도 사회적경제 네트워크가 주민의 삶의 질을 우선하고, 민주적인 가치가 실현되는 지방자치 패러다임 재설계가 필요하다는 것을 알 수 있다.

표 12. 퀘벡 사회적경제 조직을 위한 전문지원기관[181]

구분	기관	활동내용
전문 지원 기관	Chantier (샹티에)	• 퀘벡지역 사회적경제 주체들에 정보 및 네트워킹 계기 제공을 통해 사회적경제 발전을 이끌어 내는 네트워크 지원기관 • 연구, 금융 등 다양한 방면에서 사회적경제 주체들의 역량강화를 위해 노력, 1990년대 후반 이후 퀘벡지역 사회적경제 발전의 역사와 맥락을 같이하면서 사회적경제를 정책 아젠다로 부각 • 지역경제발전을 통한 사회적경제 구축 비전 수립
	Fiducie (피투시)	• 1997년 샹티에가 사회적경제 분야에 투자하여 RISQ(퀘벡 사회적투자 네트워크 기금)를 설립 후, RISQ 부족한 점을 채우기 위해 2007년 피투시 설립 • 사회적기업에 자금 지원, 사회적기업의 발전과 확장에 사용할 수 있는 자금을 증가시키기 위해 다른 금융상품과 함께 투자하고 있음 • 노동조합기금과 연방정부기금이 각각 5:5로 매칭한 기금으로 400억원 규모로 조성, 상황이 어려운 기업도 담보 차압에 들어가지 않는 '인내자본(Patient Capital)' 성격을 지님(2014년 기준)

지역이 묻고 사회적경제가 답하다

CSMO-ESAC (씨에스모-에삭)	• 1997년 샹티에가 출범시킨 조직, 사회적경제와 지역사회 활동의 고용 부문 발전에 중요한 파트너로 활동 • 사회적경제와 민간 부문의 근로자 및 고용 환경의 발전을 위해 다양한 파트너십을 통한 공동사업 추진 • 노동시장에 대한 분석, 전략개발, 인적자원 개발 및 주요 이해관계가 조정 등을 통해 고용 확대 및 지속가능한 정책개발, 교육 등 진행
RISQ (퀘벡 사회투자 네트워크)	• 사회적경제기업들에게만 금융 제공, 기업에서 일자리를 만들고 유지하는 것을 주요 목적으로 1997년 설립 • 사회적경제기업들에 5만 달러까지 자본 제공, 필요할 경우 대출을 얻기 전에 5천 달러 규모의 기술적 지원을 제공 • 292개 자본화 대출과 285개 기술 지원을 포함 577개 금융 제공 프로젝트를 통해 7,803개 일자리 창출 및 유지되는 성과를 냄(2009년 기준)

만약 '샹티에'가 사회적경제에 대한 의지만 있었다면 지금의 성과가 있었을까? 사회적경제 네트워크는 사회적경제 조직의 생태계를 발전시키고 성장시키는 데 가장 큰 장애물은 운영자금의 부족임을 깨닫게 되었다.

표 13. 성장단계별 대출사업[182]

개발단계	금융상품	RISQ	Fiducie
아이디어 단계	Technical assistance(기술지원)	○	
아이디어 사업화 단계	Pre-start-up fund(창업준비금)	○	
법인 설립 단계	Capitalization loan(운영자금대출) Patient capital loan(인내자본대출)	○	○
기업 성장 단계	Capitalization loan(운영자금대출) Patient capital loan(인내자본대출)	○	○
기업의 지속가능성 확보 단계	Capitalization loan(운영자금대출)	○	

1997년 샹티에가 사회적경제 분야에 투자하여 퀘벡사회투자네트워크

(RISQ) 기금을 설립 후, RISQ의 부족한 점을 채우기 위해 2007년 피투시 (Piducie)를 설립하였다. RISQ는 사회활동과 지역사회 경제개발을 촉진하는 혁신적인 프로젝트를 지원하면서 사회적경제기업에 기업의 상황에 맞는 자금을 지원하고 있다. 예를 들어 예비창업, 초기창업, 합병, 확장 등 기업의 성장단계별로 자금을 지원하면서 성장을 돕고 있다.

피투시는 사회적경제기업의 재무구조를 강화하고, 기업의 확장과 개발을 촉진한다. 이를 위해서 혁신적인 인내자본(Patient Capital, 상황이 어려워 보이는 기업도 담보 차압에 들어가지 않음)[183]으로써의 금융상품 개발과 민간 및 공공영역의 파트너들의 참여를 독려한다. 다시 말하면 사회적기업의 자본화 비율 제고를 통한 지속가능성을 높이기 위해 장기 대출상품을 개발하여 기업이 15년 대출 이후 상환할 수 있도록 하여 기업의 안정적 성장을 돕는다.

표 14. 융자 운영방식[184]

구분	RISQ	Piducie
이자율	• 고정금리 - 기술적 지원, 창업자금: 무이자 - 법인설립단계 이후: 연8%	• 고정금리(연8%)
대출한도	• 기술적지원: $1,000 - $5,000 • 창업준비금 및 운영자금대출: $50,000 - $100,000	• $50,000 - $1,500,000
상환방법	• 기술적지원 • 예비창업자대출의 경우 프로젝트 완료 후 원리금 상환 도래	• 15년 후 원금 만기 상환
보증여부	• 무담보, 무보증	• 운영자금 대출: 무담보 • 부동산대출: 부동산 후순위 보증

이처럼 캐나다 퀘벡주에서 사회적금융은 꼬리에 꼬리를 무는 방식으로 '사회적금융 생태계'를 형성해 가고 있다. 사회적책임 금융이 사회적경제 생태계와 맞물려 다양한 방식으로 시도되어 왔고, 진화해 가고 있다. 2008년 세계 금융위기를 겪으면서 더욱 관심을 끌게 되었다. 지역사회문제, 공동체의 문제를 해결하는 데 있어 기존 금융 시스템에 의존하는 것이 아니라, 사회적경제 주체들이 네트워크를 통해 자금을 조달하고, 문제 해결에 나선 것이다.

또 다른 형태의 퀘벡 노동자들이 사회적 가치를 위해 만든 다양한 연대기금이 있다. 노동계가 주도한 연대기금은 경제 위기를 겪으며 만들어졌다, 수많은 기업이 도산했고 실업률이 12%까지 치솟아 올랐던 1990년대 중반, 실업과 빈곤에 대한 대책을 요구하며 시민들은 거리로 나섰다. 하지만 누적된 재정적자로 정부 역시 마땅한 대안이 없었다. 바로 그 순간 기존 패러다임을 바꾸기 위해 움직임이 일어났다. 1996년에 시민사회단체, 노동조합, 사용자. 기업이 참여한 경제 고용 정상회의가 열렸다. 정상회의를 통해 보육과 노인 돌봄 등 사회서비스를 비영리단체를 통해 제공하는 정부의 일자리 창출방안이 마련되면서 노동계는 연대기금을 퀘벡기업에 투자한 것이다.

노동조합연맹이 정부에 특별기금을 만들어 퀘벡에 투자함으로써 퀘벡기업의 발전을 도모하자는 제안을 했다. 그래서 연대기금에 출자하는 사람들에게 세제혜택을 주기 시작했다. 폐업위기에서 기사회생한 기업들은 연대기금의 지원을 통해 성장을 이뤄내며 일자리를 지켜 낼 수 있었다. 노동조합연맹은 '사회적연대 금융플랫폼'을 지향하며 9개의 산하기관을 두고 있다. 9개 산하기관은 자율성과 독립성을 가지고 운영되고 있으며 상호 파트너십을 통해 다양한 사회적책임금융 기관으로서 역할을 하고 있다. 노동자를 위한 투자기금, 중소기업 지원, 고용창출, 사회적경제 지원, 사회적 약자 지원, 저축 및 신용조합, 연금기금 및 저축관리, 개인연금기획 컨설팅 지원, 노동자 권리 보호 등 노동자를 위한 프로그램 생태계를 만들어 가고 있다. 2,300만 달러 자산규모를 유지하며 퀘벡지역에서 5만 개의 일자리를 창출하고 있고, 2,900곳 기업에 금융지원을 하고 있다.

노동조합연맹의 대표적인 산하기관인 '폰닥시온(Fondaction)'은 협동과 고용을 위한 노동자투자 기금으로 중소기업 투자를 통해 양질의 일자리를 창출하고 유지하는 데 지원하는 기관이다. 폰닥시온은 2020년 지난 12개월 동안 11.0%의 수익률로 놀라운 결과를 발표했으며, 순자산은 2020년 12월 기준으로 26억 1천만 달러로 3,987명의 사람이 기금에 투자하고 177,497명의 주주로 구성되어 있다.[185] 퀘벡에서 두 번째로 큰 연대기금인 폰닥시온은 일자리 창출과 환경보호를 위해 퀘벡의 중소기업에만 기금에 60%를 투자한다. 폰닥시온은 창립 이래 2,300여 건의 투자요청을 받았고, 26억 1천만 달러 자산규모를 유지하며 365개 중소기업에 10억 달러를 투자하고 있다. 32,103개의 일자리를 직간접적으로 만들어 내면서 유지하고 있다. 결국 노동자는 노동자 기금을 통해 자신이 속한 지역사회에 재투자할 수 있다. 노동자가 저축하고, 그 저축을 투자해서 일자리, 임금으로 돌아오는 선순환을 만드는 것이다. 또한 다음 세대를 위한 지속가능한 사업에 투자하면서 금융 분야에 선구자로서 사회적 임팩트 투자에 전념하고 있다.

퀘벡 도심에서 북쪽으로 약 10㎞ 떨어진 가장 가난하고 불안정한 생 미셸(Saint Michel) 지역은 지역재생으로 희망을 꿈꾸고 있다. 그리고 사회적기업 '라토후(La Tohu)'가 있다. 사회적 네트워크, 사회적금융에 이어지는 마지막 단계인 사회적기업 라토후는 사회적경제의 지역화를 성공적으로 이뤄 낸 퀘벡의 대표적 사회적기업으로 지역문화 커뮤니티 공동체이다.

북미 파리로 불리는 몬트리올 도시를 문화의 도시로 만드는 특별한 공연이 있다. 한 순간도 눈을 뗄 수 없는 태양의 서커스(Cirque Du Soleil)다. 캐나다 퀘벡주의 거리 공

그림 21. 태양의 서커스를 소개하는 포스터[186]

연자 기 랄리 베르테(Guy Laliberté)가 만든 쇼로 곡예술과 뮤지컬 등 다양한 장르를 기발한 상상력과 기술력으로 승화시킨 세계적인 공연 예술이다. 퍼포먼스와 현란한 곡예술이나 화려한 의상과 연출로 전세계인의 사랑을 받고 있는 공연 예술의 꽃으로 불린다.

하지만 태양의 서커스가 사회적경제와 관련되어 있다는 사실을 아는 사람은 별로 많지 않다. 태양의 서커스 본사가 위치한 몬트리올시 외곽에 태양의 서커스와 국립 서커스학교 두 기관이 공동으로 설립한 사회적기업 라토후(La Tohu)가 자리하고 있다. 라토후의 주요 업무는 서커스 전용극장을 관리 운영하는 일이다. 태양의 서커스의 성공으로 생 미쉘 지역이 서커스 산업의 메카로 자리를 잡자 서커스를 배우기 위해 전 세계에서 수많은 학생이 찾아오고 있다. 이곳은 수준 높은 수업을 통해 열정을 키워나가는 학생들, 배우뿐 아니라 음향감독, 연출가 등 서커스 관련 일자리가 늘어났고 청년들이 모여들기 시작했다.

하지만, 불과 20여 년 전만 하더라도 생 미쉘 지역은 쓰레기 매립장이 있는 몬트리올에서 가장 범죄율이 높고 낙후된 동네였다. 가장 가난하고 불안정한 도시였던 생 미쉘 지역의 재생사례를 볼 수 있다. 변화가 시작된 건 1998년 태양의 서커스가 들어오면서부터다. 시와 주정부는 매립지에 공원을 조성했고 여기에 서커스 학교 라토후가 들어서면서 세계에서 가장 유명한 서커스 산업 단지가 되었다. 생 미쉘은 캐나다에서 가장 빈곤한 동네이다.

이웃에게 도움이 될 수 있는 일은 무엇일까? 모두에게 이로운 프로젝트를 할 수는 없을까? 그것이 바로 태양의 서커스가 생 미쉘에 자리 잡은 이유이다. 2000년대부터 변화가 나타났다. 태양의 서커스, 라토후, 국립서커스학교가 들어오면서 좋은 환경이 조성되고 부정적인 이미지가 강했던 동네가 아주 긍정적으로 바뀌게 되었다. 여러 지표로 알 수 있듯이 치안도 전보다 훨씬 좋아졌다. 라토후는 일자리 창출, 문화 및 지속가능한 개발 등 사회적 가치에 주력하고 있으며 서커스(문화·예술), 환경, 지역사회 이 세 가지를 핵심 가치로 삼고 있다. 라토후의 세 가지 미션은 다음과 같다.[187] 첫째, 몬트리올을 문화가 가득한 국제 서커스 예술 도시로 발전시킨다. 둘째, 지구와 환경을 보호한다. 셋째, 지역 사회의 자립과 경제 발전을 생각한다.

서커스와 문화를 통해 석회석 채굴과 쓰레기 매립으로 황폐해진 땅을 바꾸고 지역사회에 다양한 문제해결에 앞장서고 있다. 직접 고용과 노동통합 프로그램을 활용하여 일자리를 만들어 내고 혁신적인 환경기술을 사용하는 건물을 가지고 있으며 지역사회 기반의 사회적기업을 위한 대표적인 모델이 되고 있다.

라토후와 사회적금융의 조합

라토후가 성공하기까지는 사회적금융조합의 역할을 빼놓을 수 없다. 퀘벡의 대표적인 사회적금융조합 '데자르댕(Des-Jardins) 신용조합'[188]이 있다. 데자르댕 연대경제금고는 사회적경제기업에만 투자하는 퀘벡에 사회적책임 금융이다. 데자르댕은 최근 유럽발 재정위기에도 순이익이 꾸준히 증가 추세를 보이고 있다.

그림 22. 2012년 데자르댕 연간 보고서[189]

데자르댕 연대경제금고는 민주주의와 협동조합의 가치를 실천하면서 시민들의 참여로 2011년 자산 218조 원의 거대 금융기관으로 성장했다. 데자르댕이 내놓은 2012년 연차보고서를 보면, 자산 규모가 1,901억 달러(캐나다 달러)에 달한다. 우리 돈으로 따지면 218조 원에 이른다. 지난

2010년 1,789억 달러보다 6.3% 늘었다.

2016년 퀘벡과 온타리오 주에 313개 신용조합과 6번째 규모의 국제금융협동조합으로 성장했다. 데자르댕의 주인인 조합원은 580만 명으로 800만 명에 다다르는 퀘벡 주 전체 인구의 70%를 넘어섰다. 직원만 4만 7,000명이다. 다른 영리은행들이 수익성 낮은 농촌 점포를 폐쇄할 때 데자르댕은 거꾸로 인수에 나섰다. 다수의 조합원이 농촌에 거주하기 때문이다. 지역에 밀착하는 데자르댕의 협동조합 원칙은 조합원의 충성심을 높이면서 수익성 향상에도 기여했다. 특히, 미국발 금융위기와 유럽 재정위기로 전 세계 금융시장이 요동을 쳤지만, 데자르댕 만큼은 끄떡없었다. 오히려 그 시기 동안 이익이 큰 폭으로 증가하는 등 더욱 튼실해졌다.[190]

데자르댕은 동물 없는 서커스를 위해 퀘벡에서 375번째 자금을 지원했다. 극단은 천막 지붕과 긴 나무의자들을 설치하고 서커스 공연을 위해 필요한 비용이 25만 달러였다. 기업의 자산가치가 대출기준에 미치지 않을 시에는 다른 재단과 연대보증을 통해 사회적 가치에 투자하는 착한 금융이다. 은행은 보증이 없으면 관심을 갖지 않지만 데자르댕 연대경제금고는 보증 없이 대출을 하고 있다. 그것이 은행과 이곳과의 차이점이다. 은행은 대출자의 가치를 보고 판단할 때 이곳은 프로젝트의 가치를 본다. 더 큰 위험을 안고 간다고 할 수 있다. 프로젝트의 사회기여도가 높을수록 은행을 통한 자금조달이 어려울 것이다. 하지만 이곳 퀘벡은 그 프로젝트에 더 많은 사람이 후원할 것을 알기 때문에 프로젝트의 성공을 믿는다.

모든 사회적경제 조직들은 인내심을 가져야 한다. 정부의 과감하고 지속적인 지원과 스스로 일자리를 지켜 낸 노동계와 시민조직의 연대로 퀘백의 사회적경제는 성장을 이어가고 있다. 캐나다의 사회적경제는 거의 모든 산업 분야에 걸쳐 있다. 캐나다 사회적경제 네트워크 및 연구기관인 CCEDNet(캐나다 지역사회 경제개발 네트워크)은 사회적경제가 지속가능한 농업, 신재생 에너지, 빈곤 감소, 이민자 정착, 마이크로 금융, 노동시장 개발, 원주민 자립, 사회통합, 지역경제 개발, 천연 자원 관리 등 다양한 영역에 유의미한 영향력을 미쳤다고 발표했다.[191]

이처럼 사회적경제는 아주 훌륭한 대안적인 경제이다. 사회적경제 조직에서 일하는 사람들은 자신이 직접 무엇인가 해내고 있다는 것을 분명히 느끼고 있다. 사람들은 꼭두각시 인형이 아니다. 일반기업은 지시에 따라 움직인다. 그러면 사람들은 자신에게서 만족감을 얻지 못한다. 사회적경제는 사람들에게 기회를 주고 발전을 돕고 있다. 그래서 이들은 자부심을 느끼고 능력을 200% 발휘하고 있다.

우리나라의 사회적금융 출범

우리나라 최대 규모인 사회적금융포럼이 2020년 10월 28일 공식으로 출범했다.[192] 사회적금융의 대표성을 갖는 24개 민간조직, 전문가, 공공기관 등이 참여한다. 참여기관은 경남사회가치금융대부, 나눔과 미래, 동작신협, D3쥬빌리파트너스, 비플러스, 사단법인피피엘, 소풍벤처스, 신나는 조합, 아크임팩트자산운용, MYSC 엠와이소셜컴퍼니, 오마이컴퍼니, IFK 임팩트금융, 임팩트스퀘어, 주민신협, ㈜한국사회혁신금융, 크레비스파트너스, 팬임팩트코리아, 한국사회가치연대기금, 한국사회혁신금융(주), 한국사회투자, 함께일하는 재단 등 총 21개가 있다. 이를 계기로 사회적

그림 23. 사회적금융포럼 준비모임 참여기관[193]

경제 생태계 조성의 마중물 역할이 되리라 기대해 본다.

2018년 정부의 '사회적금융 활성화 방안' 발표 후 사회적금융 도매기금
이 설립되고 중소기업·소상공인 지원 인프라를 통한 자금공급이 확대됐
으나 제도적 기반 없는 정책실행의 한계 또한 노출됐었다. 이번에 출범한
포럼은 사회적금융의 공급체계 완성을 위한 추진전략으로 첫째, 사회적
가치를 추구하는 사회적경제 전용기금 조성 둘째, 기금 취지에 부합하는
사회적금융 중개기관 육성을 위한 제도적 보장과 정책적 뒷받침 제공 셋
째, 사회성과보상사업(SIB, Social Impact Bond) 등 사회적금융에 적합한
새로운 자금공급 방식에 시행근거 마련 등을 제시했다.

표 15. 사회적금융 활성화 정책 및 과제[194]

사회적금융 활성화 정책 3대 전략 및 5대 과제
추진전략
① 사회적 가치를 추구하는 사회적경제 전용기금 조성
② 기금의 취지에 부합하는 사회적금융 중개기관 육성
③ 사회적금융에 적합한 새로운 자금공급 방식 개발

과제 1	〈사회적경제기본법〉 제정을 통한 사회적금융 제도 기반 마련
	① 정부·지자체는 사회적경제 금융기반 조성을 위해 사회적경제 발전기금 설치
	② 휴면예금과 복권기금을 발전기금의 재원으로 사용할 수 있도록 규정
	③ 사회적경제 발전기금 운영은 민간 사회적금융 중개기관을 통해 수행
과제 2	민관협력으로 지역기금을 조성·운영하기 위해 〈지방기금법〉 개정
	① 지자체 사회적경제 기금의 민간위탁을 금지하는 〈지방기금법〉 개정
	② 민간재원과 지자체 사회적경제 기금을 배합해 운용할 수 있는 구조 허용
과제 3	휴면예금을 사회적경제 금융지원에 활용하도록 〈서민금융법〉 개정
	① 휴면예금 재원으로 사회적경제 조직을 지원할 수 있게 〈서민금융법〉 개정
	② 복권기금의 배분대상과 용도에 사회적경제 발전기금 및 사회적경제 조직 지원을 포함하는 내용으로 〈복권법〉 개정
과제 4	〈사회성과보상사업(SIB) 관련법〉 제정으로 민간 사회투자 활성화
	① 공공기관의 사회성과보상사업 관련 법 제정을 통해 정부·지자체가 보상의 주체가 되어 민간이 선투자하는 사업을 설계·시행할 수 있는 근거 마련
	② 공공이 성과보상금으로 활용할 수 있는 사회성과보상기금 조성
과제 5	〈신협법〉 개정을 통한 금융협동조합의 사회적금융 참여 촉진
	① 신협이 사회적경제 조직과 상호협력 할 수 있는 명시적인 근거 마련
	② 협동조합의 자본조달 활성화를 위해 신협의 타 법인 출자 허용

사회적금융 활성화 제도기반 마련을 위한 세부과제로 사회적경제기본법 제정을 통한 사회적금융제도기반 마련, 민관협력 방식의 지역기금 조성·운영을 차단하는 지방기금법 개정, 휴면예금을 사회적경제 금융지원에 활용하도록 하는 내용의 서민금융법 개정을 요구했다. 또한 사회성과보상사업(SIB) 관련법 제정을 통한 민간 사회투자 활성화와 신협법 개정으로 금융협동조합의 사회적금융 참여 촉진을 요구했다.

현재 국내에는 30여 개 조직이 사회적금융 분야에서 활동 중이며, 임팩트투자사, 소셜벤처 인큐베이팅·엑셀러레이팅 기관, 마이크로크레딧 전문기관, 신용협동조합, P2P 금융기관, SIB 운용기관, 공제조직, 지역중개

기관, 벤처자선 재단법인 등의 다양한 형태를 취하고 있다. 이들 사회적 금융 기관은 지식교류와 상호학습을 통해서 동반성장을 도모하고, 사회적금융 활성화에 필요한 제도 환경과 인프라 조성에 힘을 모으고 있으며, 국제교류, 인재양성 등의 공동 활동을 추진하기로 했다.

우리가 봤던 퀘벡 모델은 1960년대 이후 협동조합과 사회적기업, 시민사회가 함께 참여하는 좋은 거버넌스(good governance) 사회적경제를 이끌어 오고 있다. 그들의 경제는 견고한 성장과 함께 일자리도 늘면서, 위기를 헤쳐 나가고 있다. 학계에서는 이를 '조용한 혁명'이라고 부른다. 2022년은 대통령신거가 있는 해이다. 특히 코로나 19로 인헤 전 세계가 재정위기에 따른 경기 침체도 현실화되고 있다. 경제 민주화뿐만 아니라, 위기 극복을 위한 대안을 모두가 협심해서 함께 찾아야 할 것이다.

지역이 묻고 사회적경제가 답하다

20장

지역발전 전략으로 지역사회 간 협업 프로젝트

대도시가 아닌 지역에서 우리가 하고 싶은 일을 할 수는 없을까? 실제로 문화체육관광부에서 발표한 2018년 콘텐츠산업 통계조사 자료에 따르면 문화·예술 관련 회사의 개수와 매출 모두 수도권이 전국에 50%를 넘게 차지할 정도로 많다.[195] 콘텐츠 산업 사업체 수 중 서울, 경기, 인천 사업체 수는 56.8%, 콘텐츠 산업 사업체 수 중 서울, 경기, 인천, 사업체 수의 매출액은 전국 매출액의 87.2%를 차지하고 있다.

뿐만 아니라 다양한 분야의 회사들이 수도권에 집중되어 있다 보니 지역에 살고픈 많은 청년이 생존하기 어렵다고 판단하여, 이러한 문제들을 사회적경제를 활용한 사회적기업을 만들어서 해결하려고 한다. 개인보다는 공동체를 먼저 생각하는 사회적경제는 사회적기업을 통해 지금의 문제를 조금씩 고쳐 나가고 있다. 사회적 약자에게 일자리를 제공하고 벌어들인 이익은 협력과 연대를 통해 사회적 가치 창출에 쓰인다. 사회적경제 안에는 사회적기업을 포함한 여러 가지 공동체가 있다. 각자 모습은 달라도 함께 바꾸려는 세상의 모습은 같다.

주식회사 낭만사는 강원도 원주시의 문화기획자와 예술가들이 생존할 수 있는 문화예술생태계를 만들고 다양한 문화소비구조를 만들고 싶은 인증사회적기업이다.[196] 지방의 중소도시에서 문화·예술 분야로 창업을 한다는 것이 다양한 사회적 문제를 직면하게 되었다. 문화 불균형이라든지 함께할 인프라의 생성, 문화소비에 대한 인식 등 이러한 다양한 문제들을 직면하게 되었다. 그렇다면 이것은 '사회적인 문제다'라는 생각으로 이런 사회적문제를 해결하면서 문화콘텐츠를 만드는 사회적기업으로 활동해 보자는 결론에 도달하게 되었다. 지역의 정체성이 담긴 문화콘텐츠를 만들고 문화·예술을 즐길 수 있는 소비자층을 발굴해서 끊임없이 문화·예술 기획자와 예술가들이 생겨날 수 있는 선순환의 문화예술생태계를 만들어 나가고 있다.

이렇듯 사회적경제는 개인의 욕심을 위해 누군가는 눈물을 흘려야 했던 과거의 모습에서 벗어나 사람이 행복한 사회를 만드는 노력을 계속해 나가고 있다.

새로운 지역발전 전략으로 사회적경제에 대한 관심이 점점 높아지고 있다. 사회적경제와 지역개발 접근 방식은 서로 한층 강화할 수 있는 잠재력을 가지고 있다. 지역사회에 기반을 둔 사회적경제 조직들을 중심으로 글로벌 자본주의 시장경제와 복지국가의 위기에 대응해 복지와 노동의 영역에서 사회적인 것을 복원하려는 시도들이 확산되면서, 사회적경제가 지역발전의 새로운 모델로 주목받고 있다.[197] 지역사회에서 복지와 노동의 영역을 담당하는 사회적경제를 지역사회의 역량에 기반을 둔 새로운 희망의 정치의 거점이라고 보면서, 사회적인 것이 장소기반(place-based)의 지역사회에서 재발견된 것으로 해석하고 있다. 또한 사회적경제의 협동, 자립, 호혜의 규범은 그 조직의 문화를 형성함으로써 네트워크 방식으로 지역발전을 효과적으로 작동시킨다.

효과적인 지역발전은 특정자산(즉, 자연자원 및 지역의 특수성, 문화, 농산물 등)의 활용에 기반한 차별화에 의존하고, 지역 요구에 맞는 정책을 조정하는 장소기반(place-based)의 접근법의 장점을 창출한다. 상향식 (bottom-up) 접근을 강화, 이해관계자(stakeholders)를 조정, 시민 소유권을 구축 및 상호 책임감을 형성하는 것이다. 지역적으로 뿌리내리고 공식적·비공식적 네트워크를 활용함으로써, 사회적경제는 다양한 방식으로 효과적인 지역 발전에 기여한다.

또한 지역이 사회적·경제적 자본을 강화하는 물리적, 인적 또는 무형자산의 활용은 해당 지역의 차별화를 촉진한다. 예를 들면, 어느 지역은 특정 물리적 자산을 강조함으로써 지역을 차별화하고, 또 어떤 지역은 공공복지서비스를 제공하고 다양한 분야에서 고용을 창출하며, 특히 사회적으로 소외된 사람들을 위한 일자리를 만들어 나가는 지역들을 볼 수 있다. 이 역시 정부와 지역의 전략적 우선순위로 혁신, 일자리 창출과 다양성 및 사회서비스 제공 등과 같이 차별화하고 있다.

장소기반의 접근은 사회적경제 실행과 조직에서 바로 핵심이라고 할 수 있다. 사회적경제 조직은 지역의 경제적 기회 개선뿐만 아니라 사회적 통합을 구축하고 장려하기 위해 장소를 기반으로 한다. 수많은 장소기반의 사례들은 국제적 네트워크와 경험을 공유하면서 세계적인 추진력을 얻고 있다. 지역발전 접근과 전략은, 특히 지방분권 추세에 비추어 볼 때, 점점 더 사회적경제 잠재력을 활용하고 있는 것이다.

사회적경제 조직 일부에서 제시하는 거버넌스(governance) 모델, 즉 1인 1표, 이익의 재투자, 이해관계자들의 참여, 상호 신뢰, 집단행동 등은 많은 지방분권 개혁 중에서 달성하고자 하는 다른 가치 중에서도 시민 소유권과 상호 책임감을 강화시킨다. 사회적경제는 우리나라와는 달리 EU 국가들 내에서 지역발전 전략에 대해 다양하고 폭넓은 인식 수준이 있다. 1990년대 중반 이후 유럽에서 사회적경제는 지역사회에서 고용, 기업가주의, 사회적 포용(social inclusion), 지역개발, 시민참여를 촉진하는 중요한 역할을 해 오고 있다.[198]

어느 지역은 사회적기업 생태계를 육성하는 데 사회적경제에 대한 구체적인 논의 없이 지역발전 전략에 집중하는 반면, 법적, 제도적 프로그램 및 지역발전 전략을 통해 전반적으로 사회적경제에 중점을 두는 지역들이 있다. 또는 아직 사회적경제에 대한 법적 인식이 없지만, 정부 프로그램과 지역발전 전략을 통해 추진력을 얻는 지역들도 있다. 이러한 국가들의 공통적인 사례는 사회적경제를 위한 지역발전 전략과 지역 개발 간의 연계성 증진을 강조하고 있다는 것을 보여 주고 있다.

사회적경제가 변화시키는 지역사회

문재인 정부가 사회적경제 활성화를 국정과제로 추진하면서 사회적경제기업들은 사회적경제 가치를 실현하는 이상적인 조직으로 부각되고 있다. 정부는 2017년 10월 18일, 제3차 일자리위원회를 개최해 〈사회적경제 활성화 방안〉을 확정·발표했다.[199] 이 방안은 사회적경제 부문에 대해 정부차원에서 수립한 최초의 대책이다. 소셜벤처 등 사회적경제를 새로운 일자리 창출뿐 아니라 사회문제 해결과 사회적 가치 확산의 장으로 인식하고, 적극적으로 활성화하기 위해 마련됐다. 우리사회의 고용불안과 양극화 등의 새로운 해결방안으로 부각되면서 일자리 창출, 양극화 완화, 사회적자본 축적에 효과적이며 EU 주요 국가들에서도 중요한 경제 축으로서의 역할을 수행하고 있다는 추진배경 설명이다.

EU의 사회적경제 정책은 사회적기업에 우호적인 환경을 조성하기 위해서 제도적으로 접근하는 '소프트 정책(soft policy)'과 기업 경쟁력 개선을 목표로 금융 등을 지원하는 '하드 정책(hard policy)'으로 구분할 수 있다.[200] 소프트 정책 측면에서는 사회적기업의 법적 지위나 경쟁법 적용을 완화하는 데 노력하고 있다. 또한 하드 정책 측면에서는 사회적기업의 자금이나 공공조달시장에서의 접근성을 개선하는 데 적극적으로 노력하고 있다. 비록 사회적경제나 사회적기업만을 위한 금융수단은 아니지만, EU 연구개발, 중소기업지원 등의 프로그램들도 사회적경제를 지원하는 기능을 담당하고 있다. EU의 사회적경제기업을 활성화하기 위한 정책들은 아래 표에서 자세히 확인할 수 있다.

표 16. 사회적경제기업을 활성화하기 위한 정책 유형[201]

유형	수단	주요 내용
소프트 정책	제도적 수단	• 민간 플레이어로서의 법적 형태 마련 • 경제 활동 전반에 들어갈 수 있는 사회적경제기업의 능력을 인식하고 이 과정에서 발생할 수 있는 장애 요인을 해소 • 사회적경제기업을 정치적 플레이어, 즉 공공정책의 입안 및 실행의 대상으로 인식 • 사회적경제기업을 활성화하기 위한 공공조직 설립

	인지적 수단	• 사회적경제기업의 사회적 지식전파 • 사회적경제기업 내 훈련 활성화 • 사회적경제 내 연구 활성화
하드 정책	사회적경제기업의 경쟁력 향상을 위한 공급측면의 수단	• 예산, 재정 및 기타 금융 지원과 훈련 지원 • 기업의 라이프사이클에 따른 차별화된 조치(비즈니스의 창출 또는 발전 단계에 따름) • 비즈니스 기능에 따른 차별화된 수단(금융, 상담·조언, 훈련, R&D 및 혁신, 품질, 새로운 컴퓨팅 및 커뮤니케이션 기술, 물리적 공간 등)
	사회적경제기업의 활동 향상을 위한 수요측면의 수단	• 공공시장에 대한 용이한 접근을 위한 수단(예, 사회적 조항)

우리나라의 사회적경제는 빠른 양적성장에도 불구하고 활성화에 미흡하다는 점이다. 지속가능한 생태계 구축과 신속한 확산을 위해 인프라 확충과 진출 분야 확대 등 두 갈래 전략(Two-Track)을 추진하는 것이다. 이를 위해 10개 분야의 88개 정책과제를 선정하였다. 사회적경제 활성화 방안의 핵심 내용으로는 사회적경제기본법 등의 통합지원체계 구축, 사회성과 보상사업(SIB) 확대 등의 금융 접근성 제고, 사회적경제 교육 프로그램 확산을 통한 인력양성 체계 강화 및 사회적경제기업 제품 구매촉진을 위한 판로 확대 지원으로 구분할 수 있다. 소셜벤처, 주거환경, 사회서비스, 문화·예술, 가맹사업(프랜차이즈), 지역기반 연계 분야 등 사회적경제 파급효과가 큰 분야를 집중 육성해서 사회적경제 저변 확대를 방향으로 설정한 것이었다.

표 17. 문재인 정부 사회적경제 활성화 방안[202]

구분	세부 내용
통합 지원 체계	• 사회적경제기본법, 사회적 가치실현기본법, 공공기관 판로지원법 제정 • 기획재정부 중심의 관계 부처 협의체 구성 및 사회적경제발전위원회 설치
금융 접근성 제고	• 신용보증기금, 지역신용보증재단 보증 지원 한도 확대 • 사회적경제기업 전용 투자 펀드 확대 운용, 사회성과 보상사업(SIB) 확대, 지방세 감면 등 투자 활성화를 위한 우호적 조세 환경
인력양성 체계 강화	• 초·중등 교육과정 내 사회적경제 교육 확대, 대학 내 사회적경제 리더과정 및 평생교육 체계 지원 사업 확대 • 평생학습도시, 행복학습센터, 지역경제교육센터 등과 연계해 사회적경제 교육 프로그램 확산
판로 확대 지원	• 국가계약법 개정해 낙찰 기준에 사회적 가치 반영 원칙 신설 • 사회적경제기업 입찰에 대한 가점 확대 및 의무 구매 제도 도입 • 2018년도 공공기관 경영 평가 개정 시 사회적경제기업 제품 구매 촉진 반영, 지방 공기업 경영 평가 연계 반영

기획재정부는 2021년 1월 19일 '2021년 업무계획'을 통해 사회적경제 관련 법 제·개정을 추진하고, 사회적경제 일자리를 창출하겠다고 발표했다. 조례로만 운영 중인 사회적경제, 마을기업, 소셜벤처에 대한 근거 법률을 마련하고, 2022년까지 6만 4,000명의 사회적경제 일자리를 만들겠다는 계획이다. 정부는 2월 중에 '2021년 사회적경제 추진 방향'을 마련하고 사회적경제기본법 입법을 추진할 계획이다.

이 법은 지난해 11월 경제재정소위원회에 회부됐지만 끝내 합의에 이르지 못하고 추후 공청회를 열기로 했다. 하지만 공청회 일정은 정해지지 않았다. 또한 국무회의에서 의결됐지만, 국회통과를 기다리는 협동조합기본법 개정 추진도 언급하면서, 돌봄협동조합, 프리랜서협동조합, 직원협동조합 등과 같은 협동조합 특화 사업모델을 발굴하고 확대하겠다는 내용도 담고 있다. 이날 금융위원회도 2021년 업무계획을 내놓으면서 이미 지난 12월 사회적금융협의회에서 5,126억 원 이상을 공급하겠다는 사회적금융 활성화를 약속했다. 또한, 사회적경제 특례보증 한도를 개편해서 현재 1~3억 원에서 우수기업 대상 5억 원으로 확대한다는 계획을 발표했다.

그리고 지역경제 활성화를 위해 공공기관과 지역사회 간 협업 프로젝트를 늘리고, 기업·대학·주민·지자체 간의 큰 틀의 시스템을 마련하여 함께할 수 있는 사업들을 점검하고 경영평가에 반영한다는 것이다. 사회적경제 소식에 만연해 있는 수많은 장애물에 대처하기 위해서는 건전한 조직 경영이 꼭 필요하고 이러한 측면에서 거버넌스는 조직 경영에서 핵심적인 측면을 보여 주고 있으며, 좋은 거버넌스는 이해관계자들과의 역학 관계를 다루는 데 절대적으로 필요하다.[203] 좋은 거버넌스를 위해서는 지역사회의 행동주체들이 성숙해야 하고, 협력을 위한 네트워크 문화가 발전되어야 한다. 이는 좋은 거버넌스를 위해서는 사회적 자본이 전제되어야 한다는 것을 의미하고, 사회적 자본과 효과적인 거버넌스의 기초가 되는 사회구성원들의 협동은 신뢰를 전제로 한다.[204]

사회적 자본을 적극적으로 만들어 사용하고, 창출하는 사회적기업이나 자원봉사 기관 등과 같은 사회적경제 조직들은 그 지역을 더 살기 좋은 곳으로 만들 수 있다. 이는 효율적인 자본주의 경제를 향한 추진력보다 지역민들의 복지와 삶의 질이 더 중요한 보다 활기찬 사회적경제를 확립하는 데 도움이 될 수 있다. 결국 사회적경제기업을 지원하기 위한 비즈니스 개발 접근 방식보다는 공동체 개발 접근 방식을 취할 필요가 있다는 점을 강조한다.

그리고 우리는 최근에 사회적경제가 변화시키는 지역사회들을 종종 확인할 수 있다. 대부분의 많은 지역은 지역청년의 인구 유출 감소와 지역경제를 살리기 위해 사회적경제 활성화에 적극적으로 나서고 있다. 변화와 혁신을 기대하는 사회적경제는 새로운 시장과 사회 요구에 변화를 주고 적응시키는 데 도움을 주기 때문에 어려운 시기를 탐색하는 데 아주 중요한 요소라고 할 수 있다.[205]

그러나 변화와 혁신을 위한 지역 전략은 사회적·경제적 성과의 균형을 유지하는 사회적경제 조직의 역량을 위태롭게 할 수도 있다. 어려운 시기에 사회적 목표와 경제적 목표 사이에 균형을 맞추기란 쉽지 않은 일이기 때문이다. 그러므로 사회적경제 조직은 사회적·경제적 성과를 모두 유지하기 위한 올바른 변화와 혁신의 조합을 채택하는 것이 어려울 수 있다.

21장

사회적경제의 지역화

2020년 기준, 인구 약 270만 명의 경상북도는 사회적경제 활성화가 눈에 띄게 이루어지는 지역으로 손꼽히고 있다. 2020년 제2회 지방자치단체 사회적경제 정책평가에서 경상북도가 대상인 고용노동부 장관상을 받았고, 사회적경제 지원기관인 경상북도 사회적기업 종합상사협동조합이 판로개척 등의 성과를 인정받아 대통령상을 받기도 했다.[206] 전국 17개 광역 및 226개 기초자치단체를 대상으로 2018년 1월부터 2020년 5월까지의 사회적경제 정책성과를 심사하기 위해 실시된 평가는 사회적경제에 대한 정책기반정비·지원수준·정책성과·거버넌스 등 4개 분류와 14개 지표를 기준으로 심사를 진행했다. 또한 2018년부터 민간 최초의 협동조합 발상지가 경상북도임을 알리고 기념하기 위해 상주시 함창읍에 협동조합 역사 문화관 건립을 진행하고 있다. 아울러 국내 최초 협동조합인 함창협동조합 설립자의 이름을 딴 '전준한 사회적경제 대상'을 신설하여 전국 대상으로 공모하여 시상하고 있다.

경상북도 사회적경제지원센터 자료에 따르면 2020년 기준 사회적경제 기업 현황은 전체 1,395개로 사회적기업 306개, 협동조합 852개, 마을기업 149개, 자활기업 88개로 전국에서 서울·경기 다음으로 가장 많다.[207] 특히 2018년 처음 도입된 '청년참여형 마을기업'에 선정된 다누림협동조합은 지난 2015년부터 신세동 벽화마을 주민들과 함께 스스로 소득을 창출하기 위한 일환으로 그림애 장터를 열었다. 이후 2016년 월영장터를 열었고 전국 각지 수공예작가들이 모이는 아트마켓으로 성장하면서 지역 소상공인이나 예비 창업자들의 판로개척 및 지역경제 활성화에 기여하는 사회적경제의 대표적인 성공사례를 보여 주고 있다.

경상북도에서는 우수한 사회적기업과 사회적경제인을 발굴해 격려하고 입상하기 위한 다양한 행사가 열린다. 그 가운데 하나인 전준한 사회적경제 대상이다. 2회째를 맞는 시상식은 사회적기업 우수 사례를 발굴해 청년과 사회적경제인들에게 전파하는 자리이다. 최근 우리나라 전체 지역이 많이 어렵고 경기 침체와 국제 정치 경제 상황으로 인해 녹록지 않은 것이 현실이다.

하지만 경상북도는 위기 극복 경험과 역사를 가지고 있다. 1927년 대한민국 최초 민간 협동조합인 '한창협동조합'을 설립한 목천 전준한 선생으로부터 사회적경제의 태동이 경상북도라는 역사에 대한 자긍심으로 사회적경제 활성화를 이어져 오고 있다. 제2회 목천 전준한 사회적경제 대상 수상자는 사회적기업 연구원을 운영하는 조영복 교수에게 돌아갔다. 사회적경제인에게 자부심과 표본을 전파하며 경상북도는 여러 사회적경제인이 도전에 주저하지 않기를 희망하고 있다.

우리나라 사회적경제기업의 전망은 밝다고 보고 있다. 그 이유는 세계적인 추세이기도 하지만 사회적경제기업들의 제품을 구매하는 윤리적 소비층이 점점 증가하고 있다는 점이다. 뿐만 아니라 다음 세대들이 바라고자 하는 것은 이익만 추구하는 시장 지향적인 기업이 아니라 가치 지향적인 미션이 있는 기업, 즉 윤리적 가치를 지향하는 기업을 원하기 때문에 사회적경제 관련 기업들의 성장 가능성은 매우 높다고 볼 수 있다. 이미 세계적 추세인 사회적경제, 특히나 젊은 층에서 사회적경제 조직의 하나인 사회적기업을 하려는 열망이 높아지고 있다.

2019년 11월, 고용노동부는 '사회적기업 육성전문위원회'를 개최하고 79개의 사회적기업을 추가하였다. 2018년 같은 기간에 265개의 사회적기업이 추가된 것에 비해 2019년에는 318개의 사회적기업이 추가되면서 20%나 증가한 것이다. 또한 사회적기업이 고용한 노동자는 4만 6,665명으로 노동자 가운데 장애인, 고령자, 저소득층 등 취약계층은 2만 8,263명으로 60.6%를 차지하고 있다.[208]

그림 24. 사회적기업 현황[209]

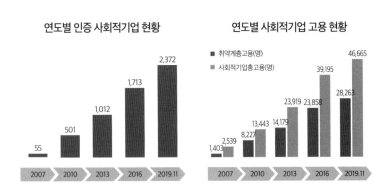

지역이 묻고 사회적경제가 답하다

경상북도는 매년 사회적경제 취·창업학교를 운영해 오면서 사회적경제인을 양성하는 데 주력하고 있다. 취업 및 창업학교 기본과정과 사회적경제 아카데미를 들으면서 관심을 가지고 이런 교육을 통해서 경영에 관한 구체적인 지원을 받으면서 부족한 부분을 채우는 기회를 갖는 것이다. 마을기업이라든지 협동조합, 사회적기업 등의 창업을 통해서 내가 하고 싶은 일을 할 수 있고 사회적 약자들을 모아서 새로운 기업의 형태를 만들어서 사회에 봉사할 수 있는 것이다.

만약에 실패를 하더라도 다시 재기할 수 있는 그런 제도를 경상북도에서 만들고 있다. 청년들의 힘은 열정과 창의력이다. 경상북도는 사회적경제 안에서 그 기량을 마음껏 발휘하도록 기회와 지원을 제공하고 있다. 창업을 고민하는 청년들이 서로 부담 없이 만나는 일종의 사랑방이 경상북도 곳곳에서 문을 열고 있다. 사회적경제는 우리 사회에 있어서 꼭 필요하고 앞으로도 그 필요성이 확대될 거라고 생각된다. 그 이유는 우리가 중앙정부나 지방정부 그리고 대기업들이 다양한 소외 계층을 위한 사회적 가치를 창출한다고 하지만 틈새가 있기 마련이다. 그 틈새를 메워주고 채워 줄 수 있는 것이 우리가 이야기하는 사회적경제 조직이다.

적당히 벌고 적당히 즐거운 일상, '로컬경제'

경북 안동시 북후면에는 색다른 파티가 열리는 현장이 있다. 농촌에서 자연과 식재료 그리고 음악을 즐기는 '팜파티(farm-party)'라는 자리를 기획한 사람은 사회적기업을 운영하는 이태수 대표이다. 농촌에서 파티를 개최한다는 의미로 농민들이 직접 제조한 것을 판매할 수 있고 소비자들이 현장에서 직접 농산물을 살 수 있는 새로운 사업모델을 젊은 청년들과 만들고 있다. 간호학과 교수 출신인 이 대표가 2016년에 설립한 이 사회적기업은 우리 농산물을 이용한 다양한 제품 개발로 연 매출 5억 원을 올리고 있다. 20년간 안동에서 생강이 생산되지만, 특산물로 등록되어 있지 않다는 것을 알고, 특산물 등록을 위해 생강 지역 상품을 개발했다. 기업뿐만 아니라 안동시 전체 경제를 위한다는 신념이 있었다.[210]

우리 농산물로 만든 다양한 요리들이 차려지고 기업에서 개발한 먹음직스러운 마 피자까지 손님맞이가 끝나면 제대로 된 한상이 차려진다. 음악과 함께 파티를 즐기는 사람들과 친근하고 편안하게 접근성을 높여 구매로 이어지게 하기 위한 새로운 판로 문화이다. 야외에서 자리를 함께하고 격이 있는 음식을 곁들이면서 파티가 시작된다. 팜파티 개최 노하우를 더 많이 전하기 위해 파티 플래너 양성교육과정까지 추진하고 있다. 이 과정을 수료한 이들이 여러 지역에서 팜 파티를 개최한다면 판로 문화도 자리 잡을 수 있는 힘이 될 것이다. 유쾌한 파티에서 소비자들은 마음을 열고 이웃 농가들이 키운 농산물을 즐거운 마음으로 담아 간다.

삭막한 농촌을 활성화시키면서 지역경제를 살리고 농민들과 상생하기 위한 아름다운 도전이다. 다양한 홍보 매체를 통해 많은 사람이 참여하고 여러 업체나 지역 농가들이 참여한다면 안동에서 그리고 타 지역에서도 팜 파티라는 새로운 문화가 정착될 것이다. 지역의 숨겨진 이야기와 그 지역에서만 가능한 특별한 경험을 찾는 지역 선호 추세가 사회적경제의 동력이다.

사회적경제의 희망, 청년들의 아름다운 귀농

경상북도 상주시 만산동에는 동네 어르신들로부터 미녀 농부로 통하는 이가 있다. 이제 갓 서른이 됐을 때 홀로 상주시로 귀촌한 그녀는 '쉼표' 영농조합 미녀 농부이다. 농촌 큐레이터로 활동하면서 수확한 농산물로 피클류, 조청류, 곡물빵 등을 제품화하고 판매하여 고용노동부 주관 2017년도 사회적기업가 페스티벌 우수 창업팀에 선정되었다.[211]

그림 25. 영농조합 쉼표 사업 소개[212]

젊은 CEO가 농촌에 내려와서까지 실천하는 사회적기업의 역할은 무엇일까? '쉼표'의 히스토리를 통해 사회적기업은 영리 목적도 있어야 하지만 이와 함께 비영리적인 목적의 취약계층과의 소통 그리고 우리 사회의 어려운 사회문제를 해결하는 역할이라는 것을 확인할 수 있다. 도시 생활을 접고 귀농한 이 젊은 CEO는 젊은이가 가진 기획력과 풍부한 아이디어로 다양한 제품을 개발해 오고 있다. 우리 농산물로 만든 건강하고 새로운 제품들은 온라인을 통해 판매 홍보를 하고 있다.

지역에서 생산된 농산물의 부가가치를 높이기 위해 가공을 하고 태풍 피해지역에 누운 벼들을 보며 걱정하는 영세한 고령 농민들을 위해 쌀 빵을 개발했다. 이후 양파 식빵 같은 베이커리 제품 개발이 이어지고, 이런 아이디어의 동기는 언제나 지역 농산물의 소비를 높이기 위한 노력에서 출발한다. 고소한 빵 냄새와 함께 그 모습을 드러낸 곶감 빵을 제품화하고 판매로 이어지면 당연히 재료가 되는 곶감의 소비가 증가한다. 그것은 지역 농가의 수익을 가져다주는 선순환을 만들어 낸다. 지역을 대표하는 농산물 소비율이 낮은 농산물로 요즘 소비자들의 구매성향에 부합하는 먹거리를 만들어 내는 것이 이 젊은 CEO의 제품 생산 방향이다.

도시 생활에서 지친 몸과 마음은 각박함을 벗어난 자연 속에서 치유된다. 농사일을 몰라 시행착오를 겪던 그녀에게 먼저 손을 내밀어 준 사람들은 마을 사람들이었다. 마을에서 같이 살아가야지 혼자 살아갈 수 없는 세상이다. 정기적으로 그녀가 주축이 되어 만든 귀촌한 젊은 농업인 모임을 가지면서 도시 청년들과는 사뭇 다른 소재의 대화도 이뤄지고 있다. 신제품에 대한 발전적 아이디어를 공유하면서 미래를 꿈꾼다. 마음의 여유를 위해 귀농하고 건강을 되찾고자 농부가 된 청년들은 다른 선택으로 얻은 행복을 찾아가고 있는 것이다.

더불어 살아가는 사람 냄새나는 경제활동

경상북도 김천시 구성면은 엎드린 호랑이가 마을을 감싸고 있는 형상

지역이 묻고 사회적경제가 답하다

을 하고 있다고 하여 복호 마을이라고 불리는 이곳은 아직도 품앗이 문화가 남아 있어 함께 농사짓고 함께 밥을 먹는 공동체 문화마을이다. 두메숲골힐링마을은 해발 400미터 이상의 깊은 산골에서 옛 농법을 꾸준히 이어 오고 있다. 이 공동체 농장에서는 농산물(쌀, 콩, 과일, 메주, 된장, 고추장 등)을 저농약으로 생산하고, 산야초 효소, 천마 효소, 천마즙, 천마담금주, 칡즙, 양파즙 등을 판매하고 있다.[213] 여기의 보물창고는 우리 땅에서 자라난 농산물 약초를 연구해서 상품으로 개발한다. 오랜 시간 이곳을 찾은 관광객과 직원들의 손길이 고스란히 담겨 있다. 우리 농산물은 모두 담금주를 할 수 있다.

이 마을 영농조합에서 나는 여러 가지 수확물을 여러 형태의 상품으로 개발해 판매함으로써 인근 마을 농민들에게 수익이 돌아가도록 운영하고 있다. 마을기업의 취지는 공동생산, 공동판매, 일자리 창출, 농가소득 증대에 있다. 일반 농산물만 판매하다 보니까 이 농산물이 계절상품에서 가공을 통해 6차 산업을 도입하면서 연중 사업으로 연중 상품을 만듦으로써 소득을 올리는 데 주력을 하고 조합원들의 의

그림 26. 영농조합법인
두메숲골힐링마을 상품[214]

견을 모아서 지금까지 실행하고 있다. 최근 이 기업의 주력상품 중의 하나는 천마이다. 천마 덕분에 주문이 많이 들어오고 있다. 이곳에서 생산되는 천마는 약 4톤으로 80%는 가을에 캐고, 20%는 봄에 캔다. 여기서 수

확한 천마는 생천마로 70% 판매하고 나머지 30%는 가공을 해서 연중으로 판매를 하고 있다. 구성면은 높은 고지대라는 지역 특성으로 천마 생산이 활발했던 곳이다.

그러나 저조한 판매율로 10곳이 넘었던 천마 농가는 겨우 4곳이 남았던 상황에서 이곳 마을 기업이 생기면서 천마 농가는 다시 7곳으로 증가하게 되었다. 가공된 마는 환, 분말, 즙 형태로 판매하게 된다. 천마 다음으로 인기가 좋은 상품으로는 메주이다. 직접 농사를 지어 수확한 콩으로 빚어 만드는 메주는 온라인 판매를 통해 도심의 주부들에게 인기가 많다. 메주를 미리 사진에 예약을 받아서 예약받은 만큼만 메주를 빚는다.

행정안전부가 주관하는 마을기업과 농림축산부가 주관하는 색깔이 있는 마을에 선정되기도 하였다. 400년 소나무 숲이 울창해 청정한 공기와 자연만으로도 사람을 치유하게 만드는 복호마을은 누군가를 앞서고 넘어서야만 성과를 얻어 내는 경제는 이곳에서는 찾아볼 수가 없다. 마을사람들과 더불어 살아가는 사람 냄새나는 경제활동만이 이루어지고 있을 뿐이다. 마을기업 같은 경우는 여러 가지 긍정적인 역할을 하는 것이 많다. 특히 지역만이 가지고 있는 특화된 자원을 살리고 지역 경제 기반으로 살리면서 일자리를 만들고 소득도 높이는 사업이기 때문이다. 장기적으로는 각 지역에 있는 특산 자연 자원을 활용해서 많이 발굴되고 또 긍정적인 건실한 마을기업들이 되어야 할 것이다. 행정에서도 이런 부분에 대해 적극적인 지원과 함께하자는 비전과 의지를 가지고 있어야 한다.

지역이 묻고 사회적경제가 답하다

22장

아파트부터 학교까지… 더불어 살아가는 민주시민

몇 년 전 JTBC 드라마 〈SKY Castle, 스카이 캐슬〉이 교육제도에 대한 문제를 날카롭게 훑어서 공전의 히트를 기록했다. 자식을 명문대에 보내려는 돈 있는 부모들이 입시에 매달리는 모습을 현실감 있게 그려냈다. 여기서 작가는 우리 사회가 안고 있는 교육제도의 문제점을 비판하고자 한 것이다. 과거 못 먹고 못 살던 때에 고향에 계신 부모들은 소를 팔아서 자식을 대학에 보냈다. 소를 팔아 등록금을 마련한다고 해서 대학을 '우골탑(牛骨塔)'이라고 부르던 때가 있었다. 그때는 '개천에서 용 난다'는 말이 가능했을 때이다. 지금은 우스갯소리지만 개천이 아닌 '통장에서 용 난다'고 한다.

여기 또 하나의 학교에서 입시 경쟁이 아닌 공존을 배우는 현장을 볼 수 있는 곳이 있다. 입시에 매달리는 것이 아니라, 아이들이 학교협동조합을 바꾸고, 가꾸고 있다. 학생들 누구나 참여할 수 있는 학교협동조합은 학교를 기반으로 학생은 물론 교직원과 학부모 그리고 지역주민까지 누구나 조합원이 될 수 있다. 우리 누구나 공유할 수 있는 학교 내에서 생겨나는 고민이 있다. 방과 후 프로그램이 재미없거나 교복이 너무 비싸거나 학교에 매점이 없어서 불편하다거나 체험학습이 매번 똑같다는 등의 고민이다. 이처럼 학교 안의 다양한 고민을 풀어내는 것이 목적이라는 점에서 다른 협동조합과는 차이를 보인다. 우리 공동의 문제를 모든 구성원이 함께 해결해 나가는 것이다.

학교협동조합은 〈초·중등 교육법〉 제2조에 따르면 학교를 기반으로 하여 공통의 경제적, 사회적, 문화적, 교육적 필요와 욕구를 충족시키고자 학생, 교직원, 학부모, 지역주민 등이 설립한 〈협동조합기본법〉상의 협동조합 또는 협동조합연합회(사회적협동조합, 사회적협동조합연합회를 포함)를 말한다. 서울시 교육청 학교협동조합 지원 및 육성에 관한 조례 제2조 정의에 따르면 크게 공익적 사업운영, 교육자치, 지역과 연계된 교육, 삶에 기반한 경제교육 등으로 구분하여 설명하고 있다.

표 18. 학교협동조합에 관한 비전[215]

공익적 사업운영	교육자치
• 학교 구성원들의 필요에 따른 사업운영 • 운영수익을 학생 복지사업으로 환원	• 학교 구성원들이 주인으로 참여하여 주체성과 협동심 함양 • 학교 구성원들 간의 소통과 교류 증가로 서로 간의 이해 증진
지역과 연계된 교육	삶에 기반한 경제교육
• 지역(마을)과 학교를 연결하는 지역공동체 플랫폼 • 지역공동체 형성과 공동체적 시민의식 함양	• 창업교육을 통한 기업가 정신 함양 • 사업운영을 통해 다양한 과제를 해결하며 실물경제를 경험

합리적 가격의 교복, 맛있는 간식, 학교폭력 해결, 커뮤니티 공간의 필요성에 따라 나눔, 교환, 민주주의, 공정무역, 안전한 먹거리, 공동체를 위한 교육복지 등의 가치를 만들어 가고 있다. 이 중의 한 곳은 특성화고인 선일이비즈니스 고등학교의 학교협동조합 '무한창업'이다. 2018년 2월 28일 학교협동조합 추진 모임을 구성하고 상업계열 특성화고등학교로서 학생들의 실질적 직업교육을 위하여 기업가정신 및 사회공동체 의식을 심어 줄 수 있는 사회적협동조합을 설립하였다.

조합원 학생들이 스스로 주체가 되어 다양한 문제를 해결하고 본인의 전공을 최대한 살려 한 사회의 구성원으로 온전히 살아갈 수 있도록 서로 경청하고 협력하는 공동체정신이 있다. 끊임없이 도전하는 사회적기업가 정신을 키우고 있다. 학생들은 창업이나 취업이나 도전을 멈추지 말자는 뜻에서 학교협동조합의 이름을 무한창업으로 짓게 되었다고 한다. 전체 650명의 학생 중 조합원은 38명으로 새로운 경험과 배움을 위해 용돈을 아껴서 협동조합의 출자금을 마련하였다. 무한창업의 핵심은 '올바른 고딩들의 공유경제'라는 슬로건 아래 운영하는 온라인 쇼핑몰 '올고딩 닷컴'과 중고물품과 직접 만든 상품을 피팅부터 상품 촬영과 판매까지 힘을 모아 모든 걸 해내고 있다.[216]

가르치는 것이 아니라 함께 고민하고 토론하는 교사 조합원들은 학생들이랑 동등한 조합원의 입장에서 학생들이 하는 것을 나눠서 역할을 맡아서 하고 있다. 서로 동등한 위치에서 하다 보니 재미도 있고 시키는 대로 따르는 것이 아니라 직접 의견을 제시하고 행동하는 학생들의 협동조합이다. 그 안에서 성장하는 학생들과 학생 조합원들은 의견도 더 적극적으로 제시하고 또 다른 조합원들의 의견도 수용하면서 하나하나 같이 해

그림 27. 선일이비즈니스, 올바른 고딩들의 공유경제[217]

나가면서 뿌듯한 성취감을 보여 주고 있다.

여기에서 발생하는 수익금 전액은 학생들을 위해 재투자하거나 지역사회를 위해 기부하면서 이웃과 사회에 대한 기여까지 배우고 있다. 요새아이들이 공동체 의식이 많이 떨어졌다고들 말하지만 학교협동조합을 통해서 공동체 활동을 하다 보면 협동의 가치를 아이들이 느낄 수 있는 것이다. 이러한 공동체 의식은 자신이 속한 공동체를 어떻게 생각하고 있는지 보여 주는 것으로서 오늘날 발생하는 개인적 또는 사회적 문제들과 밀접하게 관련되어 있다. 뿐만 아니라 학교에서 배우는 이론이 사회에 어떻게 적용되고 쓰이는 지를 아이들은 학교협동조합 활동을 통해서 깨닫게되면서 본인들이 하고 있는 일들이 사회에 미치는 어떠한 영향에 대해서자연스럽게 깨닫게 되는 일석이조의 효과가 나타난다. 학생들은 학교협동조합을 통해 협동과 공동체의 가치를 깨닫고, 더불어 살아가는 민주 시민으로 성장할 수 있다. 또 하나의 학교, 학교협동조합(schoolcoop)은 살아 있는 사회적경제이자 사회적 약자와 함께 나누는 기쁨과 주체로서의 삶을 배우는 현장이다.

사는(buy) 것에서 사는(live) 곳으로

문재인 정부에서 주택시장 안정을 목표로 수십 차례 대책을 발표했음에도 불구하고 수도권 아파트 매매 시장은 급등추세를 피하지 못하고 있다.[218] 서울시와 경기도의 탈동조화가 심화되어 2020년 11월까지 3년 반 동안 경기도는 약 34% 상승한 데 반해 서울시는 약 69%로 경기도의 2배가 넘는 상승률을 기록하였다.

그림 28. 정부별 지역별 아파트 가격변동 추이[219]

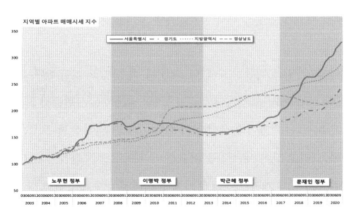

문재인 정부는 2020년 7월 10일 '주택시장 안정 보완대책'을 발표했다.[220] 국토부에서 발표한 갭투자 방지 및 실수요자를 배려한다는 취지로 다주택자 취득세, 보유세, 양도세를 인상하였다. 생애최초 특별공급에 적

용하는 대상주택 범위 및 공급비율 확대 국민주택뿐 아니라 민영주택도 해당하게끔 변경하고 소득수준 완화도 나름 환영할 만하다. 또한 인생 최초로 주택 구입 시 취득세 감면혜택을 기존에는 신혼부부에게만 주던 것을 연령, 혼인 여부 상관없이 확대 적용하는 것도 환영한다.

한편 이재명 경기지사는 "부동산 문제는 건들면 건들수록 문제가 커지는데, 용기와 결단력으로 합리적 정책을 만들어 추진해야 한다"고 강조했다.[221] 그리고 최근 널뛰기하는 미친 집값을 잡기 위해 장기임대를 우선으로 추진하는 '공공임대주택' 20만 호를 오는 2022년까지 확대 공급하겠다고 밝힌 바 있다. 이 지사가 대안으로 주장한 '경기도형 기본주택' 등 장기 공공임대 주택의 대책은 공급을 확대해서 택지나 신도시 개발 이익을 건설업자나 아파트 분양자에게 돌아가게 하지 말고 아파트는 낮은 가격에 분양하되 이익은 전부 환원해서 공공임대 주택을 짓는 데 써야 한다는 것이다.

사람들의 욕망을 비난할 수 없다. 누구나 더 잘살고 싶어 한다. 그러나 사람들은 마음 편히 쉴 집을 원한다. 이처럼 집은 한국사회에서 걱정거리가 되어 버렸다. 턱없이 높은 집값과 한번 오르면 떨어질 줄 모르는 전세와 월세, 그리고 집이 아닌 짐을 이고 살아가는 고달픈 현실이다. 더욱 잔혹한 현실은 집이 가지는 경제적 가치에 의해서 이웃과의 관계가 재단되는 삭막한 풍경이다.

"임대 아파트에 사는 너랑은 놀지 말래",

"어쩐지 잘 통한다 했어요. 저도 강남에 살아요",

그리고 그 속에서 싹트기 시작한 집에 대한 새로운 생각들은 "꼭 집을 사야만 하는 걸까?", "풍족하지 않아도 안정적인 보금자리에서 살 방법은 없는 걸까?"

이런 질문에 민선 7기 도가 추진하는 '경기도 기본주택'은 전국 최초로 소득·자산 제한 없이 무주택자(무주택 중산층)면 누구나 30년 이상 장기간 거주할 수 있는 '장기공공임대주택'으로 하남 교산, 과천, 안산 장상 등 수도권 3기 신도시와 용인 플랫폼시티 등 대규모 개발사업 용지 내 역세권 등 핵심 요지에 공급한다는 것이다.[222]

문제는 의지이다. 이 정책을 채택하고 저항을 이겨 내고 관철하려는 결단력이 결국 성패를 좌우할 것이다. 질문에 대한 또 다른 답으로 집에 대한 새로운 생각들을 사회적경제에서 찾아볼 수 있다. 사는(buy) 것에서 사는(live) 곳으로 바꾸는 사회적경제는 집에 대한 다른 생각들이 만들어 낸 새로운 형태의 집이다.

서울의 집값이 상승하면서 우리나라에서도 주목받기 시작한 셰어하우스(share house)는 재산증식의 수단이 아닌 함께 살아가는 공간으로써의 집이다. 셰어하우스 '우주(Woozoo)'가 2012년 사업을 시작했을 당시 '셰어하우스'는 일반인들에게 생소한 단어였지만, 아직도 그 인식은 크게 변하지 않고 있다. 사회적기업 '우주'가 운영하는 셰어하우스는 창업할 당시에 청년들이 주거 문제 때문에 힘들어하는 청년이 많다는 것을 알게 되었다. 청년들에게 조금 더 주거 생활문제를 해결해 주거나 조금 더 완화할 수 있는 솔루션이 있으면 좋겠다는 생각으로 시작하게 되었다.[223] 개인 공간은 따로 쓰지만, 주방과 거실 등 생활공간은 나눠 쓰는 새로운 주거형태다. 이를 통해서 낮아진 월세와 보증금 부담 등 공간의 나눠 쓰기를 넘어서 청소대행과 어학원 제휴 등 맞춤형 생활정보 서비스를 제공하고 있다. 이렇게 '우주'는 청년의 삶 전반의 문제를 살피는 셰어하우스로 한걸음 더 나아가고 있다. 청춘들의 삶의 질 향상을 목표로 하고 있는 하나의 주거 공동체에서 이제 우주인들은 타인과 공유하는 문화 생성을 추구하고 있다.

그림 29. 셰어하우스의 지역 네트워크[224]

그리고 이제 공간의 나눠 쓰기를 넘어서 이웃과 함께 살아가는 공동체적 주거형태가 등장하고 있다. 국내 최초 협동조합형 공공지원 민간임대주택 '위스테이(WE STAY)'는 본격적으로 시도되는 사회적경제 주거 모델인 사회주택이다. 수익추구가 아닌 공공성 있는 주거 모델을 만드는 것이 목표이다. 이것을 실현하기 위해 건설과 운영을 책임지는 것은 일반 건설사가 아닌 사회적기업 유한책임회사 '더함'이다. 국토부나 LH 등이 이해하기에는 어려운 구조였고 국토부에서는 '뉴스테이'의 정책 틀을 가지고 있었다.

지역이 묻고 사회적경제가 답하다

하지만 건설사 주도의 뉴스테이는 특혜가 아니냐는 사회적 분위기가 생기면서 협동조합형 모델인 '위스테이'가 대안이 되었다. '뉴스테이'와 '위스테이'는 분명한 차이가 있다. 뉴스테이는 박근혜 정부에서 중산층과 서민의 주거불안 해소 방안의 일환으로 추진된 '기업형 임대주택 공급 확대 방안' 정책이다.[225] 공공택지를 매입해도 공공임대주택이 아닌 민간임대 방식으로 본다. 의무 임대 기간 8년 이상, 연(年) 임대료 상승률 5% 이하 정도의 제한만 됐다. 뉴스테이는 문재인 정부로 넘어온 뒤 공공지원 민간 임대주택 사업이라는 이름으로 바뀌었다. 초기 임대료 제한, 무주택자 우선 공급 등 공공성을 강화하는 방향으로 정책 일부가 변경됐다. 사회혁신 기업 '더함'은 기존 사업의 문제를 보완하고, 주거 안정성을 높이면서 자본이익을 공공으로 환원할 수 있는 사업구조를 시범적으로 설계했다. 한 언론에서 위스테이는 사회주택으로써 현재 부동산 문제의 실마리를 풀 수 있는 역할을 기대한다는 기사를 낸 적이 있다.

표 19. 뉴스테이와 위스테이 비교표[226]

항목	뉴스테이	위스테이
사업주관사	건설사	사회적기여
임대료	시세의 95% 내외	시세의 80% 내외 → 실제 입주시점에서는 65% 내외
연간 임대료 상승률	약 5% 내외	약 2.5%내외
입주자 참여	없음	참여형 설계(커뮤니티시설) 입주 전 관계형성 정관 및 규약 만들기 운영방안 검토
입주 후 리츠 지분	건설사	사회적협동조합(입주자 전원 조합원)

8년 후 분양가 결정	건설사 수익 중심	사회적협동조합인수 가능성 확보
8년 후 분양 시세 차익	건설사 수취	(사회적협동조합이 인수할 경우) 사회적협동조합 수취 (법상 조합원 개인 배당 불가)

위스테이의 가장 큰 목표는 대규모 방식의 공동체 주택을 만드는 것이 목표이다. 집은 서울 수도권에 사는(live) 사람들이 집을 빌리면 전세 난민이 되고, 집을 사면(buy) 하우스 푸어가 된다고 한다. 집 문제는 서울 수도권에서 심각한 문제다. 개인이 해결하기에는 상당히 어려운 문제다. 그래서 협농조합으로 여러 사람이 모여서 함께 주거문제를 해결하는 방식으로 대규모 방식의 협동조합형 공동체 주택을 만들고 있다.

개발하고 공급하는 이런 종류의 주거 모델이 아마도 집을 빌리는 문제나 사는 문제를 일정 부분 해결할 것으로 기대한다. 정작 우리가 살면서 중요하게 생각해야 할 것들, 예를 들면, 누구랑 살고, 어떻게 살아야 할 것인가에 대한 고민을 못 하는 것 같다. 그래서 사회혁신기업 '더함'은 이런 주거에 대한 생각, 그리고 소유에 대한 생각을 새로운 패러다임으로 전환하는 것을 목표로 하고 있다. 위스테이는 입주를 원하는 사람들이 출자해서 협동조합을 꾸리는 일종의 공동주택이다. 입주민들로 구성된 조합이 주택을 공동으로 소유하고 아파트를 관리하기 때문에 임대료나 관리비용이 훨씬 저렴하다.

위스테이 홈페이지에 올라와 있는 기본 정보들을 보면, 임대료는 전용면적 84㎡ 기준으로, 보증금을 1억 5천만 원 낼 경우 월 40만 원이다.[227] 이는 2020년 8월 기준 주변 시세 대비 65% 수준이다. 혼자가 아니라 함께 소유하며 가꾸어 나가는 새로운 개념의 주택이다. 커뮤니티 카페, 공동

육아 어린이집, 도서관, 헬스케어, 먹거리, 플레이존, 공유부엌, 의료 법률 상담 등 주거의 안정성을 확보하고 있다. 모든 입주민이 운영에 참여하고 그 과정을 통해서 함께 만들어 가면서 마을 공동체를 보여 주고 있는 사회주택은 커뮤니티 내에서 적정 일자리도 창출한다. 이런 사회주택은 공유와 연대로 삶의 텃밭을 일궈 가는 사회적경제가 고스란히 담긴 새로운 형태의 집이다.

위스테이 홈페이지에 눈에 띄는 문구가 있다. '이사 걱정 없고 경제적 부담은 덜어 주는 우리집, 느슨한 연대를 통해 사는 재미를 함께 만드는 마을!'이 새로운 삶의 모델에 이제 여러분을 초대한다. 사회적경제에서 집은 소유해서 행복한 것이 아닌 함께 살기에 행복한 것이다. 사회적경제의 메카인 캐나다 퀘벡에서도 이미 주거문제에 대한 고민을 시작하면서 샤펨(SHAPEM)을 통해 지역사회 활성화를 위한 목적으로 경제 및 사회조직과 협력을 통한 주택 사업을 진행하고 있다.[228] 이 사업에는 주택과 부동산을 관리하며 지역주민을 위한 주거 및 부동산 프로젝트를 수행하며 저소득층을 위한 양질의 주택을 제공하며 도시와 커뮤니티 활성화에 참여하고 있다. 샤펨의 사례는 우리에게 시사하는 바가 크다. 사회주택을 공급하는 위스테이와 우주처럼 지역과 함께하는 모습은 한국의 과제와 일치하는 측면이 많다. 이런 사회적경제 조직들이 주민들과 함께 지역을 바꿔 가는 사례들을 우리는 곳곳에서 볼 수 있다. 그 중심에 사회적경제가 자리 잡기 위해서는 정부, 기업, 시민단체 등의 지역 주체들이 손잡고 사회적경제를 대안 경제모델로 삼아 우리가 맞닥뜨린 사회문제 해결에 적극적으로 나서야 할 것이다.

23장

정부와 시장 실패의 새로운 대안

2012년은 UN이 정한 세계협동조합의 해(2012 International Year of Co-operative)이다. 그런데 왜 이날을 정했을까? 고통을 더불어 공유하면서 극복하는 강인한 지구력과 위기대처 능력을 발견해서다. UN이 2012년 세계협동조합의 해로 선포한 배경에는 2008년 글로벌 금융위기를 거치면서 전 세계적으로 많은 유수한 기업들이 무너지고, 도산하고, 하루아침에 많은 사람이 일자리를 잃고 실업자가 발생했다. 이 가운데서도 협동조합과 협동조합이 설립한 회사들 그리고 협동조합의 자회사들은 여전히 건실하게 경제 사업을 진행하고, 고용도 계속하고, 해고도 없고, 문 닫는 회사도 없으면서 위기 상황에 대처해서 협동조합은 강인함을 가지고 있다는 사실을 2009년 국제노동기구(ILO)의 특별보고서를 통해 UN에 제출해서 협동조합 사업모델에 대한 새로운 관심을 촉구한 것이다. 그래서 UN에서는 더 나은 세상을 건설하는 협동조합 경제사업체라는 주제를 내세우고 2012년을 세계협동조합의 해로 정한 것이다.

다행스러운 것은 우리나라 정부에서도 관심을 가지고 또 협동조합 운동단체에서 적극적으로 활동해서 2011년 말에 전격적으로 협동조합기본법이 마련되었다. 1년 동안의 준비기간을 거치면서 2012년 12월 1일에 협동조합기본법이 발효됐다. 우리나라는 대선기간 중이어서 협동조합 발효에 대한 사실이 국민에게 널리 알려지지는 않았지만, 대단히 중요하고 역사적인 법이 발효된 것이다.

표 20. 협동조합기본법의 구성 및 주요 내용[229]

제2조의 정의
이 법에서 사용하는 용어의 뜻은 다음과 같다.
1. "협동조합"이란 재화 또는 용역의 구매·생산·판매·제공 등을 협동으로 영위함으로써 조합원의 권익을 향상하고 지역 사회에 공헌하고자 하는 사업조직을 말한다.
3. "사회적협동조합"이란 제1호의 협동조합 중 지역주민들이 권익·복리 증진과 관련된 사업을 수행하거나 취약계층에게 사회서비스 또는 일자리를 제공하는 등 영리를 목적으로 하지 아니하는 협동조합을 말한다.

제93조 사회적협동조합의 사업
① 사회적협동조합은 다음 각 호의 사업 중 하나 이상을 주 사업으로 하여야 한다.
1. 지역사회 재생, 지역경제 활성화, 지역 주민들의 권익·복리 증진 및 그 밖에 지역사회가 당면한 문제 해결에 기여하는 사업
2. 취약계층에게 복지·의료·환경 등의 분야에서 사회서비스 또는 일자리를 제공하는 사업
3. 국가·지방자치단체로부터 위탁 받은 사업
4. 공익증진에 이바지하는 사업
② 제1항의 "주 사업"이란 목적사업이 협동조합 전체 사업량의 100분의 40인 이상인 경우를 의미한다.

협동조합기본법은 총칙, 협동조합, 사회적협동조합, 연합회, 보칙, 벌칙 등 총 8개의 장, 119개의 조문으로 구성되어 있다. 농협법, 수협법 등 기존의 개별 협동조합법과는 달리 협동조합의 설립, 운영에 관한 사항을 전반

적으로 규정하는 일반법이라서 조문수와 분량이 적지 않다. 그렇지만 각 조문을 나누어서 살펴보면 어렵지 않게 해석할 수 있다.

표 21. 협동조합기본법 개정(2020. 3) 내용[230]

	〈제1장 총칙〉
법인격	• 협동조합을 '법인'으로 하고, 사회적협동조합은 '비영리법인'으로 규정 (제4조)
정책	• 기획재정부가 협동조합정책을 총괄하고 기본 계획을 수립(제11조) • 2년 주기의 협동조합 실태조사 실시 · 국회보고(제11조) • 협동조합 활성화를 위해 협동조합의 날 제정(제12조)
타법과의 관계	• 타법에 따라 설립된 협동조합 등에 대해서는 동법 적용 배제(제13조) • 독점규제 및 공정거래에 관한 법률 적용 배제(제13조)
	〈제2장 협동조합〉
의결 · 선거권	• 출좌좌 수에 관계없이 각 1개의 의결권 및 선거권을 가짐(제23조)
설립등록	• 5인 이상, 협동조합 설립 시 시 · 도지사에게 신고(제15조)
적립금	• 출자금 납입총액의 3배가 될 때까지 이영금의100분의 10 이상 적립(제 50조)
휴면협동조합 해산	• 마지막 등기 후 5년 경과 후 운영여부 신고 기간을 통보하고 신고가 없 을 경우 해당 협동조합은 해산한 것으로 간주(제57조의 2)
	〈제3장 협동조합연합회〉
설립등록	• 셋 이상의 협동조합이 발기하여 협동조합연합회 설립 신고(기재부장관) (제71조)
의결 · 선거권	• 협동조합연합회의 의결권은 협동조합의 조합원 수, 연합회 사업참여량 등을 기준으로 규정 함(제75조)
	〈제4장 사회적협동조합〉
설립인가	• 사회적협동조합은 기재부장관 인가로 설립(제85조) • 설립절차, 사업, 소액대출 등을 협동조합과 구분(제87-88조, 제93-95조)
적립금	• 출자금 납입총액의 3배가 될 때까지 잉여금의 100분의 30 이상 적립 (제94조)

소액대출	• 사회적협동조합은 총 출자금 범위 내에서 조합원을 대상으로 소액 대출 및 상호부조 가능(제94조)
해산	• 사회적협동조합의 경우 잔여재산은 국고 등에 귀속(제104조)
〈제5장 사회적협동조합연합회〉	
설립인가	• 셋 이상의 사회적협동조합이 발기하여 사회적협동조합연합회 설립하고 인가(기재부장관)(제114조)
〈제8장 벌칙〉	
벌칙	• 의무 위반사항에 대한 벌칙을 규정(제117-119조)

2012년 2월 2일 박재완 기획재정부 장관이 원주 협동조합 지향단체를 방문하고 정책간담회를 개최하며 협동조합 현황 파악 및 법 시행에 필요한 의견을 수렴하는 자리를 가졌다. 특히 숫자를 이용한 협동조합기본법에 대한 설명으로 큰 호응을 얻었다.

표 22. 숫자로 보는 협동조합기본법[231]

숫자	내용		의의
	요약	상세	
1	1인 1표	출자액수에 관계없이 1인 1개의 의결권과 선거권 부여	주식회사(1주1표)와 다른 민주적 운영방식
2	2개의 법인격	일반협동조합/사회적협동조합	영리 · 비영리 부분의 정책수요 모두 반영
3	3년 주기 실태조사	실태조사(3년 주기) 후, 국회 소관 상임위원회 보고, 이를 바탕으로 기본 계획 수립	협동조합 활성화를 위한 정부의 책무 규정
4	자본주의 4.0 (대안적 기업모델)	기존 주식회사, 비영리법인과 달리 소액 · 소규모 창업, 취약계층 자활을 통한 '공생발전' 모델	양극화 해소 · 서민경제 활성화의 대안 모델
5	최소설립인원 5인	5인 이상 자유롭게 설립가능 (기존 개별법: 300~1000명)	자발적 소규모 활동지원

		조합원을 위한 최대 봉사	
6	기본법 제6조 (협동조합 기본원칙)	자발적 결성·공동소유·민주적운영 투기·일부조합원 이익 추구 금지	협동조합 정신 반영
7	7월 첫 토요일 ("협동조합의 날")	협동조합의 날(7월 첫 토요일) 협동조합주간(그 전 1주간)	협동조합 활성화 촉진
8	8개 협동조합법의 일반법	기존 8개 법과 독립적인 일반법 - 농협, 수협, 신협, 중기협, 생협, 새마을, 엽 연초, 산림조합법	협동조합 설립 범위 확 대 개별법과 관계 정립

① 1은 출자액수와 관계없이 1인 1개의 의결권과 신거권이 부여된다는 의미이다. 즉, 주식회사에서의 1주 1표 방식과는 달리, 누구든지 협동조합에 소속되어 있는 사람은 1인 1표를 행사할 수 있다.

② 2는 협동조합기본법 제정에 따라 기존 회사, 사단법인과 다른 새로운 2개의 법인격이 생긴다는 의미이다. 영리법인인 협동조합과 비영리법인인 사회적협동조합이다. 일반협동조합은 운영 사업에 제한이 없는 반면에 사회적협동조합은 공익적 사업을 40% 이상 수행하여야 하며 시·도지사에 설립신고가 아닌 기획재정부장관의 설립인가를 받아야 하는 점이 다르다.

③ 3은 정부의 책무를 말하는 3년 주기의 실태조사의 의무가 있다는 의미이다. 협동조합기본법에 따라 정부는 다양한 책무를 갖게 된다. 3년 주기의 실태조사를 실시하고, 그 결과를 공포하고, 국회 소관 상임위에 보고하여야 한다. 이를 바탕으로 협동조합정책을 수립 및 시행하고 협동조합에 대한 기본 계획도 수립하여야 한다.

④ 4는 대안적 기업모델로 자본주의 4.0을 의미한다. 서두에서 아나톨

칼레츠키가 이야기했던 신자유주의를 대체할 새로운 경제 패러다임으로 소액·소규모 창업, 취약계층 자활을 통한 공생발전 모델로서 양극화 해소와 서민경제 활성화를 위한 대안으로, 정부와 시장의 영역이 아닌 제3의 영역으로서 협동조합의 역할을 강조한다.

⑤ 5는 이 법에 따라 협동조합을 설립할 수 있는 최소설립인원 5인을 의미한다. 협동조합기본법은 설립 분야의 확대와 더불어 설립요건의 완화라는 두 가지 큰 특징을 가지고 있다. 최소설립인원 기준이 기존 농협, 수협은 최소 1,000명, 생협은 최소 300명 여기에 최소자본금 3,000만 원임에 반해 협동조합기본법은 5인 이상이 모이면 경제, 사회, 문화 등 모든 영역에서 자유롭게 설립이 가능하도록 하였다.

⑥ 6은 협동조합기본법 제6조에서 찾아볼 수 있다. 제6조는 협동조합의 기본원칙을 명시하고 있다. 첫째, 협동조합은 업무 수행 시 조합원을 위하여 최대한 봉사하여야 하고, 둘째, 협동조합은 자발적으로 결성하여 공동으로 소유하고 민주적으로 운영되어야 하며, 셋째, 투기를 목적으로 하는 행위와 일부 조합원의 이익을 주는 사업은 하여서는 안된다고 규정하고 있다. 각각의 원칙은 기존 회사에서는 찾아볼 수 없는 독특한 원칙들인데, 이는 협동조합의 가치를 존중하기 위한 것이며, 국제협동조합연맹(ICA)의 원칙들을 잘 반영한 내용이라고 할 수 있다.

⑦ 7은 7월 첫째 토요일을 협동조합의 날로 지정하고, 이전 한 주간을 협동조합 주간으로 하도록 규정하였다. 정부는 협동조합의 활동을 알리고 장려하기 위해 기념일을 지정하고 그 기념일에 적합한 행사와 사업을 하게 된 것이다.

⑧ 8은 8개의 개별협동조합법과의 관계를 의미한다. 협동조합기본법은 기존 8개 개별협동조합의 기본법이 된다. 우리나라에서는 농협, 수협, 신협, 중기협, 생협, 새마을, 엽연초, 산림조합법 등 8개의 분야에서만 협동조합 설립이 가능했지만, 기본법 제정으로 협동조합 설립 문턱이 대폭 낮춰져서 농어업 등 분야 이외에도 자유롭게 협동조합 설립 범위가 확대되었다. 문화, 교육, 여행, 전력, 기부, 의료 등 다양한 분야에서 협동조합 설립이 가능해지게 되었다. 단 상조, 공제 등 금융업을 주목적으로 하는 협동조합 설립은 아직은 불가하다.

이렇게 협동조합은 사람과 사람 간의 관계를 보이지 않는 끈으로 더욱 단단히 결속할 것으로 믿으며 협동조합기본법의 주요 내용을 숫자로 살펴봤다.

그리고 협동조합과 사회적협동조합 간의 차이는 크지 않지만, 설립 시 협동조합은 시·도지사에 설립신고를 하기만 하면 되지만, 사회적협동조합은 주 사업 소관 중앙행정기관의 장에게 설립인가를 받아야 한다. 사업 범위에서도 협동조합의 경우 사실상 제한이 없지만 사회적협동조합의 경우 지역사회공헌·취약계층 지원 등 공익사업을 주사업으로 수행해야 하는 등 몇 가지 중요한 차이점이 존재한다. 이러한 차이를 고려해서, 조합원들이 더 높은 수익배분에 관심이 있다면 협동조합의 형태를 추구할 수 있고, 반면 지역사회에 기여하는 공익적인 측면과 지속가능한 경영에 관심이 있다면 사회적협동조합의 형태를 선택할 수 있다.

지역이 묻고 사회적경제가 답하다

표 23. 협동조합과 사회적협동조합 비교[232]

	협동조합	사회적협동조합
법인격	• (영리)법인	• 비영리법인
설립	• 시·도지사 신고	• 기획재정부(관계부처) 인가
사업	• 업종 및 분야 제한 없음 • 금융 및 보험업 제외	• 공익사업 40% 이상 수행 - 지역사회재생, 주민권익 증진 등 - 취약계층 사회서비스, 일자리 제공 - 국가·지자체 위탁 사업 - 그 밖의 공익 증진 사업
법정 적립금	• 잉여금의 10/100 이상	• 잉여금의 30/100 이상
배당	• 배당 가능	• 배당 금지
청산	• 정관에 따라 잔여재산 처리	• 비영리법인 국고 등 귀속

또한 사회적협동조합 설립에 앞서 먼저 어떤 유형을 주된 사업으로 할 것인지에 대해 고민을 해야 한다. 이와 관련하여 협동조합기본법 제93조에서 사회적협동조합은 다음 각 호의 사업 중 하나 이상을 주 사업으로 수행하도록 규정하고 있다. 사회적협동조합의 사업 유형은 지역사업형, 취약계층고용형, 취약계층 사회서비스 제공형, 위탁 사업형, 기타 공익 증진형 등 주 사업의 판단기준 및 내용은 아래 표와 같다.

표 24. 사회적협동조합 사업유형[233]

사업유형	주 사업 내용	판단기준 (택1)	상세내용
지역사업형	'지역사회 재생, 지역경제 활성화, 지역주민들의 권익·복리 증진 및 그 밖에 지역사회가 당면한 문제 해결에 기여하는 사업'인 경우	사업비 (지출)	수입·지출 예산서상 전체 지출 중 주 사업 목적을 위한 지출이 100분의 40 이상
		서비스공급	서비스 대상인원, 시간, 횟수가 전체 서비스의 100분의 40 이상

취약계층 고용형	'취약계층에게 일자리를 제 공하는 사업'인 경우	인건비	수입·지출 예산서상 전체 인건비 총 액 중 취약계층인 직원에게 지급한 인건비 총액이 100분의 40 이상
		직원 수	사업계획서상 전체 직원 중 취약계 층 직원의 비율이 100분의 40 이상
취약계층 사회서비스 제공형	'취약계층에게 복지·의료·환 경 등의 분야에서 사회서비 스를 제공하는 사업'인 경우	서비스 대상 인원	사업계획서상 취약계층에게 제공된 사회서비스 인원이 전체의 100분의 40 이상
		서비스 제공 시간	사업계획서상 취약계층에게 제공된 사회서비스 시간이 전체의 100분의 40 이상
		서비스 제공 횟수	사업계획서상 취약계층에게 제공된 사회서비스 횟수가 전체의 100분의 40 이상
위탁 사업형	'국가·지방자치단체로부터 위탁 받은 사업'인 경우	사업비 (수입)	수입·지출 예산서상 국가·지방자 치단체의 위탁 사업 수입이 100분 의 40 이상
기타 공익 증진형	'그 밖에 공익증진에 이바지 하는 사업'인 경우	사업비 (지출)	수입·지출 예산서상 전체 지출 중 주 사업 목적을 위한 지출이 100분 의 40이상
		서비스 공급	서비스 대상인원, 시간, 횟수가 전체 서비스의 100분의 40 이상
혼합형	위 4가지 유형 중, 2개 이상 해당하는 경우	각 유형별 판단기준의 합에 따름	위 유형 기준에 따름

규모의 경제를 위한 협동조합

규모를 키워 성장하는 이들의 협동조합에 2018년 7월 대구 엑스포에
서 '사회적경제 박람회'라는 의미 있는 행사가 열렸다. 우리나라 협동조합

을 논하기 이전에 경제적 상황에 민감한 국내 자영업자 수를 언급하지 않을 수 없다. 기획재정부의 '최근 5년간 OECD 회원국의 자영업자 비중' 자료에 따르면, 2018년 우리나라 자영업자 비중은 25.1%로 OECD 평균인 15.3%보다 약 10%포인트 높은 것으로 나타났다. 우리나라는 OECD 회원국 가운데 그리스(33.5%), 터키(32.0%), 멕시코(31.6%), 칠레(27.1%)에 이어 다섯 번째로 자영업자가 많았다.[234]

국내 자영업자 수는 568만 명(2017년 통계청 경제활동인구조사)이고, 2016년 통계청 전국 사업체 조사에 따르면 소상공인 역시 전체 사업자의 85.3%(315만 개)로서 종사자 수는 36.4%(620만 명), 월평균 매출 1,863만 원, 영업이익률 11.5%로 나타난다. 우리나라 자영업자 비율은 꾸준히 낮아지고 있지만, 여전히 전체 경제 규모에 비해서 큰 편이다. 고용 상황이 좋지 않고, 고령화가 빠르게 진행되면서 생계형 창업이 크게 증가하다 보니 당장 산업구조를 개편해서 자영업자 비율을 줄이기도 쉽지 않다.

협동조합의 필요성은 이들의 위기와 무관하지 않다. 대기업의 골목 상권 잠식도 있지만, 세계적으로 글로벌 경제는 지금 세계화, 정보화 그리고 소비 트렌드의 변화에 의해서 계속 소상공인들은 벼랑 끝으로 밀려나고 있다. 우리나라에서 가장 먹고살기 힘든 사람들이 소상공인들이다. 노동 시간도 길어지고 수입은 줄고 있고, 이것을 타개하기 위해 모여서 하는 방법을 찾게 되는 것이다. 소상공인협동조합은 상황이 열악해지고 있는 소상공인들에게 상당히 중요한 탈출구가 될 수 있다. 일정한 성과를 내게 되면 소상공인 전체 사회에 상당한 희망의 메시지를 반드시 줄 것이다. 이들을 위한 경제적 대안으로 2012년 1월 협동조합기본법이 제정되었고 5개 개정안이 2020년 3월 국회를 통과하였다(협동조합기본법의 구성 및 주요 내용). 문재인 정부가 혁신성장과 고용 창출을 강조하면서 국내 협동조합의 역할에 관심이 모아지고 있다. 다음은 한국경제에서 보도한 협동조합의 시너지 효과에 관한 자료이다.

> "협동조합은 2008년 글로벌 금융위기 이후 대안적 경제 모델로 관심이 크게 증가하고 있다. 세계 300대 협동조합의 2009~2012년 성장률이 11.6%로, 세계 주요 20개국(G20) 전체 고용 인원의 12% 수준을 차지했다. 실제 핀란드에서는 농업의 99%가 협동조합 형태이고 소매업과 보험업도 40%씩 사지하고 있다. 스위스에서 1890년 설립된 소비자협동조합 미그로의 조합원은 200만 명, 종업원은 8만 명에 이른다.
> 국내 중소기업협동조합은 939개 조합으로 이뤄져 있다. 이 중 전통 제조업이 52%이고 도·소매업이 25%이다. 전통산업 중심이라는 이미지를 쇄신하고 새로운 협업사업 모델을 확충할 필요가 있다. 협동조합형 전문가 육성 등을 통해 기존의 한계성을 극복해야 하는 것도 해결해야 할 과제다."[235]

2019년 중소벤처기업부는 소상공인 협업 활성화 사업으로 일반형 조합 250개 내외, 체인형, 선도형 조합 각 25개 내외를 지원하겠다는 계획을 발표했다.[236] 우수 협동조합을 육성하여 소상공인의 자생력을 확보하는 데 그 목적이 있다. 협동조합 공동사업은 공동장비, 마케팅, 브랜드, 기술개발, 프랜차이즈 시스템 구축 등을 지원한다는 계획이다. 또한 소상공인협동조합의 발전과 규모화를 위해서 정책자금 융자한도를 확대하고 다양한

지역이 묻고 사회적경제가 답하다

온·오프라인 판로개척을 지원할 계획이다. 2019년 100억 원이 별도로 편성된 소상공인협동조합 전용 정책자금은 5억에서 10억 원으로 자금 융자 한도를 높였다.

보다 더 자세히 살펴보면, 다양한 온·오프라인 판로 채널을 활용해 협동조합의 매출도 올릴 계획이다. 현재 전국 6곳에 있는 협업 아카데미는 소상공인협동조합의 설립과 경영에 필요한 교육, 컨설팅, 네트워킹 등 다양한 프로그램을 운영하고, 사업 점검과 관리를 수행하고 있다. 기존 6곳(서울, 경기, 대전, 대구, 부산, 광주)에 추가로 2곳을 더 선정할 계획이다. 협동조합 규모화를 촉진시키기 위해 규모와 역량에 따라 최대 2억에서 5억 원까지 지원을 차등화하고 있다.

먼저, 일반형 조합의 경우, 소상공인 5인 이상이며, 조합원 중 소상공인 비율이 50% 이상인 조합으로, 일반사업 비용의 80% 이내, 장비비용의 70% 이내에서 각 1억 원 한도로 지원한다. 그리고 체인형 조합의 경우, 조합원 15인 이상으로 소상공인 비율 50% 이상인 협동조합 또는 협동조합 기본법상 연합회인 소상공인협동조합 3개사 이상인 조합으로, 일반/장비 구분 없이 5억 원 한도(일반사업 비용의 80% 이내, 장비 비용의 70% 이내)에서 지원한다. 장기적으로는 프랜차이즈 시스템을 도입하고 개선하여 전국 단위 규모화에 적합한 협동조합을 체인형 조합으로 육성할 계획이다.

마지막으로 선도형 조합의 경우, 조합원 20인 이상의 소상공인 비율 50% 이상인 조합으로, 일반/장비 구분 없이 5억 원 한도(일반사업 비율의 80% 이내, 장비 비용의 70% 이내)에서 지원한다.

표 25. 협동조합 공동사업 지원[237]

	일반형 조합	체인형 조합	선도형 조합
신청자격	소상공인 5인 및 소상공인 50% 이상	조합원 15인 및 소상공인 50% 이상, 또는 조합 3개 이상	조합원 20인 및 소상공인 50% 이상
지원한도	일반 1억 원 장비 1억 원	5억 원	5억 원
전체한도	2억 원	5억 원	5억 원

또한 협동조합 육성계획에 따라 교육, 컨설팅, 네트워킹 등 프로그램을 운영하고, 사업점검과 관리도 강화할 계획이다.

표 26. 협동조합 육성계획[238]

교육	협동조합 설립교육, 협동조합 경영교육, 세무·법률 전문교육, 현장체험교육 등
컨설팅	협동조합 설립지원, 세무·법률 전문상담, 마케팅·경영·갈등해결 컨설팅 등
네트워킹	지역별 협동조합 간 사업협력 활성화, 협동조합 간의 화합·교류회 운영
점검/관리	사업참여 협동조합에 대한 진도점검 및 행정지원

정부도 소상공인이 조직화하여 연대하는 것이 필요하다고 보고 매년 수백억 원의 예산을 조직화 및 연대를 위해 지원하고 있지만 생각했던 것만큼의 성과를 보여 주지는 못하고 있다. 소상공인들이 경쟁력을 갖추기 위해서는 정부의 지원도 필요하지만 우선 비체계적인 운영을 극복하기 위한 법인화가 필요하고, 홍보 및 마케팅 등의 문제를 극복하기 위한 전문화가 필요하며, 그리고 재정 문제를 극복하기 위해서 여러 특·장점을 가진 소상공인들이 조직화하여 연대하는 규모화가 필요하다.

그렇다면 현재 우리 협동조합은 어떤 모습을 하고 있을까? 각 지역에서 우리 곁에 다양한 협동조합의 유형들이 있다. 소비자를 위한, 사업자를 위한, 다중이해관계자를 위한, 직원을 위한 그리고 우리 모두를 위한 협동조합들이다.

[우리나라 협동조합의 유형][239]
① 소비자협동조합: 조합원의 소비생활 향상을 위한 물품의 공동구매 또는 서비스 공동이용
② 사업자협동조합(생산자협동조합): 사업자 수익창출을 위한 공동판매/공동자재구매/공동브랜드 등
③ 다중이해관계협동조합: 다양한 이해관계자의 복리증진에 기여
④ 직원협동조합: 직원이 직접 조합을 소유/관리/일자리 마련 등
⑤ 사회적협동조합: 사회적 목적 실현/비영리법인/다중이해관계자로 구성
⑥ 의료복지사회적협동조합: 의료의 공공성 실현/비영리 법인/조합원 500명 이상/출자금 1억 원 이상

여기 다양한 협동조합을 성장시키면서 위기를 기회로 만드는 사람들이 있다.

장애인의 꿈이 깃드는 '커피킹덤협동조합', 젊음의 열정과 패기로 신뢰를 최우선으로 하는 '지에프케이청년협동조합', 품질은 거짓말을 하지 않는다는 목표로 경남 김해의 한우 도·소매 1번지를 자랑하는 '육두레협동조합', 다양한 과일을 신선하게 만나볼 수 있는 '파머스링크협동조합', 농협 국산팥으로 직접 끓여 만든 수제빵 전문 '빵굼터협동조합', 지역 농산

물을 이용한 특화빵으로 봉사·기부·나눔을 실천하고 있는 '대전광역시 동네빵집협동조합', 충남 서천 한산에서 재배되는 양질의 모싯잎과 국내산 쌀로 빚어 모시떡을 만드는 '모시촌협동조합', 전북 남원을 사랑하는 사람들이 모여 남원 향토식품인 김부각을 활성화하기 위하여 함께한 '남원김부각협동조합', 200년 전통 비법으로 설계한 저온 저장고에서 고르고 맛보는 재미의 50여 가지 젓갈을 만드는 '강경젓갈협동조합'은 푸른 바다와 금빛 육지가 만나는 젓갈의 고장 강경, 과일 전문 중매인의 믿을 수 있는 안목으로 생산부터 소비까지 건강한 맛을 보장하는 '과일아삭협동조합', 그리고 바다의 보물 매생이를 캐내는 '완도매생이협동조합' 등 이처럼 경쟁 대신 협동을 선택한 사람들을 우리는 각 지역에서 찾아볼 수 있다. 이들처럼 우리 곁에 많은 협동조합이 더 크게 성장해서 더 멀리 갈 수 있기를 바란다.

투명경영과 경제민주화를 실천하는 협동조합

뉴질랜드 폰테라(Fonterra) 낙농협동조합회사는 협동조합의 의사결정과 관련해서 민주적으로 진행되고 있다. 많은 조합원이 개개인을 대표할 대의원을 선출하여 그 대의원들이 이사진을 선임하고 이사진들이 경영진을 선임해서 이 모든 사람이 조합원을 위하는 활동을 할 수 있도록 민주적인 의사결정 체제를 내부적으로 가지고 있다.[240] 다시 말하면, 협동조합이 경제민주화의 아주 중요한 모델이라고 하는 것이 이런데 기초하는 것이다.

스페인 몬드라곤 협동조합 그룹은 1941년 스페인 내전으로 희망을 잃은 작은 마을 몬드라곤(Mondragon)에 호세 마리아 신부가 부임하고 1943년 기술학교를 설립하면서 시작되었다. 이 학교 졸업생을 중심으로 1956년 노동자생산협동조합을 설립하고 난로 생산공장을 운영하면서 시작되었다. 2009년 기준으로 고용인원 8만

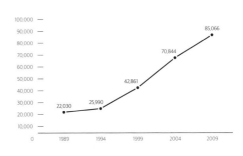

그림 30. 몬드라곤 협동조합의 고용추이[241]

5,000명, 총매출은 150억 유로(약 22조 5,000억 원)의 규모로 스페인 7대 대기업집단으로 발전했다.

　이것은 단순하게 생산협동조합뿐만 아니라 제조업(122개), 금융(6개), 유통(14개), 지식정보 분야의 연구센터(7개)와 대학(1개), 국제무역 회사(14개) 등으로 이뤄진 거대 그룹으로 발전하게 되었다. 위기 속에서도 지속적으로 고용은 늘고 있다. 이런 몬드라곤 협동조합의 성공에는 투명한 경영과 경제민주화를 실천하는 그들만의 운영 원칙이 있었다.

　[몬드라곤 그룹의 10대 운영 원칙][242]

　① 조합원 자격 개방

　② 1인 1표 주의에 기초한 민주적 조직

　③ 노동자에게 최고결정권 부여

　④ 자본은 삶의 질 향상을 위한 보조적 도구

　⑤ 노동자들의 경영 참여

　⑥ 임금의 균등화

　⑦ 조합 간 협동

⑧ 지역사회 발전에 기여

⑨ 사회 민주화와 정의·평화 등 보편적 가치 확산

⑩ 교육 기회 제공

우리나라는 지금까지 특별법 시대에 만들어진 협동조합의 경우, 너무나 관(官) 주도적이고 주민들 스스로 자발적인 참여가 아닌 정부 주도의 정부 의존형 협동조합들의 잘못된 협동조합 모델이 만연하여 심각한 정체성 위기도 찾아왔다. 조합원들을 위해 일하기보다는 정부의 특혜와 보호 속에서 임직원들을 위한 협동조합으로 발전을 해서 협동조합이 제 역할을 해 오지 못했다. 대표적인 사례로 매 정권이 바뀔 때마다 농협개혁 운동이 나오는데 그것이 사례일 것이다. 또한 당시에 협동조합운동을 이념적으로 판단하여 사회주의나 공산주의와 혼동하여 협동조합운동 자체를 경계하는 사회적 분위기가 조성되어 있었다.

이제는 협동조합이야말로 자본주의 시장경제 속에 '제3의 경제'로서 시장경제를 더욱 풍성하게 하고 인간적으로 만드는 대단히 중요한 경제이다. 협동조합은 농협으로만 생각할 것이 아니라 국제협동조합연맹(ICA)이 공식적으로 분류하는 9개 부분 협동조합과 농업, 은행 및 신용, 소비자, 수산, 건강의료, 주택, 제조업, 서비스업, 보험, 여행 등 유아, 사회적 돌봄, 장례, 공공서비스 공급, 교통 등 다양한 사회적 영역으로 협동조합 활동들이 계속 확장 중이다.

산업자본주의 사회에서 경제성장의 원리인 경쟁이 뒤로 밀려나고 협동의 방식이 오늘날 경제발전의 키워드가 되었다. 이렇듯 협동조합은 은행·소비·노동·서비스 등 전반에 걸쳐 경제의 중심에 서 있다.

24장

위기에서 재발견한 연대의 가치

2013년 10월, 스페인 몬드라곤(Mondragon) 그룹의 파고르 전자 가전부문(Fagor Home E. Appliance)이 파산 선고를 했다. 스페인 바스크(Basque) 지방은 파고르 가전의 파산으로 한꺼번에 1,900명의 실직자가 발생했지만 단 1명의 해고도 없었다. 파고르 가전이 파산한 후, 노동자들은 다른 직장을 찾아야 했고, 라군아로(Lagun Aro)는 모든 조합원에게 다른 일자리를 소개해 주겠다고 약속하였다.[243]

기업이 파산해도 일자리를 잃지 않는 몬드라곤 협동조합에는 어떤 비밀이 숨겨져 있을까? 우리는 고용위기의 상황에서 세계의 도시들이 선택한 사회적경제 그 속에서 내일을 위한 희망을 찾아볼 수 있다. 스페인에서 가장 낮은 실업률을 자랑하는 북부 바스크 지방은 2008년 세계 금융위기 당시에도 오히려 성장을 계속해 주목을 받은 지역이다.[244] 스페인 내전으로 산업이 붕괴되자 주민들 스스로 일자리를 만들기 위해 설립한 몬드라곤 협동조합 그룹은 산업, 유통, 금융, 지식 등 100여 개 협동조합 기업으로 이루어진 복합체이다.

　몬드라곤 협동조합에 위기가 찾아온 건 2013년 유럽 건설 경기침체로 인한 파고르 전자 가전 부문이 파산하면서 동시에 1,900명의 실직자가 발생하면서였다. 하지만 단 1명의 해고도 없었다. 어떻게 이런 일이 가능한 것일까? 1,900명의 실직자 중 400명의 퇴직자를 제외한 직원들이 몬드라곤 소속의 다른 협동조합으로 재배치된 것이다. 파고르 전자 가전 부문의 파산이 주는 교훈은 경영난을 겪고 있는 다른 기업을 돕기 위해 기금을 형성해야 한다는 가르침이다. 기업의 파산이 실직과 해고로 이어지는 기존의 공식이 깨질 수 있었던 것은 바로 몬드라곤 협동조합 그룹의 복지제도인 라군아로가 있었기 때문이다. 조합원들은 라군아로가 파산에도 불구하고 재취업을 도왔던 것처럼 앞으로도 계속 도움을 줄 것이라고 믿고 있다. 기업 파산으로 일자리를 잃은 조합원들에게 라군아로가 할 수 있는 최대의 지원은 해결책을 제공하는 것이다.

　조합원들은 실업을 겪으면서 모았던 돈을 모두 잃게 되고 그들 앞에 어떤 미래가 펼쳐질지 확실하지 않지만, 인간 존엄성을 바탕으로 한 일자리 제공이 가장 중요하다고 생각하는 것이다. 그중에서도 최고의 선택이라고 여겨지는 협동조합 내 취업이 가장 좋은 선택일 것이다. 라군아로의 주요 서비스는 의료보험과 연금 급여 일부를 정립해서 파고르 가전 파산과 같은 위기 상황에서 긴급고용 안정자금으로 활용하고 있다. 라군아로를 통해 실직자를 고용한 조합은 6만 유로, 한화로 약 8천만 원의 고용 지원금을 받는다. 고용지원서비스는 모두가 급여 일부를 내놓았기 때문에 가능하다. 미래를 위한 자금조달이 필수적이기 때문에 조합원들은 동참하여 자금을 모으고 있다.

　지역이 묻고 사회적경제가 답하다

2008년 세계 금융위기 당시 고용지원서비스의 기금 규모는 약 7천만 유로, 한화로 약 940억 원이었지만 미래에는 약 1억 유로 정도의 더 큰 금액을 마련할 계획을 가지고 있다. 경제 위기가 협동조합에 미칠 수 있는 피해를 최소화하기 위한 계획이다. 몬드라곤 그룹은 매해 결산 후, 경영상태가 우수한 협동조합에 수익 일부를 떼어서 어려운 조합에 지원한다.

연대야말로 나의 일자리와 동료를 지키는 일임을 모두가 공감하기 때문이다. 이윤보다는 사람을 중시하는 사회적경제의 모델로 몬드라곤 협동조합이 손꼽히는 이유이기도 하다. 몬드라곤 협동조합에서는 동기부여를 중요시하고 있다. 조합원들은 노동자이자 대표이기도 하다. 기업은 모두에 의해 운영되며 문제가 생기면 모두가 참여한다. 즉 일반기업처럼 담당자를 기다리는 것이 아니라 조합원 스스로 문제를 인식하고 해결책을 찾아간다. 협동조합 기업의 미래는 노동자이자 대표인 조합원들에게 달려 있다.

연대를 통해 규모화로 성장

협동조합은 전 세계적으로 어떤 상황에 있을까? 지금 약 전 세계 249개 조직에서 140만 개 이상의 협동조합이 국제협동조합연맹(ICA)에 등록하고 활동하고 있다. 대부분의 많은 선진국에 세계 주요국가 협동조합 조합원은 전체 인구의 적게는 25%에서 많게는 40% 이상이 협동조합의 조합원 수준이다. 캐나다 40%, 미국 25%, 프랑스 38%, 독일 25%, 뉴질랜드 40% 등으로 협동조합은 중요한 부분을 차지하고 있다. 협동조합이 국민 생활경제의 밑바탕에 자리를 잡고 있다는 것이다. 그래서 협동조합은 자본주의 시장경제의 '제3의 경제'라고 이야기할 수 있다.

협동조합의 시작은 어떻게 시작되고 발전되었을까? 유럽은 협동조합의 역사가 살아 숨 쉬는 곳이다. 협동조합은 유럽 소상공인들의 생존이자 삶 그 자체이다. 회사를 더 강하게 만들기 위해서는 당연히 규모를 확대해야 한다. 수가 많을수록 강력한 힘이 생기기 때문이다. 규모화를 통해 대기업과 경쟁하는 유럽 상업협동조합의 힘을 볼 수 있다. 하나의 협동조합은 작고 연약하지만, 연대하게 되면 큰 파도를 견딜 수 있다. 협동조합은 1844년도에 방직공장들이 밀집되어있던 맨체스터(Manchester) 지역의 로치데일(Rochdale)이라는 곳에 그곳에 있는 방직공장의 노동자들이 모여서 자기들이 일상생활에 필요한 식료품을 구입하는데 어떻게 하면 싸게 구입할 수 없을까 하는 고민에서 우리가 스스로 식료품 가게를 운영해 보면 어떻겠는가에서 출발하여 '소비자협동조합'을 결성하게 된 것이 시초가 되었다. 그 이후 협동조합을 어떻게 할 것이냐에서 민주적인 평등한 원칙에 의한 의사결정 방식을 채택했다.

사회적경제의 성패도 사람에게 달렸다. 협동조합이란 경제적으로 약소한 소비자, 농·어민, 중소기업자 등의 사람들이 상부상조의 정신으로 경제적 이익 및 권익 옹호 등을 위해 조직한 협력 단체를 의미한다. 국제협동조합연맹은 협동조합의 가치를 자조, 자기책임, 평등, 공정, 연대로 보고, 협동조합의 조합원은 정직, 공개, 사회적 책임, 타인에 대한 배려 등의 윤리적 가치를 추구하기 위한 7대 원칙을 규정하고 있다.[245] 170여 년 전에 채택된 원칙인데 7가지 원칙에 의해 요약할 수 있다.

국제협동조합연맹은 1995년 창립 100주년을 맞이해 영국 맨체스터(Manchester)에서 열린 제31차 총회에서 '협동조합 정체성에 관한 성명서'를 채택하고 협동조합의 성격을 규정하는 정의와 함께 세계의 모든 협동조합과 조합원이 공유하고 실천해야 할 '윤리적 가치'와 7대 운영원칙을 발표했다. 그동안 협동조합에 관한 정의나 7대 원칙에 대해서는 많이 언급되어 왔지만, 윤리적 가치에 대해서는 논의가 별로 없었다. 국제협동조합연맹은 조합원들의 윤리적 가치에 대해서 "협동조합은 자조, 자기책임, 민주주의, 평등, 형평성, 그리고 연대의 가치를 기반으로 하며, 조합원은 선구자들의 전통에 따라 정직, 공개, 사회적 책임, 그리고 타인에 대한 배려 등의 윤리적 가치를 신조로 한다"고 정의하고 있다.[246]

모든 성별을 가리지 않고 누구나 협동조합의 뜻에 찬성하는 사람은 다 문호가 개방돼서 참여할 수가 있고, 이 사람들은 1인 1표 주의에 의해서 평등하게 의사결정을 하고, 협동조합을 스스로 만든 사람들이 이용하고 통제하고 관리하는 그런 협동조합이다. 지금까지도 협동조합의 기본 원칙으로 작용하고 있다. 우리나라의 협동조합의 7대 원칙도 이와 같은 맥락에서 그 가치를 실현하고 있다.

표 27. 협동조합의 7대 원칙: 협동조합의 가치 실현을 위한 행동지침[247]

7대 원칙	주요 내용
자발적·개방적 조합원 제도	• 자발적인 조직으로 협동조합의 서비스를 이용할 수 있음 • 조합원으로서 책임을 다할 의지가 있는 모든 사람에게 성적·사회적·인종적·정치적·종교적 차별 없이 개방
민주적 권리	• 조합원에 의해 관리되는 민주적인 조직 • 조합의 정책수립과 의사결정에 참여 • 선출된 임원들은 조합원에게 책임을 갖고 봉사 • 단위조합에서는 조합원마다 동등한 투표권 1인 1표를 가지며 민주적인 방식으로 조직·운영

경제적 참여	• 협동조합에 필요한 자본을 조성하는 데 공정하게 참여
	• 조성된 자본을 민주적으로 통제
자율과 독립	• 조합원들에 관리되는 자율적인 자조조직
	• 정부 등 다른 조직과 약정을 맺거나 외부에서 자금을 조달하고자 할 때는 조합원에 의한 민주적 관리가 보장되고 협동조합의 자율성이 유지되어야 함
교육, 훈련 및 정보제공	• 조합원, 선출된 임원, 경영자, 직원이 협동조합의 발전에 효과적으로 기여하도록 교육과 훈련을 제공
	• 일반 대중, 특히 젊은 세대와 여론 지도층에게 협동의 특징과 장점에 대한 정보를 제공
협동조합 간 협동	• 지방, 전국, 지역 및 국제적으로 함께 협력사업을 전개함으로써 협동조합 운동의 힘을 강화시키고, 조합원에게 가장 효과적으로 봉사함
지역사회에 대한 기여	• 조합원의 동의를 얻은 정책을 통해 조합이 속한 지역사회의 지속가능한 발전을 위해 노력함

협동조합이라는 하나의 특수한 경제는 170년 동안의 시행착오를 거쳐서 검증된 하나의 경제사업 모형이다. 1844년 영국 로치데일 '소비자협동조합'이 성공한 이후 이 모델을 바탕으로 세계적으로 협동조합운동이 확산되었다. 1848년 파리의 노동자들이 중심이 되어 공장에서 일하는 노동자들이 회사의 주식을 출자하고 인수해서 노동자들이 생산도 하고 노동도 하면서 공장 노동자 중심의 노동자협동조합과 생산협동조합을 설립하여 노동자가 개인 혹인 집단으로 주식을 소유하고 운영하는 형태의 '노동자협동조합'이 탄생하게 되었다.

1849년 독일 라이파이젠(Raiffeisen)의 경우 농촌지역에 자금이 필요해서 '농촌신용조합(상호금융은행)'을 설립하여 협동조합 원칙에 따라 조합원이 소유하고 통제하는 협동적 금융기관이 시작되었다. 그 이후 1882년에 덴마크에서는 세계 최초 농업협동조합인 '낙농협동조합'이 설립하게 되어 오늘날에 이르게 되었다.

1963년도 이탈리아에서 최초로 '사회적협동조합'이 탄생하게 되는데 취약계층에 대한 보건, 교육 등 사회서비스 제공이나 사회적 장애 계층에 대한 일자리를 제공하는 등의 목적으로 새로운 형태의 협동조합이 나타나게 되었다. 세계적으로 이런 협동조합이 170년이 됐기 때문에 다양한 모습으로 발전하고 있다.

25장

농업의 미래는 협동조합

몇 년 전 긴 장마와 태풍 등으로 배추 한 포기 소매가격이 1만 원 선을 웃돌며 배추파동이 일어났다. 이러한 원인 중 하나는 농협이 제 역할을 하지 못했기 때문이라는 지적이 있었다. 농협의 주 업무는 조합원들의 농산물을 판매하고 유통하는 것이지만, 돈이 되는 금융 및 수익사업에 치중했다는 비난을 면치 못하고 있다. 그렇다면 농협이 그리는 미래는 어떤 모습이어야 하는가?

협동조합 강국인 네덜란드, 덴마크, 프랑스 등은 농업 강국일 뿐만 아니라 이미 십수 년 이상 협동조합 체제가 정착한 곳이다. 네덜란드 청과협동조합인 '그리너리(Greenery)협동조합'은 자회사를 운영하고 있다. 조합원들이 버섯, 청과, 채소를 생산하는 농민들이 협동조합을 만들어서 직접 운영에 어려움이 있어 자회사를 통해 운영하는 방식을 채택하고 있다. 조합원들이 출하만 하면 유통업체가 원하는 대로 품질, 포장, 배송 등 전 과정을 그리너리에서 책임진다. 처음부터 이 같은 체계를 갖췄던 것은 아니다. 생산량에 따라 가격이 들쭉날쭉해지고 유통단계가 복잡해서 가격이 높았다. 시장 상황은 시시각각 변하지만, 개별 농가들이 대응할 수가 없어 변동성은 더 커졌다. 그래서 찾은 해법은 뭉치는 것이었다. 1996년 네덜란드 경매농협 중 9개가 합병해서 그리너리가 탄생했다. 그리고 '그리너리 BV'라는 자회사를 설립해서 판매사업을 전담토록 했다. 이후 유통, 물류, 배송, 수출입 전문회사 등을 인수했다. 네덜란드를 대표하는 꽃 역시 화훼협동조합을 통해 출하, 거래되고 있다.

첨단 기술을 보유하고 있는 대니시 크라운(Danish Crown) 역시 덴마크 축산농가의 80%가 조합원인 협동조합이다. 도축장만 8만 4,000㎡에 이르는 거대 공장으로, 조합원들의 출자금 등을 통해 2005년 완공됐다.[248] 도축전 과정은 대부분 기계화돼 있기 때문에 사람이 관여하는 과정이 드물다. RFID(무선인식) 기술을 이용해 컴퓨터가 각 돼지의 크기별, 성분 함량별 측정을 한 후 삼겹살, 목살, 등심 등 자동으로 분리해 포장까지 마무리한다. 30년 전 구제역을 겪었던 덴마크는 방역과 위생관리는 특히 철저했다.

그림 31. 대니시 크라운의 지속가능한 미래[249]

또한 프랑스 사과조합은 수확기에 인력과 기계를 빌려주고 기술자가 도움을 준다. 조합은 생산량의 80%를 조합원들이 출하해야 하는 등의 규정을 엄격하게 요구하지만, 구매자가 대형화되고 있어 조합 차원에서 마케팅 등 가격 협상을 대신하고 있다. 조합이 출하를 책임져 주고 조합 브랜드를 활용하니 시장에서 상품에 대한 신뢰를 받을 수 있는 것이다.

이렇게 협동조합을 통해 품질과 조직의 규모화를 이루고 수출과 내수를 위한 전문화와 물류혁신을 성취한 점들이 우리 농업이 배워야 할 점이다. 또한, 우리나라는 개방화와 기후변화시기로 규정되는 21세기 녹색 성장의 보편화라고 하는 시대적인 사명에서 농업의 새로운 지평을 열어야 하는 중요한 시기라고 말할 수 있다.

지역이 묻고 사회적경제가 답하다

26장

지역과 문화를 지켜 내는 연대의 힘!

한때 우리나라 경제의 성장 동력이었던 조선업의 도시인 경남 거제 지역은, 도시를 지탱했던 조선 산업의 침체로 2018년 7.1%로 전국 최고의 실업률을 기록했다. 엎친 데 덮친 격으로 대우 조선해양이 현대중공업에 인수되는 것이 현실화되면서 일촉즉발의 상황이 벌어졌다. 현대중공업과 대우조선해양 양사 노조원 1,000여 명은 인수에 반대하는 상경 투쟁을 벌였다. 노조는 대우조선해양 매각이 단지 무너지고 있는 조선 산업을 다시 일으켜 세우는 것이 아니라 조선 산업을 몰락시키는 행위라며, 거제를 비롯해 남해안 조선 산업을 둘러싼 8만 명이 넘는 노동자가 길거리에 내몰리는 살인 행위라고 판단했다. 2015년 구조조정의 칼바람 속에서 동고동락한 동료를 떠나보낸 터라 이 위기가 더 절박하였다.

고용위기 지역으로 지정된 또 다른 도시인 전북 군산 지역, 이곳의 상황은 더욱 심각하다. 현대중공업 군산 조선소 철수에 이어 2017년 2월 GM 대우자동차 공장이 문을 닫으면서 산업도시는 유령도시가 되어 가고 있다. 지역 경제의 축이었던 두 기업의 몰락으로 해고가 남긴 상처는 도시 곳곳에 묻어져 있다. 7년 가까이 일했던 직장에서 하루아침에 해고 통지서를 받고, 공장이 문을 닫으면서 협력업체를 포함하여 거의 1만여 명이 직장을 잃었다. 일자리를 잃은 노동자들에게 갑작스러운 해고는 재난에 맞먹는 충격일 것이다. 그들의 유일한 버팀목이었던 실업급여마저 끊기고 일자리를 찾아 고향을 떠나야 했다. 주인을 잃은 낡은 연장만이 옛 영광을 기억하는 이곳에 더 이상의 희망은 없는 것일까? 우리는 어디에서 그 희망을 찾을 수 있을까?

진남 구례에 위치한 자연드림 파크는 198,441㎡(60,000평) 규모로 총 18개 공방과 11개 문화자원시설이 있다. 라면, 만두, 빵, 김치, 돈가스, 우유, 우리밀, 막걸리 등 총 500개 생산품목과 체험시설이 들어선 이곳은 바른 먹거리와 윤리적 소비운동에서 출발한 아이쿱(iCOOP)생협이 구례군과 협력해 구축한 친환경 유기식품 클러스터(Cluster, 산업집적단지)이다.[250]

그림 32. 구례 자연드림 파크[251]

이곳 라면공방은 2012년 6월에 열어서 구례 자연드림파크에 맨 처음 개장한 공방이다. 공방이라 불리는 생산 공장은 농민을 포함한 생산자단체가 직접 운영하면서 안전한 먹거리 생산과정을 투명하게 공개하고 있다. 생산자에게는 합당한 비용을 지불하고 소비자는 윤리적 소비를 통해 건강한 먹거리를 제공받는다. 생산자들의 농사 현장이 굉장히 열악한 것을 알게 되고 개별적으로 친환경 농사를 짓기도 힘이 드는 상황이었다. 가공공장을 운영하는 사람들도 영세하게 운영하는데 영세한 가공생산을 집적화하는 것이 좋은 물품을 만들고 조합원이 확장되는 데도 필요한 일이라는 생각을 하면서 클러스터를 구상하게 되었다.

자연드림 파크가 들어서면서 2013년 12월 기준 인구 2만 7,000여 명의 구례군에 많은 변화가 생겨났다. 자연드림 파크내 조물락 공방에서 유기농 피자체험을 진행하고 있는 협동조합 직원들은 고향을 떠나 타지에서 일해야만 했다. 당시 구례에 자연드림파크나 취업할 곳이 많이 없어서 타지역에서 직장을 잡고 생활하면서 드림파크가 생긴 이후에 고향으로 돌아와 이곳에 취업하게 되고, 고향 친구들도 만나게 되어 소중한 곳으로 인식하고 있다. 지역을 떠난 청년들이 다시 돌아오게 된 것이다. 실제로 구례 청년 40여 명을 포함하여 전체 직원의 80%가 구례 출신이다. 자연드림파크 내에서 청소 업무를 담당하는 사회적기업 인스케어 직원은 구례 자연드림파크가 생기면서 고향으로 돌아오게 되었다. 자연드림파크 내 일자리는 단기 아르바이트를 제외하면 모두 정규직이다. 청소를 하는 사람도 물건을 파는 사람도 모두 동등한 권리를 가지고 있다.

좋은 일자리가 생겨나니 지역 내 인구 유입도 자연스럽게 이뤄졌다. 경제활동 인구 유입을 통해 인구 감소현상이 심각한 구례지역 인구 증대와 더불어 근로자들의 평균 연령도 37세로 낮추게 되었다. 인구 감소에 따른 지방 소멸위기를 고민했던 구례군도 이를 긍정적으로 평가하고 있다.

농촌 지역의 문제라고 하면 일자리, 의료, 교육, 정주여건 등의 문제들이 동반되고 있다. 이를 해결하기 위해서는 청년들이 다시 돌아와서 이 지역에 활력을 불어넣어 줘야 한다. 그러기 위해서는 자연드림파크에 좋은 일자리를 지속적으로 만들어 내야 한다. 실재 구례 자연드림파크는 지역 내 문제를 해결하기도 했다. 자연드림파크 인근에 한 초등학교는 2013년 학생 수가 14명으로 줄어 폐교 위기까지 갔던 곳이다. 자연드림파크가 개장되면서 자연드림파크에서 7명 정도 아이들이 이 학교로 유입되어 3학급에서 6학급으로 늘어났고, 그 기반으로 2019년 52명이라는 학생 수를 이룰 수 있는 기초가 되었다.[252]

협동조합은 지역사회가 안고 있는 문제에 귀를 기울이는 일도 게을리하지 않는다. 운영난을 겪고 폐쇄됐던 산부인과를 개설하여 연간 2억 원의 보조금을 지급하고 있다. 아이쿱생협 구례 자연드림파크는 인재육성 장학금 등 공적지원과 주민을 위한 산부인과 개설 등 공공의료 확대를 통해 맞춤형 사회공헌을 지속하고 있다. 최신 영화가 상영되는 구례 유일의 영화관 역시 자연드림파크 내 아이쿱생협에서 운영·관리하고 있다. 이곳 전체 시설 중 24%가 극장과 피트니스센터, 사우나 등과 같은 편의시설이 있다. 영화관은 수익이 나지 않는 사업이다.

그럼에도 불구하고 운영하는 데에는 이유가 있다. 기업은 이윤을 창출하는 것이 목표이지만 그 이윤이 소수에 집중되는 것이 일반기업이라면, 협동조합은 그 이윤을 누군가에게 집중하는 것이 아니라 같이 모여 있는 사람들과 함께 공동 분배하는 데 목표가 있는 것이다. 공동의 집단에게만 이익이 돌아가는 것이 아니라 그 이익의 효과는 사회로 확산되고 있다. 그것이 바로 협동조합의 가치이다.

구례군의 인구증가와 그동안 자연드림파크를 찾은 관광객들 그리고 건설공사 경제적 파급효과 등 3,352억 원 규모의 간접효과를 파생했으며, 이는 중소기업이 생산유발효과 1,523억 원, 부가가치 유발효과 1,730억 원, 고용 유발효과 1,120명 등 구례 지역 경제를 사실상 견인하고 있는 것이다.[253]

협동조합 자연드림파크는 지역 주민들의 행복지수를 높여 주고, 지역과 동반 성장하면서 지역발전을 이끌고 있다. 기업은 사회적 책임을 다하고, 지역 주민들은 애정을 가지고 이 사업에 적극적으로 참여하고 있다.

사회적경제기업은 주주와 소유주를 위해 이익을 극대화 할 필요성에 의해 주도되는 것이 아니라 주로 사업 또는 지역 사회에서 그 목적을 위해 잉여가 재투자되는 사회적 목표를 가진 사업으로 정의된다. 구례처럼 소규모 인구의 농촌 지역의 사회적경제 투자 계획은 농촌의 공동체를 강화하고 농촌 공동체의 경제 상황을 개선하며 다른 사람들과 협력하여 일하는 사람들을 돕는 것을 목표로 한다. 정부는 농촌의 사회적경제기업이 지속되고 성장할 수 있도록 지원하는 것이 중요하다.

사례에서처럼 사회적경제기업 부문은 우리나라뿐만 아니라 유럽, 미국, 캐나다 등 해외 선진국 경제에 상당한 긍정적인 영향을 미친다. 그러나 사회적경제기업 활동은 주로 도심에 집중되어 있다. 농촌 사회적경제 기업이 능력이나 잠재적 수익성 및 지속가능성을 높이기 위해서 정부는 보조금을 신청할 수 있는 기회를 제공해야 한다. 농촌 지역의 사회적경제 투자 계획은 비농업 활동과 관련된 지출에 대한 자본 투자 및 확대를 통해 달성될 수 있다.

우리나라 사회적경제의 성공사례로 손꼽히는 아이쿱생협이 있지만, 모든 사회적경제 조직이 아이쿱생협처럼 순항하는 것만도 아니다. 전북 전주에 있는 사회적협동조합 '온리'는 파쇄 종이에 신문지, 박스 종이, 자투리 한지 등 재활용할 수 없는 종이에 생명을 불어넣어 전통한지 제작방식을 이용해 친환경엽서 종이정원을 만들고 있다. 씨앗수경재배기술을 접목시킨 종이정원은 일일이 사람 손을 거쳐야 하는 것이라 시간과 정성이 필요하다. '온리'는 환경이나 사회적 가치를 추구하면서 장애인, 이민자 등 소외계층 일자리를 만들어 낸 사회적경제 모델로 사업 초창기 주목을 받았다.

2012년 9월 전주 남부시장 청년몰에 '파일럿샵(Pilot Shop)'을 열고 12월에 협동조합기본법이 적용돼서 협동조합으로 설립하게 되었다.[254] 짧은 시간에도 불구하고 괜찮은 성과를 내고 여러 공모전에서 수상도 하면서 매출 부분이나 인원도 소셜벤처로써 인정받을 정도로 가파른 성장을 보였다. 하지만 조합원 20명에 전주와 한옥마을 인근 북촌에 오프라인 매장까지 운영하면서 안정적인 매출을 올렸던 협동조합 온리는 2017년 중국 사드 사태로 양국 관계가 얼어붙자 관광객도 매출도 급감하게 되었다. 여기에 엎친 데 덮친 격으로 치솟은 임대비용을 감당하지 못하는 젠트리피케이션(gentrification) 문제까지 발생하면서 '온리'는 위기를 맞았다. 임대료와 보증금을 올려야 하는 상황에서 월매출은 사드 사태로 하락하고 도저히 감당할 수 있는 상황이 아니었다. 급기야 사금융까지 손을 대 봤지만, 운영난은 쉽게 회복할 수 없었다. 결국 오프라인 매장을 모두 철수하고 이사장을 포함한 조합원은 3명으로 줄어들었다.

지역이 묻고 사회적경제가 답하다

어떻게 보면 사회적경제 조직은 시장 자체가 협소한 상황이고, 자금 조달은 협동조합의 경우 일반 주식회사가 아니기 때문에 투자자를 받기 어렵다. 실제 정책자금이나 사회적경제기업의 우호적인 자금이 아닌 경우 일반 금융권에 심사를 통해서 받을 확률이 극히 낮아서 자금 조달 자체가 힘들다. 기업을 운영하고 사업을 지속하는 데 필요한 자금 공급이 계속 안 되는 악순환에 빠지면 상황은 더 나빠질 수밖에 없다. 한때 중국 관광객들로 붐볐던 매장이 위치한 전주 한옥마을을 지날 때면 수많은 만감이 교차할 것이다.

현 정부가 국정과제 중 하나로 사회적경제 활성화를 내세우며 우호적인 정책 분위기 속에서 양적성장을 이루어 냈다. 하지만 사회적경제기본법이 발의된 지 몇 년이 지나도록 국회 문턱을 넘지 못하고 있는 실정으로 사회적경제의 질적 성장과 규모화를 이루기 위해서는 제도적인 환경을 조성할 필요가 있다. 사회적경제 연대포럼은 한국사회적경제연대회의, 전국사회경제연대 지방정부협의회, 제21대 총선 사회적경제 매니페스토 참여 의원 등 민·관·정이 모여 사회적경제 활성화를 논의하는 장으로서 발족했다. 발대식 이후, 제도개선 관련 토론회에서 경기도사회적경제센터, 서울시협동조합지원센터, 한국사회적경제연대회의 제도개선위원회가 선정한 '2020년 사회적경제 제도개선 10대 과제'는 다음과 같다.[255]

① 사회적경제기본법 제정
② 공공기관의 사회적 가치 실현에 관한 기본법 제정
③ 사회적경제기업 제품 구매촉진 및 판로지원에 관한 특별법 제정
④ 자활기업 육성과 지원에 관한 기본 계획 수립 의무화

⑤ 마을기업육성지원법 제정

⑥ 소비자생활협동조합법 내 생협 주무부처 변경

⑦ 신용협동조합의 타법인 출자 허용

⑧ 일반협동조합의 비분할적립금 도입

⑨ 법인 변경 시 과제

⑩ 서면 투표제, 전자 투표제 도입

이처럼 10대 과제는 기본법과 사회적 가치법, 판로지원법 등 소위 '사회적경제 3법' 제정을 비롯하여 사회적경제 현장에서 조속한 제정 및 개정을 요구해 온 내용으로 구성되었다. 특히 사회적 가치 실현을 목적으로 하는 경제 활동을 포함하는 기본법 제정을 최우선 과제로 선정하였다. 아래 표 28은 해방 이후 한국의 사회적경제 관련한 제도의 주요 흐름을 볼 수 있다.[256]

표 28. 한국 사회적경제 관련 제도의 흐름

연도	법 제정
1957년	• 농업협동조합법제정, 농업은행법 제정
1961년	• 산림법 제정, 농협·농업은행 통합
1962년	• 수산업협동조합법 제정
1972년	• 신용협동조합법 제정
1980년	• 산림조합법 제정, 축산업협동조합법 제정
1982년	• 새마을금고법 제정
1988년	• 인삼협동조합법 제정, 농협법 및 수협법 개정
1989년	• 산림조합법 개정

1993년	• 산림조합법을 임업협동조합법으로 개정
1999년	• 농업 · 축산업 · 임삼협 통합 • 소비자생활협동조합법 제정, 국민기초생활보장법 제정
2000년	• 임업협동조합법을 산림조합법으로 개정
2003년	• 사회복지사업법 개정
2006년	• 사회적기업육성법 제정
2007년	• 노인장기요양법 제정
2010년	• 자립형마을공동체사업 도입, 농림어업인 삶의 질 향상법 개정
2011년	• 협동조합기본법 제정
2013년	• 도시재생 활성화 및 지원에 관한 특별법 제정
2017년	• 사회적경제 활성화 방안 발표(사회적경제기본법 등 3법 제정 추진)
2018년	• 사회적금융 활성화 방향 발표(2018. 02. 08.) • 소셜벤처 활성화를 통한 일자리 창출 방안 발표(2018. 05. 16.) • 사회적경제 인재양성 종합계획 발표(2018. 07. 03.)
2019년	• 사회주택 활성화 방안 발표(2019. 02. 19.) • 사회적경제를 활용한 발달장애인 자조모임 활성화 지원 계획 발표(2019. 03. 21.) • 사회적경제 활성화를 통한 문화서비스 · 일자리 창출 방안 발표(2019. 09. 03.) • 지역공동체의 사회적경제 추진역량 제고방안 발표(2019. 11. 05.)
2020년	• 사회적 가치 실현을 위한 공공부문의 추진 전략 발표(2020. 01. 15.) • 환경 분야 사회적경제 활성화를 통한 일자리 창출 발표(2020. 07. 22.) • 사회적경제기업 일자리 창출 지원 방안 발표(2020. 08. 13.)

퀘벡과 같은 연대기금이 활성화되지 않은 데다 사회적경제기본법마저 통화되지 않은 상태에서 자본력이 부족한 협동조합이 살아남기란 현실적으로 그리 녹록지 않다. 7년 이상 끌어온 사회적경제기본법이 이제는 통과되어야 한다.[257] 우리나라는 이미 다양한 사회적경제 주체들이 존재함에도 불구하고 이를 아우를 수 있는 근거법률이 마련되지 않아 사회적경제의 정의와 범위가 모호한 상황이다. 전주 한옥마을의 경우 6~7년 사이

에 임대료가 10배에서 심한 곳은 훨씬 그 이상을 치솟고, 사람이 몰린다는 이유로 보증금, 권리금이 상상을 초월한 수준으로 뛰어오르면서 경기가 침체되고 관광객 수가 줄면서 전통적인 전주시만의 독특한 매력을 가진 제품들은 아예 자리를 잡을 수 없게 되었다. 이후에 프랜차이즈나 일반 상품으로 매장들이 구성됐다가 현재는 그런 매장들도 견디기 힘들 정도로 많이 침체된 상황이다. '온리'는 서민 금융진흥원에 지원을 받아 간신히 고비를 넘겼다. 하지만 사회적경제가 뿌리를 내리기 위해서는 아직 해결해야 할 과제가 많다.

캐나다 퀘벡 프티 샹플랭(Petit-Champlain)은 드라마 〈노깨비〉 촬영지로 우리에게 잘 알려진 도시이다. 드라마 〈도깨비〉에서 대추색 문을 열면 한국에서 퀘벡으로 순간 이동을 한다. 이동한 퀘벡에서 첫발을 딛는 곳이 바로 '프티 샹플랭' 거리이다. tvN 드라마 〈도깨비〉의 인기와 함께 덩달아 유명해진 퀘벡시티는 캐나다 동부 퀘백주의 주도이며 도시 전체가 1985년 유네스코 문화유산으로 지정된 곳이다. 이곳 구시가지에 위치한 프티 샹플랭 거리는 미국의 한 매체가 세상에서 가장 예쁜 거리로 선정한 곳이다. '퀘벡의 심장'이라 불리는 프티 샹플랭은 캐나다뿐만 아니라 북미를 통틀어 가장 오래된 번화가이다. 골목 구석구석 아기자기한 꽃과 수공예 상점들이 줄지어 동화 같은 거리로 유명하고 카페와 레스토랑, 예술 샵, 잡화점 등 독특한 상점들이 늘어서 있어 볼거리가 가득하다.

특히 프티 샹플랭 거리는 〈도깨비〉에서 김고은이 공유에게 고백한 '목 부러지는 계단(Breakneck Staircase)'이 유명한데 1635년에 만들어지고, 술을 마시고 가파른 계단에서 넘어지면서 목이 부러진 일이 많아 붙은 이름이라고 한다. 그렇게 목 부러지는 계단을 조심히 내려오면 캐나다 퀘벡의 프티 샹플랭 거리가 시작된다.

프티 샹플랭의 49개 점포들은 수공예 협동조합에서 운영·관리하고 있다. 협동조합과 조합원은 3~5년 단위로 계약을 맺는다. 임대료는 조합원 총회를 통해서 결정되기 때문에 이곳에서 지나친 임대료 인상으로 인한 젠트리피케이션 상황으로 쫓겨나는 일은 발생하지 않는다. 협동조합의 조합원으로서 중요한 임대료 인상으로부터 보호받을 수 있는 것이다.

그런데 프티 샹플랭이 처음부터 늘 이렇게 활기찼던 것은 아니다. 가장 가까운 시기인 1980년대에는 쇠락해 가는 거리, 사람이 오지 않아 상가 건물의 75% 이상이 빈 유령 같은 곳이었다. 만약 프티 샹플랭협동조합이 없었다면 프티 샹플랭은 지금의 모습이 아니었을 것이다. 건물들이 개인 소유가 되었을 것이다. 그 삭막했던 곳을 지금처럼 활기차게 만든 사람들과 조직은 프티 샹플랭협동조합이었다. 거리 전체가 미국 자본에 팔려나갈 상황에 한 건축가와 사업가가 골목 내 건물들을 사들였다. 그리고 협동조합을 만들어 조합이 건물을 소유하도록 하고 지역 예술가와 상인들에게 임대했다. 덕분에 퀘벡의 아름다운 문화유산이 지켜질 수 있었다.

프티 샹플랭협동조합은 아주 특별하게도 역사적이고 문화가 풍부한 장소에 자리를 잡고 있다. 이렇게 중요한 사회적 가치를 가지고 있는 장소인 구시가지의 역사와 건축물, 문화를 협동조합이 지키고 있고, 지속하도록 한다는 점이 매우 특별하게 다가온다. 자본으로부터 지역과 문화를 지켜 내는 연대의 힘은 우리가 지향해야 할 사회적경제의 모습이 아닐까?

27장

지역의 강력한 공동체 의식

1894년에 설립된 프랑스 식품유통업체 협동조합인 시스템 유(System U)는 독립 대형 슈퍼마켓과 일반 슈퍼마켓을 포함한 협동조합 127년의 역사를 가진 대표적 소매협동조합이다. 프랑스에서도 쉽게 만날 수 있는 Hyper U, Super U, Express U 등이 바로 이 협동조합의 자회사이며 2018년 전체 매출액이 2.3% 증가한 194억 4천만 유로를 기록하면서 시장 점유율이 무려 10.7%를 차지하고 있다고 밝혀졌다.[258] Super U는 완전한 독립 사업체로서 서로 공동 경영자로 불린다. 시스템 유 지분을 가지고 있고, 따라서 시스템 유의 협동조합의 공동 경영자인 것이다. 모든 물품의 구매는 본부 일괄 구입으로 이루어지고, 시스템 유의 매장이지만 운영은 독립적으로 한다. 하지만 본사에서 개발한 우수 중소기업 U 브랜드 상품은 본사에서 일괄구매를 한다. 그 이유는 유명 브랜드를 군이 조합원인 시스템 유에서 직접 구입할 필요가 없기 때문이다. 반면, 과일과 채소 코너 등 청과류는 로컬 푸드를 사들이고 있다.

시스템 유의 강점 중 하나는 지역 및 현지 제품 생산자와의 파트너십이다. 이것은 의미가 아주 크다. Super U에서 구입한 품목 중에서 지역 생산품이 한 부분을 차지하는 것은 아주 특별한 의미를 가진다. 공산품이

그림 33. Super U 매장의
지역 생산품 코너[259]

나 우수 품질 제품은 본사에서 저렴한 가격으로 제공받고 나머지는 점주인 사장이 직접 좋은 상품을 선정할 수 있다는 것이다. 채소나 로컬 푸드는 점주인 사장이 직접 선정한다. 예를 들어 여기에서 가장 핫한 아이템 중의 하나가 베이커리 중 바게트라고 한다면 이 지역에서 생산된 밀가루로 만든다는 것이다. 그리고 빵 포장지 뒷면에는 '이 바게트는 쉐프(chef)의 노하우로 공들여 만들어진 빵이고, 지역 생산자가 재배한 밀로 제분소에서 빻은 밀가루로 만들었다'라고 쓰여 있는 것이다. 그렇다면 이 바게트는 이곳 매장에서만 살 수 있는 바게트인 것이다.

고객들은 이처럼 지역 생산품을 선호한다. 제품이 어디에서 왔는지 원산지를 알고 싶어 하고 지역 생산품을 모두 선호하고 있다. 지역 생산자들은 협업에서 가장 좋은 점은 시스템 유와의 파트너십 체결을 통해 판로를 보장받는 것이다. 지역 생산자들이 만든 상품에는 생산자의 얼굴이나 생산 지역을 반드시 표시하고 있다. 이는 제품 생산자의 책임감을 높이는 동시에 소비자의 신뢰를 높이는 비결이다.

고객의 요구를 맞춘 제품 선정 덕분에 매출이 늘어나는 것은 당연한 일이다. 파리 중심부에 위치한 Express U 매장 역시 시스템 유 매장 중의 하

나이다. 우리 동네에서 흔히 볼 수 있는 편의점보다는 살짝 커 보일 수 있다. 이곳 역시 규모는 작지만, 물품 선정은 점주 자유이다. 규모와 상관없이 점주가 알아서 물품 선정을 한다. 시스템 유 매장에는 상품에 대한 정해진 전략이 없다. '이 물건들만 매장에 들여놓을 수 있다'라고 하는 일은 없다. 하지만 이 지점에서 원하는 상품들을 들여놓을 수는 있다. 예를 들어 냉장고를 들여놓고 싶다면 그것도 가능한 일이다. 이곳 점주는 자신이 직접 발로 뛰어 찾아낸 유기농 상품으로 매장 한 칸을 채울 수도 있다. 유기농 상품 역시 이곳 매장의 선택이다. 크기와는 상관없이 300㎡의 Express U 매상에도 10,000㎡의 대형 매장처럼 다양한 상품을 구비할 수 있다.

반면 시스템 유는 매장의 규모(Hyper U, Super U, Express U)에 따라 각각 판매 전략을 다양하게 시도한다. 대형 복합할인마트 매장으로 다양한 상품을 구비하고 있는 Hyper U, 중형 할인마트 매장으로 식료품을 중심으로 판매하는 Super U, 편의점 규모로 주로 도심 근처에 있는 Express U로 구분되어 있다. 실제 프랑스에서 대형마트를 운영하는 까르푸(Carrefour)나 오성(Auchan)과 같은 그룹의 시장 점유율이 떨어지는 추세가 이런 이유에 있다.[260] 그들이 추구하는 대형할인 매장은 초대형 매장이기 때문이다. 아래 그림은 2017년 프랑스 시장 점유율 구조이고 괄호 안 수치는 1년간 변동률을 나타내고 있다.

이제 초대형 매장은 소비자들이 원하는 바가 아니다. 그리고 소비자는 응집된 형태의

그림 34. 2017년 프랑스 유통 시장 점유율 구조[261]

지역이 묻고 사회적경제가 답하다

매장과 접근성이 좋은 매장을 원하고 있다. 그런 면에서 시스템 유의 매장은 까르푸나 오성의 매장보다 작은 규모이지만 소비자들과 더 가까운 곳에 있다.

시스템 유는 연간 5% 수준의 매장을 확장할 계획과 물류비용 절감이나 지속가능한 개발, 그리고 특히 지역 경제 방어 전략을 수반하는 주요 전략을 목표로 움직이고 있다. 농촌 지역에서 사업을 성장시키기 위해 지속적인 노력을 하고 있고 대부분 판매점의 절반은 인구가 5,000명 미만인 지방 소도시에 있으며, 최근에는 온라인 판매가 증가하여 새로운 웹 플랫폼과 모바일 웹을 출시하여 조합원들에게 더 많이 다가가고 있다. 이렇게 다양하게 온·오프 매장을 나누다 보니 총 매장 수가 무려 약 1,600여 곳, 조합원 수는 약 63,000명으로 매장뿐만 아니라 매출도 꾸준히 늘어나고 있다.[262]

그렇다면 시스템 U는 어떻게 지속적인 성장을 할 수 있었던 것일까? 이들은 유통시장에서 가격 경쟁력을 경영 전략의 핵심에 둔 적이 없다. 시스템 유 매장에서 지역 경제를 돕는 지역 제품을 판매하는 것을 당연시하고, 지역 생산자와의 협업을 비중 있게 실천해 온 원칙이 경쟁력을 높이는 중요한 요인이 되었다. 이들의 경영가치는 '지역과 고객에게 가까이 다가가자'라고 하는 매장의 접근성에 대한 이야기이다. '제품과 서비스에 자부심을 갖자', '팀을 발전시키는 사람이 되자'는 팀 경영을 말하는 것이다. '연대하고 책임감을 갖자' 이것은 협동조합의 가치를 의미한다. 아마도 이런 가치들이 오늘날의 시스템 유를 만들어 온 것일지도 모른다.

후견인 제도: 상호부조적 조합원 관리시스템

그리고 또 하나 강점은 본사 시스템 유(System U)에서는 매장을 운영할 능력이 있는 점주를 찾아서 재정적 지원을 해 주고 있다. 이러한 지원 시스템을 '후견인 제도' 즉 상호부조적 조합원 관리시스템이라고 한다. 새롭게 매장을 이어받을 점주를 찾아야 하는 상황에서는 후원 혜택을 받을 만한 검증된 상인을 추천받고 그 상인이 정말로 능력이 있는지 확인하고 도움을 준다. 시스템 유의 후견인 제도는 기존 조합원이 새 조합원에게 기술 및 재정을 지원해 주는 시스템으로서 공동책임을 통한 연대의식을 고취하는 것이다. 저마다의 방식으로 조합원들의 육성에 정성을 쏟는 협동조합들은 사람이 곧 미래의 자산이라는 것을 너무나도 잘 알고 있다. 사람을 중시하는 협동조합의 저력은 특히 경제 위기에서 그 빛을 발휘한다. 위기를 기회로 시스템 유는 대기업과의 경쟁에서도 결국 살아남았다.

시스템 유의 기원은 19세기 말로 거슬러 올라간다. 1894년 재정적으로 어려움을 겪었던 작은 식료품점들이 협력하면서부터다. 상업협동조합은 업체와의 치열한 경쟁에서 살아남기 위해 여러 식료품 업체와 연합하면서 만들어진 것이다. 이 상업협동조합은 시스템 유의 전신인 UNICO(1924~1975년) 탄생에도 기여하게 되었다.[263] 이들은 가격협상을 위해 협력해서 대량구매가 가능한 소상공인 그룹 'UNICO'를 결성해 힘을 모았다.

시스템 유가 있기까지 상업협동조합인 UNICO의 노력도 있었지만, 무엇보다 프랑스의 법률도 큰 기여를 했다. 특히, 1947년에 통과된 '프랑스 협동조합기본법'은 프랑스 상업협동조합 발전에 작은 불씨가 되었다. 이후 이 법은 1992년에 개정되었으며, 2014년에는 사회연대경제에 관한 일반법이 만들어졌다. 협동조합기본법 덕분에 상업협동조합은 법적 지위를 얻을 수 있었고 이런 과정에서 상업협동조합은 프랑스 상업을 이끌게 되었고 80개의 협동조합과 약 50만 명의 조합원으로 프랑스 소매업 사업 분야의 약 30%를 차지하고 있다. 또한, 협동조합기본법 외에도 종류를 규정하는 특별법이 있는데 조합원의 특성에 따라 그리고 기능에 따라 협동조합을 분류할 수도 있다.[264]

2019년 프랑스에는 2만 3,000개의 협동조합이 활동 중이며 2,700만 명이 조합원이다. 프랑스 협동조합에서 보여 준 수치에 의하면 2008년 이래로 협동조합은 꾸준히 성장하고 있다. 일자리든, 조합의 질이든, 수익이든 여러 분야에서 프랑스의 모든 협동조합은 좋은 성과를 내고 있다. 이것이 시사하는 바는 협동조합에는 위기를 견디는 힘과 회복 탄력성(resilience)이 기존 기업들에 비해 훨씬 더 좋다는 것을 의미한다.

협동조합과 지역사회

유럽 국가들의 협동과 연대정신은 이탈리아 볼로냐(Bologna) 도시 곳곳에도 깊숙이 파고들어 오랜 세월을 흘러왔다. 특히 볼로냐 지역을 대표하는 것은 코나드(CONAD)협동조합이다. 이탈리아 사람들이 즐겨 찾는 슈퍼마켓은 한국의 슈퍼마켓과 별반 차이가 없지만 보이는 것만이 전부가 아니다. 코나드협동조합에 따르면, 2020년 코나드의 매출액은 전년 대비 10.2% 증가한 157억 유로, 한화로 약 21조 2천억 원을 달성하였고, 시장점유율은 14.8%로 매출액의 31%가 코나드 브랜드 제품(Mdd)으로 45

억 유로의 성과를 보였다.[265] 또한 3년간 14억 8천만 유로를 투자하여 지속가능하고 디지털화된 다중의 채널을 확보하여 시장을 확장하고 있다. 코로나 19(Covid-19)의 확산이 무섭고 광범위한 영향을 미쳤지만, 코나드의 선택은 인구가 적은 지역에서도 서비스를 보장하는 것이다. 인구가 5,000명 미만인 지자체에서도 500개가 넘는 판매점을 운영하고 있지만 최근 운영을 통해 코나드는 북부의 대도시 지역에서도 성장할 수 있었다.

코나드는 특히 프랑스 슈퍼마켓협동조합의 경영기법을 적용해 혁신적으로 성공시킨 사례로 꼽히고 있는 곳이다. 점주이자 조합원인 슈퍼마켓 지점은 새로 만든 유기농 코니 이탈리아에서 생산된 제품도 의미 있지만, 그중에서도 특히 그 지역 특산물을 현지에서 신선한 상태로 가져오는 것이 중요하다. 이 슈퍼에서 특별히 신경 쓰는 것은 판매 물품의 90%는 지역 농가에서 생산된 것들이다. 지역 생산물을 선호하는 고객들 덕분에 이 마트의 인기 코너가 된 것이다.

코나드 슈퍼마켓에서는 정기적으로 지역의 식품 생산자들에게 매장 한 쪽을 내주면서 자릿세는 받지 않고 있다. 판로 확보가 절실한 지역 상인들에게는 제품을 홍보할 수 있는 황금 같은 기회가 주어진다. 매장을 운영하는 조합원들이 지역 주민들이고 사업에 뿌리를 지역에 둔 만큼 협동조합은 지역과의 상생을 특히 중요시한다. 나보다 우리를 생각하고, 이왕이면 내가 사는 지역과의 연대를 추구하는 것 이것이야말로 우리가 추구하는 가치가 아닐까?

코나드는 1962년 420여 명의 볼로냐의 지역 소매상들이 도매상의 횡포에 맞서 결성한 이탈리아의 소매업체협동조합으로서 전국적으로 운영되고 있다. 조합원은 코나드에 속해 있기는 하지만 종속적인 관계인 고용인의 개념과는 다르다. 60~70% 정도는 협동조합의 운영 정책을 따르되 나머지는 조합원들에게 자율성을 주고 있다. 이처럼 독립적이고 자율적인 매장운영은 조합원들을 스스로 뛰게 만들어 자연스럽게 매출 향상으로 이어진다. 여기서 나오는 이익 일부는 조합원들에게 돌아가고 재투자가 이루어진다. 그리고 또 일부 매장으로 들어가고 일부는 미래의 발전과 기획을 위해 협동조합으로 쓰인다. 조합과 조합원은 서로 상생하는 관계이다. 마케팅이나 광고처럼 개인이 감당하기 어려운 부분은 조합에서 지원해 주고 있다. 코나드 본부에서는 조합원에게 제품과 발전적인 마케팅 전략을 제공할 뿐만 아니라 조합원들에게 매장 운영에 필요한 부동산을 비롯해 재정적인 부분도 지원하고 있다. 조합의 주인이 곧 조합원인 것이다. 이 둘의 관계는 일반 기업과는 달리 협력과 신뢰로 맺어졌기 때문에 가능한 일이다.

튜터(Tutor) 프로젝트

사람을 중시하고 협력으로 상생하는 협동조합의 기본 가치는 코나드의 신규 조합원지원시스템에도 찾아볼 수 있다. 기존 조합원이 새로운 조합원을 가르치는 튜터 프로젝트를 시행하고 있다. 이탈리아의 튜터 프로젝트 또한 프랑스 시스템 유(System U)의 후견인 제도와 닮은꼴이다. 이것은 지식과 경험을 전달하는 것이고, 이러한 과정에서 조합원 상호 간의 협동이 일어나는 것이다. 지식이 전달되는 과정에서 새로운 조합원이 일을 빨리 습득하게 되면 다른 이들에게도 흥미와 관심을 유발할 것이다. 그렇다고 아무나 조합원이 될 수는 없다. 사람이 중심인 기업은 지켜야 할 책임도 상당하다는 의미이다. 코나드 튜터 프로젝트는 기존 조합원이 새로운 조합원을 책임지고 가르치는 코나드의 상호부조적인 조합원 관리 시스템이다. 까다로운 규칙을 지키고 그보다 더 까다로울지 모르는 선배 조합원의 가르침을 받고 코나드 튜터 프로젝트를 통해 그렇게 경쟁력 있는 일꾼으로 탄생하게 되는 것이다.

그림 35. 코나드의 핵심 가치를 보여 주는 물류운송 트럭[266]

사람을 중시한 이러한 가치는 판매되는 제품에도 반영되고 있다. 제품을 파는 시장에서 사람에게 집중한다는 것은 무슨 의미일까? 손님의 편의까지 배려한다는 것이다. 협동조합 설립 당시부터 내세운 코나드의 핵심 가치는 물류운송 트럭에서도 그 가치가 잘 드러나듯이 상품보다는 사람 중심의 역할(Persone oltre le cose)이었다. 그리고 코나드의 비전은 조합원들의 기대를 충족하고 국가에서 중요한 경제적·사회적 역할을 수행하는 독립적인 협동조합이다. 이들의 가치는 상호협력, 참여, 소속감, 전문성 그리고 지속가능성을 위한 혁신의 방향이다.[267] 이러한 가치는 자본주

지역이 묻고 사회적경제가 답하다

의 시장에서도 위풍당당하게 그 저력을 입증하면서 매출액과 시장점유율을 확대하고 있다. 지역과 상생도 빼놓을 수 없다.

코나드의 물류창고에는 운송협동조합, 운반협동조합(내부 운반 포터협동조합), 코나드 3개 협동조합이 컨소시엄 형태로 협력을 통해 운영되고 있다. 소상공인협동조합 안에는 또 다른 협동조합이 있어, 이들이 컨소시엄 형태로 다시 한번 조합을 이루고 있다. 물류창고에서 매장으로 옮기는 것을 담당하는 운송협동조합, 물류창고 내에서 포장 및 상품 공급을 하는 운반협동조합, 그리고 실제 상품을 판매하는 코나드로 이루어지는 컨소시엄은 일을 효율적으로 진행할 수 있도록 끊임없이 의사소통하고 있다. 협동조합 덕분에 모두 더 많은 일을 할 수 있게 되는 것이다.

슈트분트(SÜDBUND)의 파트너십

독일의 경제성장 역시 협동조합의 역할이 적지 않았다. 슈트분트(SÜDBUND)는 현재 약 590명의 인테리어 데코레이터와 공예 업체가 신뢰하는 강력한 커뮤니티이다. 1932년 14명의 독일의 소규모 인테리어 업자와 피혁 세공업자들이 시장에서 유리한 조건을 활용할 수 있도록 연대를 기반으로 운영하는 것이 초기 아이디어였다.[268] 현재까지 지속적으로 성장해 인테리어 용품뿐만 아니라 인테리어에 필요한 다양한 직물들을 인테리어 매장을 운영하는 조합원들에게 제공하고 있다. 물품 구매가 이루어지면서 슈트분트는 조합원들을 지원하거나 마케팅에 힘을 쏟아 이들의 성장을 도왔다. 그 결과 슈트분트는 현재 590여 명의 조합원이 적극적으로 분포하게 되었다. 특별한 제품에 대해서는 590개 매장의 조합원들만이 독점적으로 구입할 수 있다.

조합원들에게만 독점적으로 제공되는 직물들은 본사 물류 창고에서 관리하고 있다. 독점적인 디자인의 자체 컬렉션은 매우 좋은 조건, 높은 수익 절감 및 개별 범위 디자인을 보장하면서 배송이 빠르고 안정적이다. 이렇게 슈트분트 이름이 있는 직물은 조합원 매장 아니면 구매를 할 수 없다. 누구나 살 수 없는 디자인과 품질로 경쟁력을 갖추게 되었다. 다른 곳에서 구할 수 없는 아이디어가 돋보이는 상품들이 있어 소비자들의 마음을 잡고 있다. 다시 말해 슈트분트는 소상공인협동조합에 속한 조합원이 원하는 디자인의 직물과 사이즈를 주문하면 직영 물류창고에서 주문량만큼을 재단하여 조합원들에게 발송하는 프로세스이다. 본사에서는 다량의 제품을 구입해 물량확보에 힘쓰기 때문에 조합원들은 늦어도 3일 안에는 주문한 제품을 받을 수 있다.

슈트분트의 최대 장점은 조합원들을 위한 맞춤형 컨설팅 방문은 기본으로 트렌드에 민감한 인테리어 정보는 수시로 공유한다. 본사에서 제공하는 포괄적인 서비스 범위는 인테리어 데코레

그림 36. 슈트분트 파트너십[269]

이터 및 공예 사업의 요구 사항에 철저하게 맞춰져 있다. 즉 슈트분트는 조합원들에게 협동조합 내에서 마케팅, 디자인, 인테리어 등에 이르기까지 창업에 대한 전반적인 솔루션을 제시한다. 슈트분트는 그들만의 컨설팅 전략으로 조합원들에게 직간접적인 이익을 제공한다. 오로지 조합원

들은 사업에만 집중하면 되는 것이다.

조합원들의 성장을 돕는 독일의 협동조합 그 안에는 조합을 규모화시켜 지속적인 성장을 만들어 내는 독일의 협동조합 비전이 담겨 있다. 1년에 두 번 상품과 기술을 나누는 조합과 조합원의 친목을 다지는 슈트분트 인테리어 소품 박람회는 정보와 기술이 오가고 친목을 도모하는 자리로 조합과 조합원은 함께라는 공동체 의식을 나눈다.

슈트분트가 오늘날까지 작동하는 방식은 모든 협동조합과 마찬가지로 세 가지 원칙에 의해 결정된다.[270] 첫째 정체성의 원칙에 따라 모든 조합원은 슈트분트의 소유자이자 고객이다. 둘째, 민주주의 원칙에 따라 모든 중요한 결정은 총회에서 이루어진다. 마지막으로 각 조합원은 투자한 지분 금액과 관계없이 하나의 투표권을 갖는다. 이 세 가지 원칙은 슈트분트 협동조합이 100년을 내다보며 함께 성장하고 조합원들을 도와주면서 공동체 정신을 지켜나가도록 하고 있다. 개인보다는 여럿이 함께 뭉칠 때 더 큰 힘의 발휘된다는 것을 알고 있다.

경쟁이 아닌 협력과 자신들만의 경영 원칙을 지켜온 프랑스의 시스템 유(System U)와 이탈리아 코나드(CONAD), 독일 슈트분트(SÜDBUND) 등의 협동조합들은 규모화를 통해 지속적인 성장을 이끈 사례를 통해 우리 협동조합의 나아갈 방향을 제시하고 있다. 또한, 2012년 협동조합기본법 제정 이후, 이제 막 다양한 활동을 통해 성장하면서 규모화를 끌어내고 있는 우리나라의 협동조합들은 100년이 넘은 역사를 가진 유럽의 협동조합 성공 사례들을 찾아 사회적 문제와 경제적 위기 속에서도 대기업에 맞서 성장할 수 있었던 그들의 원동력은 무엇이었는지 면밀히 살펴볼 필요가 있다.

더불어 연대하는 조합원

세상은 끊임없이 변화하고 손가락 하나만으로 모든 물건을 살 수 있는 시대가 되었다. 온라인 쇼핑 거래의 급증 때문일까 온라인 쇼핑 거래액이 매년 급증하고 있다. 통계청에 따르면 2019년 온라인 쇼핑 총 거래액은 134조 5,830억 원으로 2018년 대비 약 8.3%로 성장하였다.[271]

이러한 경제 환경변화에 따라 협동조합도 변화하고 새로운 발전 방안을 모색하고 있다. 서울 온라인판매자협동조합의 조합원들은 온라인 시장이 가지는 장점을 현명하게 활용하고, 협업과 공유로 함께 헤쳐 나가는 '온판(onpan)'이라는 브랜드를 공유하기도 하면서 사무실과 정보까지도 함께 공유하고 있다. 개인 온라인 판매업자들이 온라인 판매를 위해 결성하여 협동조합을 이룬 만큼 내부적으로 시너지를 높일 수 있다. 온판 역시 내부 네트워크를 통해 인적 파워를 형성하는 등의 시너지를 만들고 있다. 조합원들이 혼자 진행하기 힘든 부분만 공동 온라인 플랫폼, 공동 물류센터, 공동 사무실 등을 조합에서 지원하며 함께 모여 각자 가지고 있는 장점들을 극대화하고 협업을 통해 누구나 온라인 판매의 전문가가 되기 위한 든든한 버팀목이 되는 것이다. 이들의 홈페이지에 '협업을 통해 협동조합의 경쟁력을 높이고 조합의 성장을 강화'한다는 문구가 크게 눈에 띄고 2016년 생활용품 대한민국 브랜드 대상을 수상한 것이 더욱 빛나고 있다.[272]

뿐만 아니라, 이곳 협동조합의 장점 중 하나는 다양한 교육에 있다. 인터넷 판매는 자본금에 대한 부담이 적고 시장진입이 쉬운 장점이 있지만, 지속적인 유지가 어렵다는 것이 현실이다. 그렇기 때문에 온라인판매자

협동조합에서는 조합원들
이 지속적으로 운영이 가능
할 수 있도록 다양한 교육을
진행하고 있다. 새로 들어온
상품과 판매 촉진을 시킬 수
있는 전략 등을 전문위원의

그림 37. 협동조합 온판의 협업[273]

자문을 통해 교육을 받고, 이런 부분을 자신들의 업종에 적용해 이익을
창출하는 방식이 대표적인 사례이다.

 또한 조합원이 되는 이유는 다양한 유통채널을 확보하기 위해서다. 온
라인 판매에 대한 노하우와 스킬을 협동조합 내에서 자연스럽게 습득할
수 있고, 이를 통해 기존 오프라인 채널에서 더 많은 온라인 채널 유통을
확보해서 매출을 높일 수 있는 것이다. 온판 협동조합에서는 물류 및 유
통 부문에서도 조합원들에게 큰 이익을 제공한다. 물건을 수입하고 판매
하는 온라인 소상공인들에게는 물류를 보관할 수 있는 공간 확보가 무엇
보다 중요하다. 작은 업체들이 조합을 형성하여 개별 사무실이 아닌 물류
센터에서 창구를 만들어 소비자들에게 배송하는 방식을 채택하니 물류에
관련한 소상공인들의 고민이 해결되는 것이다. 물건은 모으고 일은 나누
고 분업화를 통한 업무 분담은 온라인 판매의 문제점들을 최소화해 시너
지를 만든다. 개별 사무실 혹은 창고로 흩어져 있는 상품이 한군데 모여
있기 때문에 상품을 공유함으로써 배송비 또는 물류비를 절감시킬 수 있
다. 공동으로 일하는 직원들을 채용하기 때문에 효율적인 인건비 활용도
가능하다.

 온라인판매협동조합의 가장 큰 특징이자 경쟁력은 바로 판매 물품을

공유하는 것이다. 자신들의 물건뿐만 아니라 다른 조합원들의 물건을 함께 팔며 판매 물건을 공유하고 있다. 이 판매 방법 안에는 더 많은 이익과 장점이 숨어 있다. 조합 물건은 누구나 가져가서 판매할 수 있다 보니 일부 판매를 못하더라도 재고 부담의 문제가 사라지게 된다. 다른 조합원들이 판매하니 파이가 줄어드는 것이 아니라 점점 커진다는 것이다. 이로 인한 회전율 상승은 공급업체와 어느 정도의 협상력으로 거래를 할 수 있다는 큰 장점이 있다. 협상력도 커지고 규모가 커짐으로 인해서 만족도가 높아진다. 함께 팔고 이익은 함께 나누면서 공동의 이익을 얻을 수 있는 것이다. 물건을 공유해서 판매하다 보니 상품분석에서부터 판매 전략까지 혼자가 아닌 함께이기에 더 큰 성장을 할 수 있다.

우리 주위에 이처럼 성공한 협동조합 모델이 많이 나올 필요가 있다. 그러면 새롭게 시작하는 협동조합들은 그 모델을 따라 배우게 되고 성공률이 높고 실패율은 낮아질 것이다. 그리고 만들 때부터 또는 만들기 전부터 지도가 가능하기 때문에 성공률이 높을 것이다. 경쟁에서 협력으로 규모를 키웠더니 더 큰 하나를 만들어 내는 것이다. 협동조합은 미래이다. 서로가 기댈 수 있는 언덕이고, 뒤에서 이끌어 주는 든든한 조력자이고, 협동조합의 규모화는 우리 협동조합의 지속가능한 미래를 만들어 간다. 협동조합 시스템은 앞으로도 계속될 것이다. 아주 견고하고 이미 150년 전부터 계속 적응하는 법을 터득했기 때문에 세상이 아무리 발전해도 미래에도 아주 잘 적응할 것이다.

협업을 통한 세대 간 콜라보(collaboration)

2018년 7월 대구 엑스포 '사회적경제 박람회'에서 신발 업체들이 하나같이 생소한데 부산의 신발 장인들이 주축이 되어 만든 '부산신발소공인협동조합'이 만든 제품이 유독 눈에 띈다. 약 40년 전만 해도 국제상사, 동양고무, 보생고무, 삼화고무, 태화고무 등 국내 5대 신발 제조사가 모두 부산에 몰려 있었다. 지금은 모두 사라졌지만, 사람마저 사라진 것은 아니다. 그 시절부터 기술을 익혀온, 그래서 국내뿐 아니라 세계적으로도 손꼽히는 신발 장인들이 협동조합이라는 이름으로 뭉쳤다. 중국에서 값싼 신발들이 들어오면서 견디기 힘들어서 살기 위해 뭉친 것이다. 대한민국 신발 산업의 탄생지인 부산 범천동에는 수십 년 신발 공장을 하면서 서로 경쟁자의 관계에서 2016년 평균 30~40년 경력의 신발장인들 12명이 참여하여 협동조합을 결성하고 한배를 타게 되었다. 살아남기 위해 협동조합이라는 한배를 탄 것이다.

신발 장인들의 손기술로 1960~1980년대 대한민국 경제 부흥의 중추적 역할을 하게 된 부산 신발 산업이었다. 하지만 산업구조의 변화로 인해 하청에 의존하던 생산방식으로 가격과 디자인 경쟁력이 밀리면서 그 옛날 신발산업의 메카라는 명성을 잃어가고 빠르게 쇠락해져 갔다. 절박함을 안고 문을 두드린 곳은 소공인특화지원센터이다. 손기술은 있지만, 유행에 취약했던 소공인들에게 이 센터는 도전정신을 불러일으켰다.

소상공인협동조합 활성화 사업의 지원금을 받아 부산 서면 근처에 오프라인 홍보매장 '슈 플레이스(Shoe Place)'를 오픈했다. 협동조합의 브랜드 '슈 플레이스'로 신발협동조합의 경쟁력으로 볼 수 있는 특·장점은 손기술이 매우 뛰어나고 좋은 신발을 만드는 기술력이 뛰어나다는 것이다. 이 기술력을 어떻게 확대시켜서 알리는 것이 중요한데 각자의 기술을 알리는 것은 시간도 오래 걸릴뿐더러 생산하는 규모도 약하기 때문에 공동 브랜드를 구축해서 홍보하는 것이 가장 효과적인 방법인 것이다.

부산신발소공인 최초의 공동브랜드인 슈 플레이스를 적극 홍보하고 소공인 우수제품을 알리기 위해 유관기관 판매전 2회와 전시 홍보전 5회를 개최했다. 그 결과 경남 지역의 언론 보도를 통해 지역 내 공동브랜드 '슈 플레이스'와 소공인 제품을 알리는 계기를 마련했다.[274] 공동브랜드로 판매된 신발의 수익금 중 10%는 조합의 이익금으로 귀속되고 나머지는 모두 제조한 조합원들의 몫으로 돌아간다. 그리고 조합원들은 지역사회에 공헌할 계획을 가지고 있으며 특히, 장애인을 위한 특수화 제작에 조합차원에서 협력할 준비를 하고 있다.

그림 38. 부산신발소공인
슈 플레이스 매장 및 제품[275]

또한, 공동브랜드를 만드는 데 이어 조금 더 과감하게 도전한 조합은 안경협동조합과의 협업을 계획하고 있다. 젊은 감각으로 승부하는 안경과 노련한 기술이 강점인 신발의 콜라보 그리고 세대 간의 콜라보는 유통 전문가와 협업을 하고 있다. 신발 협동조합의 경우 신발은 잘 만드는 데 반해 디자인이나 홍보, 마케팅에 취약하고 안경 협동조합은 디자인이나 홍보가 잘 되고 있고, 유통은 그 경력과 물류에 강점을 가지고 있어 이러한

지역이 묻고 사회적경제가 답하다

장점들을 서로 모아서 그 힘을 응축시키는 작업을 하고 있다. 3개의 협동조합이 모였으니 그 장점도 3배로 협력하는 곳에 시너지가 생겨나는 것이다.

젊은 세대와의 콜라보를 통해 뭉쳐서 연합이 되고 규모화를 통해 실패를 줄일 수 있고, 연대와 협동을 통해 다시 희망을 품을 수 있게 된 것이다. 부산의 백화점에서는 부산시내 협동조합을 알리기 위해 시작된 팝업스토어에서 다양한 협동조합 제품을 구매할 수 있고 소비자들은 장인의 기술을 알아볼 수 있다. 이처럼 위기에서 출발한 협동조합은 서로를 의지하면서 그리고 세대를 뛰어넘어 함께 살아가는 방법을 찾아가고 있다.

생존의 전략, 로컬 푸드를 이용

인천 서구에서 수년째 베이커리를 운영하는 '인천제과점협동조합'의 조합원들은 빵집에서 판매한 제품은 100여 종류에 달하며 각자의 빵집에서 제조한 빵은 70여 종류로 나머지는 협동조합에서 가져오는 시스템이다. 조합에서 빵 일부를 납품받으면서 제품 구색이 늘어나고 인건비도 줄어들었다. 조합이 아니었다면 벌써 프랜차이즈 전문 베이커리에 밀려 폐업을 했을지도 모른다. 브랜드 있는 대형 프랜차이즈의 골목상권 침해로 그 어려움이 커져가는 상황에서 협동조합의 도움을 받아서 그 염려는 조금 줄어드는 상황이다. 동네 빵집들이 멸종 위기를 맞으면서 2008년 8,153개였던 것이 2011년 5,184개로 불과 3년 사이에 35.1%로 격감했다. 같은 기간에 대기업 프랜차이즈 빵집은 3,572개에서 5,290개로 45.1%나 가맹점이 증가했다.[276]

인천제과점협동조합은 지난 2013년 프랜차이즈 빵집이 가장 번성할 때 동네 빵집 사장님들이 문제의식을 가지고 이에 대응하기 위해 모이면서 시작되었다. 이곳에서는 조합원들에게 납품되는 빵의 제조부터 포장 및 배송까지 이루어지고 있다. 일반 베이커리

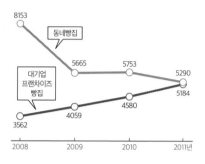

그림 39. 동네 빵집과
대기업 프랜차이즈 빵집 증감 추이[277]

에서 만들기 힘들고 시간이 오래 걸리는 것은 조합에서 직접 생산해서 조합원들에게 배송하고 있다. 빵 종류만도 수백 가지에 이르는 프랜차이즈 전문점과 맞서기 위한 나름의 전략인 셈이다. 인천 지역 강화의 많은 특산물을 이용해 떡과 결합해서 상품을 개발하였다. 조합 결성초기보다 매출이 훨씬 성장하고 있다. 판로 확대를 위해 문을 연 조합의 직영매장 또한 같은 시기 매장들이 줄줄이 문을 닫는 동안 유일하게 살아남은 것이다.

이러한 변화는 협동조합 쪽에서 일어나고 있다. 우리 사회에서 동네 빵집에 대한 대기업 진출 제한과 함께 협동조합 방식의 해법을 요구하는 목소리가 점차 설득력을 얻어 가고 있는 것이다. 부산 신발 장인들이 만들어 낸 '슈 플레이스'라는 공동 브랜드처럼 동네 빵집도 공동으로 행동할 수 있는 협동조합기업을 설립하는 것이 스스로 살아남을 수 있는 대안이다. 프랜차이즈 가맹점들이 수익성을 개선하기 위해서 공동구매 협동조합을 운영하는 미국의 버거킹(Burger King)과 던킨도너츠(Dunkin Donuts)와 같은 사례를 참고할 필요가 있다.

뭉치면 얼마나 큰 힘이 되는지 이 당연한 사실을 경험한 이들은 그 힘의

지역이 묻고 사회적경제가 답하다

위력을 실감하게 된다. 처음에는 불가능하다고 생각했던 일들을 힘을 모아 함께 이루어 낸 이들에게 협동조합은 어떤 의미일까? 협동조합을 통해 자신감을 얻게 되고, 고객들도 만족하고 가게도 신뢰를 쌓게 되는 계기가 될 것이다. 그리고 대기업들과 경쟁할 수 있게 되고 고객들은 싸게 가져갈 수 있게 되는 것이다.

일반적으로 소상공인들은 사업 규모가 작기 때문에 여러 소상공인이 모여서 공동으로 구매하거나 공동으로 물건을 팔거나 공동으로 시설들을 이용하게 되면 훨씬 더 생산비가 절감되고 소비자들에게 신뢰도 높아지는 효과들을 기대할 수 있다. 공정거래위원회에 프랜차이즈로 등록한 협동조합의 경우 7가지 사업모델로 구분할 수 있다.[278] 공동물류, 공동제조, 공동판매, 인력양성, 공동작업장, 공동물류-공동제조, 공동물류-공동제조-상품개발 등으로 구분되어 있다. 현재 등록된 협동조합 프랜차이즈의 사업모델 대부분이 공동물류라는 점과 공동제조나 상품개발과 연결된 유형까지 합치면 거의 모든 부분을 차지한다. 상품개발이나 R&D를 진행하는 협동조합 프랜차이즈는 극히 드물다.

대체로 사업모델은 1단계에서 3단계로 구분해서 볼 수 있는데, 현재 협동조합 프랜차이즈는 1단계와 2단계가 대부분으로 초보적인 형태의 사업모델에서 벗어나 창의적인 사업모델로 전환이 필요하고, R&D 위주의 정부 지원 강화가 필요하다고 주장하고 있다.[279] 1단계 공유형(sharing)은 원재료, 기개발된 제품이나 서비스 작업장 등을 공유하는 사업모델로 공동물류, 공동작업장, 공동판매가 해당된다. 2단계 생산형(making)는 제품이나 서비스를 개발하고 인력을 공동으로 양성하는 사업모델로, 공동제조, 인력양성이 해당된다. 마지막으로 3단계 창조형(creating)은 새로운 제품이나 서비스를 새롭게 공동으로 기획해 개발하는 사업모델로 상품개발이 여기에 해당된다. 따라서 협동조합 프랜차이즈의 사업모델 유형을 진단하고 단계별 지원 방안을 찾아서 중장기적으로 사업모델을 상향하는 것을 고려해야 한다.

무엇보다도 가장 중요한 점은 사람 중심의 협동조합에서 사람을 강조하지 않고서는 그리고 사람의 역량을 사람 간의 교류를 통해서 키우지 않고서는 결국 협동조합의 미래는 불투명하다. 단지 높은 소득과 많은 매출이 아니라 조합원들이 가지고 있는 능력을 공유함으로써 감사와 인정을 받게 된다면 정글 자본주의에서 연대자본주의로 전환하는 핵심적인 내용이 될 것이다.

약육강식과 승자독식의 과도한 시장경쟁에서 시장이 아닌 사람이 중심인 협동조합의 가치를 확인할 수 있다. 우리 모두 그 중요성을 인식하고 있다.

이탈리아, 프랑스, 독일, 영국, 스페인 등 그리고 대한민국에서 행복한 경제의 비밀은 협동조합에서 확인할 수 있다. 회사를 더 강하게 만들기 위해서 규모를 확대하는 기업, 여럿이 뭉칠수록 이익도 늘어나는 99%를 위한 기업, 그것이 바로 협동조합이라는 것을 확인하였다. 사람이 중심인 기업, 협동조합의 경쟁력은 사람이다. 협동조합은 돈의 조직이 아니고, 사람의 조직이다. 함께할수록 그 힘은 더욱 커진다. 함께하는 것이 중요하고 이게 바로 협동조합이고 크고 강한 경쟁력이 되고 미래비전에 기여한다.

28장

'너의 시(詩)는 무엇이냐'

'최대한 비싼 값으로 사들여라' 회사의 모토다. 싸게 사서 비싸게 팔아 이익을 키우는 일반회사와는 전혀 다른 모습의 기업이 있다. 가까운 편의점에 가도 볼 수 있는 대표적인 오렌지주스, 바로 '썬키스트'이다. 썬키스트(Sunkist)란 '태양(Sun)의 입맞춤(Kissed)'이라고 한다. 태양과 같은 뜨거운 126년 역사와 전통을 가진 협동조합이다. 썬키스트 주인은 바로 캘리포니아와 애리조나의 오렌지 생산농가들이다. 오렌지 생산 농가를 위해 사업을 벌이고 홀로 할 수 없는 일을 생산농가들이 힘을 합쳐 글로벌 경쟁시장에서 든든하게 버텨내고 있다. 소수의 특권층이 아닌 모든 농가가 함께 잘사는 길을 걸어온 썬키스트 협동조합은 조합원의 수익뿐

그림 40. 썬키스트 광고[280]

아니라 친환경 농법을 통해 다음 세대와 지속가능한 농업까지 생각하는 이상한(?) 기업이다. 우리의 오늘을 바꾸고 내일까지 생각하는 협동조합은 이제 먼 이야기가 아니다. 또한, 어른들만의 이야기도 아니다.

스위스 미그로(MIGROS) 소비자협동조합은 1925년 종업원 16명이 6종의 식품을 판매하는 이동식 점포 5개로 시작하여, 1941년 협동조합으로 전환하고 미그로 연합을 설립하면서 출발하였다. 대형유통업체에서 이제는 금융서비스, 여행 등 다양한 분야로 사업영역을 확장하고 있다. 아래 사진은 미그로를 창립한 고트리브 투트바일러(Gottlierb Duttweiler)다. 스위스 국민이 아인슈타인 다음으로 역사상 중요한 인물로 꼽고 있다.

그림 41. 1950년 취리히 올리콘에 있는 미 그로스 지점 앞의 Gottlieb Duttweiler[281]

경기장을 가득 메운 관중들, 세계인들은 축구에 열광한다. 이 시대 최고의 축구 클럽은 어디일까? 박지성이 뛰었던 맨체스터 유나이티드(Manchester United)? 삼성(Samsung)이라는 로고가 새겨진 파란 유니폼의 첼시(Chelsea) FC 혹은 크리스티아누 호날두(Cristiano Ronaldo)가 뛰는 유벤투스(Juventus) FC일까? 세계 최고라는 것에 각자의 의견이 있겠지만 아무래도 현재 최고의 축구클럽은 FC 바르셀로나(Barcelona)가 아닐까. 청색과 붉은색 줄무늬 유니폼, 아름다운 패스와 축구장의 작은 거인 리오넬 메시(Lionel Messi)로 대표되는 구단이고, 최근 몇 년 동안 수많은 우승 트로피를 들어 올리며 세계 최강의 팀으로 불리고 있다.

　　　　　　　　　　지역이 묻고 사회적경제가 답하다

하지만 이 팀이 지역시민들로 이루어진 협동조합이라는 것을 아는 사람은 그리 많지 않다. 그 유명한 스페인 FC 바르셀로나 세계 최고 명문 축구단은 바르셀로나 주민 17만 명이 출자하여 1899년 창단한 협동

조합 축구 클럽이다. 바르셀로나 지역민들이 공동 소유하는 협동조합이다. 단지 하나의 축구 클럽이 아니라, 영혼을 가진 클럽이다. 이처럼 협동조합은 창의성을 가지고 생각할수록 무궁하게 협동조합을 만들어 낼 수 있다.

한국 아이쿱(icoop) 생협 그룹은 1997년 경인지역 소비자생활협동조합이 모여서 생협연대를 발족으로 시작하였다. 현재 전국적으로 88개 생협에서 23만 명의 조합원이 활동하고 있다. 전국 250개 '자연드림' 매장을 설치해서 운영하고 있다. 1,225명의 직원고용과 친환경유기농산물 생산농가인 약 300여 농가와 친환경 유기농식품 가공업체 약 200여 개 등 하나의 건실한 협동조합의 유형으로 발전을 해 나가고 있다.

"Our food should be our medicine and our medicine should be our food."

"음식으로 못 고치는 병은 의사도 못 고친다" -의학의 아버지 '히포크라테스(Hippocrates)'-

자연드림은 히포크라테스의 믿음처럼 조합원들이 바랐던 '질병을 예방하고 치유할 수 있는 유기농 식품'이라는 믿음을 지키고자 노력하고 있다.

그림 43. 아이쿱생협사업연합회 기업 정신[283]

친환경 농산물 대중화

안전한 식품공급

서민들도 이용할 수 있는 유기농산물과 안전한 식품을 공급한다.
한국에서 친환경농업을 20~30% 수준으로 확대시킨다.
서민도 이용할 수 있는 가격과 품질 : 고품질 적정가격
유기농산물의 소비가 대중화되지 않는 한 생산기반도 확대될 수 없다.
이를 위해 서민들도 이용할 수 있는 적정한 대중적인 가격이 되어야 실현이
가능하다. 이런 소비 기반을 마련하기 위해서는 유통구조의 개선, 생산비를
낮추기 위한 생산자와 정부의 노력이 필요하다.

어머니의 눈높이로, 조합원이 선정한 물품만을 소비자에게 공급한다.
조합원이 필요한 물품을 개발하고 선택한다.

친환경 농업을 통해 한국농업의 대안을 마련한다.
친환경 농산물 소비확대로 환경과 농업을 지킨다.
친환경 농산물로 학교급식을 하도록 한다.
친환경 농산물 대중화로 식품안전과 국민의 건강을 지켜낸다.

예전 같으면 서로 간에 바짝 긴장했을 경쟁 관계이지만, 시장이 무너진 신뢰 앞에서 이들은 경쟁 대신 협동의 전략을 택했다. 2008년도에 한약재에 대한 불신이 컸었다. '중국에서 들여오려던 사향·우황… 알고 보니 가짜', '저질 녹용 고가 둔갑 한약재 불신 재촉', '중국산 불량 한약재, 가짜 원용(녹용) 범람 보약도 마음 놓고 못 먹나?', '가짜 아니면 금지, 중국에서 약 사오면 낭패' 등 원산지 문제와 중국산과 한국산 제품을 섞어서 파는 등의 품질 문제가 대두되었다.

의사와 약사 그리고 한의학과 양의학의 만남, 협동조합 '다다약선'은

지역이 묻고 사회적경제가 답하다

2015년 6월 한의사, 의사, 약사, 한약사 그리고 판로개척을 하는 마케터가 모여 만든 사업자 협동조합이다. 협동조합이 추구하는 목표는 무엇일까? 다다약선은 '산들담은'이라는 한방차를 개발

그림 44. 사업자 협동조합 다다약선 치유 컨셉[284]

해서 판매하고 있다. '산들담은 차'는 박하, 어성초, 국화, 용안육 등 질 좋은 한방 재료로 만든 차다. 이들의 철학은 '우리나라에서 나온 재료를 사용해서 질 좋은 건강보조제를 만들어 보자'는 굳건한 의지가 이들을 모이게 한 것이다.

통계청에 따르면 한국의 경력단절 여성이 2020년 4월 기준 15~54세 기혼여성 857만 8천 명, 비취업여성은 342만 명으로 나타났다. 경력단절여성이 직장(일)을 그만둔 이유는 육아(42.5%), 결혼(27.5%), 임신·출산(21.3%), 가족돌봄(4.6%), 자녀교육(4.1%) 등의 순으로 조사됐다.[285] 기혼 여성 중 출산, 육아 등으로 다니던 직장을 그만둔 뒤 다시 직장에 돌아가는 비율은 극히 낮다. 정부도 이런 문제를 인식하고 매년 6,000억 원의 예산을 투입하여 다양한 정책을 펼치고 있지만, 그 성과는 쉽게 나타나지 않고 있다.

사회가 버려도 조합으로 살길을 찾는 경력단절 여성들이 만든 협동조합이 있다. 자기 혼자가 아니라 비슷한 처지의 다른 여성들과 함께 힘을 합친 한국창의여성연구협동조합(KOWORC)은 한국의 전문직 경력단절 여성들에게 하나의 모범답안을 제시하고 있다. 이들이 조합원들에게 제

시하는 비전은 무엇일까? 아이를 양육하면서도 걱정 없이 일할 환경을 갖춘 직장 을 만드는 것이다. 그리고 다양한 전공의 여성전문인 력 경력이음을 위한 연구 협 동조합이 되는 것이다.

그림 45. 한국창의여성연구협동조합[286]

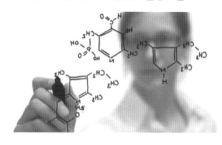

2020년 9월 기준으로 공정거래위원회의 가맹사업정보제공시스템에 등록된 협동조합은 총 31개이다. 국내에 많이 알려진 사례는 유명 분식집 '국수나무'를 운영하는 '해피브릿지 협동조합'과 전국에 가맹점이 650개가 넘는 '명랑시대외식청년창업 협동조합' 등이 있다.

그림 46. 해피브릿지 노동자협동조합[287]

일반적으로 국내에는 일반 기업 형태에서 주식회사로 전환한 사례는 많이 있다. 2005년 주식회사로 설립한 해피브릿지 협동조합은 2013년 국내에서는 처음으로 이익을 내는 주식회사에서 노동자(직원) 협동조합으로 전환해서 화제가 되었다. 자발적으로 협동조합 전환, 왜일까? 주식회사 설립 당시부터 추구했던 미션은 사람 중심 기업이었고, 지속가능한 일자리를 유지하고 만들어 내는 데 이를 가장 효율적으로 실행할 수 있는 방법이 바로 협동조합이라고 생각했기 때문이다.

지역이 묻고 사회적경제가 답하다

와인은 왜 이렇게 비쌀
까? 와인을 떠올리면 격식
있는 레스토랑에서 얇은
글라스에 격조를 지켜야
할 것 같은 어려운 술이라
생각하는 사람들이 많다.

그림 47. 한국와인소비자협동조합 문화 이야기[288]

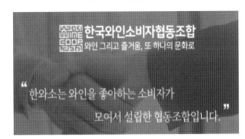

이 어려운 술에서 형식적인 것을 덜어 내고 합리적이고 윤리적인 소비를
만들어 함께 즐기기 위해 모였다는 '한국와인소비자협동조합'이 있다. 와
인을 소비자에게 유통하는 것은 일반 기업 운영과 별반 크게 다르지 않
다. 하지만 협동조합의 운영과 분배 방식이 다르다. 사회적 분배를 통해
서 지역의 문제, 조합원 간의 관계, 환경보호 문제 등의 해결을 위해 조합
원들과 실천 방안을 고민하고 있다. 책임 있는 소비문화를 위해 환경을
지키는 초록와인 문화를 확산시키기 위해 노력하고 있다. 비닐 포장재를
사용하지 않으며, 버려지는 병과 코르크 등을 재사용할 수 있는 와인 문
화로 환경을 지속가능하게 만들었으면 하는 것이 협동조합의 목표이다.

협동조합 동물병원은 문재인 정부 들어 더욱 많은 주목을 받았다. 문재
인 대통령의 '반려동물이 행복한 대한민국 5대 핵심 공약'에도 포함되어
있는 등 반려동물인 1,000만 시대에 동물과 공존할 수 있는 방안으로 논
의되고 있다. 의료나눔 우리동생, '우리동물병원생명사회적협동조합'의
줄임말이다. 사람과 동물이 함께 행복하고 건강하게 살아가는 세상을 위
해 착한 사람들이 뭉쳤다. 말 그대로 우리동생 동물병원은 협동조합의 형
태로 비영리적으로 운영되고 있다.

동물병원의 수익금은 모두 조합원들의 동물권 활동과 의료나눔, 취약

그림 48. 문재인 후보 공약 및 우리동물병원생명사회적협동조합의 비전[289]

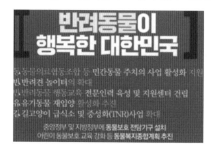

계층 반려동물 의료지원, 봉사, 교육 등 다양한 사회적 활동을 하는 착한 동물병원이다. 이젠 단순히 동물의료지원에 머무르지 않고, 지역중심의 책임 있는 반려문화를 위해 서울시 시민참여예산 사업을 제안하여 서울시와 협력해서 '동물과 사람 통합복지사업'을 추진하고 있다. 지역복지기관들이 참여해서 대상자를 함께 발굴하고, 저소득 주민의 반려동물의 복지를 챙김으로써 동물을 키우는 반려인들의 복지 사각지대를 줄이기 위한 목적이다. '인간과 함께 살아가는 동물들의 행복한 삶을 위해 설립'되었다는 문구처럼 우리동생은 그 누구도 소외시키지 않는 공존의 사회를 실천해 나가고 있다. 세계 최초 협동조합 동물병원이 만들어 내고 있는 성과들이다.

청각장애인의 의사소통방법은 무엇일까? 이 질문에 '수화'라고 자신 있게 외친다면 당신은 청각장애를 모른다(서울시협동조합센터). 소리를 눈으로 보여 주는 '에이유디(AUD) 사회적협동조합'은 소리를 잘 들을 수 없는 사람들에게 소리로 전달되는 정보를 자막으로 바꿔서 듣지 못하는 사람들에게 눈으로 볼 수 있도록 돕고 있다. 에이유디, AUD는 Auditory Universal Design, 청각장애인의 보편적 설계라는 약자에서도 알 수 있듯

지역이 묻고 사회적경제가 답하다

이 '청각장애인의 지속가능한 소통과 나눔을 위해 협동하는 조합'이라는 비전으로 실천하고 있다. 에이유디는 의사소통 지원사업, 보조공학기기 지원 사업, 장애인식 개선사업, 지역사회지원사

그림 49. 에이유디 사회적협동조합[290]

업, 제도개선사업 등의 사업들을 추진하면서 당당하게 청각장애인의 동반자가 되고 있다.

그림 50. 카페 MOA 사회적협동조합[291]

정신장애인을 위한 가장 큰 공간인 '카페 MOA'가 있다. 사각지대에 놓인 정신장애인들이 수혜자가 아닌 경제적·사회적으로 주체가 되는 것이 목적이다. 모아(MOA) 사회적협동조합은 정신장애인들의 일자리 창출과 자립을 위해 설립한 비영리 협동조합으로, 일자리 사업의 일환으로 카페를 운영하고 있다. 모아 사회적협동조합은 정신장애인도 우리 사회에서 함께 살아갈 수 있는 존재임을 알리고 갈수록 심해져 가는 정신건강의 중요성을 알리고 안정을 도모하고자 지금도 열심히 아름다운 커피를 나누고 있다.

'돕는다는 것은 우산을 들어 주는 것이 아니라 함께 비를 맞는 것이다' 몇 년 전 고인이 되신 신영복 선생님의 말씀이다. 성공회대 대학생들이

직접 만든 공정여행 협동조합 '루트온'은 은사님의 가르침에 따라 자본의 논리에 편승하지 않는 삶을 살고 싶다는 조합원들의 가치를 실현하고 있다. 대학생이라면 누구나 하는 '해외봉사'를 '해외교류'라는 이름으로 탈바꿈하는 것이 루트온의 목표라고 한다. 일반여행사가 아닌 청년들이 만든 공정여행 협동조합은 돈이 아니라 조합원의 삶이 주체가 되는 조직을 만들겠다는 목표를 추구하고 있다.

그림 51. 루트온협동조합[292]

우리나라 최초의 의료협동조합을 창립하여 사회적경제의 모범이 되고 있는 '안성의료복지사회적협동조합 안성농민의원'의 이인동 원장이 2019년 7월 5일 사회적경제 박람회 개막식에 있었던 정부 포상에서 국민훈장 동백장을 받았다. 대한민국 최초의 의료협동조합의 발상과 협동조합의 성장과 발전에 기여한 공을 인정받은 것이다. 문재인 대통령은 이날 연설에서 "사회적경제는 이윤을 앞세우는 시장경제의 약점과 공백을 사회적 가치로 메워 주는 것이고 '사람 중심 경제'와 '포용국가'의 중요한 축입니다. 우리 경제도 사회적경제를 통해 이윤보다 사람을 중심으로 성장해 가고 있습니다. 우리 정부는 출범 초부터 사회적경제의 가치에 주목했습니다. '사회적경제 활성화'를 국정과제로 채택했고, 청와대에 '사회적경제 비서관'를 신설했습니다. 앞으로도 정부는 '지역기반', '민간주도', '정부 뒷받침'의 원칙하에 사회적경제 환경 개선을 해 나갈 것입니다. 우리는 함께 잘 사는 대한민국, 사람 중심 경제를 만들 수 있습니다. 가치 있는 삶, 꿈이 있는 사회를 함께 만들기 위해 지원을 아끼지 않겠습니다."[293] 라고 이야기하며 우리 사회와 경제에 사회적경제의 중요성을 다시 한번 강조했다. 이날 이인동 원장의 국민훈장 동백상 수상은 안성의료복지사회적협동조합이 튼실한 역할을 하고 있는 사회적경제 영역의 기대와 중요성을 다시 한번 확인할 수 있는 계기가 되었다.

너무나도 두려운 사회, 코로나 19로 전 세계가 심각한 상황에, 쓰러져 있는 환자치료를 거부하고 의사들이 파업할 정도의 위급하고 절박한 이슈일까. 수도권 쏠림이 심각해 지방의사가 부족한 상황에서 매년 400명씩 늘려 10년간 4,000명으로 증원하는 것, 공공의대를 만들어 10년간 지방

그림 52. 2019 사회적경제 유공자 표창[294]

에 복무하도록 하겠다는 정부의 제안이 의사들로 하여금 이토록 사력을 다해 거부해야 할 사안일까. 농민을 위해 농민병원을 만들고 의료협동조합을 만들며 애쓰고 있는 의사들과 지역의 문화를 위해 아낌없이 사재를

쏟아붓는 감동적인 의사들은 이상한(?) 의사일까.

이인동 원장이 조합원들에게 그리고 우리사회에 보여 주고 있는 의료 나눔은 전혀 이상하지 않다. 태양의 키스보다 더 뜨겁고 달콤하고, 메시의 골보다 더 아름답고 통쾌하다. 아래 편지는 이인동 원장이 국민훈장 동백상 수상 후 조합원들에게 보낸 편지다.

[이인동 원장이 조합원분들에게 전하는 소감][295]

얼마 선 문재인 내통령, 트럼프 대통령, 김정은 위원장의 예상치 못한 만남으로 우리는 벅찬 설렘을 경험했습니다. 문재인 대통령께서 국무회의에서 '역사를 진전시키는 상식을 뛰어넘는 상상력'에 대해 말씀하신 것을 인상 깊게 들었습니다.

32년 전 안성 한 시골마을에서 새내기 의료인과 농사꾼 청년들이 만나 행복한 생각을 했습니다. 열악한 농촌 의료 환경을 겪으면서, '의료인과 농민이 협력하여 건강 문제를 스스로 해결해 보자'는 상상이었죠. 그리고 30년이 지난 지금, 전국 각지에서 의료협동조합이 싹을 내리고 열매를 맺기 위해 애쓰고 있습니다. 이 작은 움직임이 모든 문제를 해결할 수는 없겠지요. 그러나 다양한 분야에서 사회적이고 공익적인 가치를 실천하는 사회적기업, 협동조합들이 활동함으로써, 시민이 자율적으로 참여하는 건강하고 민주적인 경제 시스템과 사회를 이루는 데, 중요한 역할을 할 것이라고 생각합니다.

이 상은 제가 수상하지만, 지금도 현장에서 땀과 눈물을 흘리며

애쓰고 있는 모든 조합원과 활동가들의 몫이라 생각합니다.

협력과 우애와 돌봄이 있는 지역 공동체를 이루기 위해 진정한 혁신을 멈추지 않는 협동조합, 사회적기업이 되도록 최선을 다하겠습니다. 감사합니다.

안성농민의원 원장 이인동

1859년에 창립된 미국의 명문 웰튼 아카데미의 새 학기 개강식, 이 학교 출신 '존 키팅(로빈 윌리암스 역)' 선생은 새 영어 교사로 부임한다. 첫 시간부터 키팅 선생은 '카르페 디엠(Carpe Diem, 현재 이 순간에 충실하라)'을 외치며 파격적인 수업방식으로 학생들에게 신선한 충격을 준다. 영화 〈죽은 시인의 사회(Dead Poets Society, 1989)〉[296]에서 키팅 선생은 학생들에게 '너의 시(詩)는 무엇이냐'고 묻는다. 주체적으로 삶을 살라는 키팅 선생의 메시지이다.

돈이 주체가 되는 형태가 아닌, 키팅 선생의 말처럼 조합원의 삶이 주체가 되는 협동조합을 위해 노력하는 다양한 형태의 조직들은 사회적경제의 모범이 되어 우리사회에 신선한 충격을 주고 있다.

29장

'사자 망보기', '유기농 먹거리', '공공육아'

서울시에서 만든 포스터에 기린 5마리가 협동조합을 만들어서 '사자 망보기' '유기농 먹거리' '공공육아' 등의 협동조합을 구성하자는 재치 있는 협동조합 광고이다. 이 조그만 표현 속에 협동조합이 얼마나 다양하게 발전할 수 있는지를 보여 주고 있다.

향후, 우리 환경에 적합한 협동조합 설립을 지원하고 실천방안을 수립하는 것이 필요하다. 그리고 기존 농협, 축협, 수협 등 협동조합을 어떻게 민주화 방식으로 개혁할 것인가에 대한 협동조합 개혁이 필요하다. 무엇보다도 협동조합을 제대로 알릴 수 있는 홍보강화와 외국의 성공사례를 통한 협동조합에 대한 조사연구 및 교육, 훈련을 강화할 필요가 있다.

2020년 11월 16일부터 17일까지 국제노동기구(ILO, International Labour Organization)의 협동조합단위는 사회정의와 양질의 일자리를 추구하는 협동조합의 역할에 관한 국제 심포지엄으로 100주년을 기념했다. 이 심포지엄에서는 코로나 19(Covid-19) 이후 경제를 재건하는 데 협동조합과 사회적연대 경제가 할 수 있는 중요한 역할을 강조했다. 오늘날의 어려운 시기는 위기에 대응하고 회복력을 구축하며 더 나은 재건을 위해 연대를 요구한다. 어려운 시기에는 협력과 상호주의의 가치가 더욱 인정받고 있다.

오늘날 협동조합과 더 넓은 사회적연대 경제는 전환의 중대한 불확실성에 직면하여 비공식 경제를 공식화하고 농촌지역의 생활을 개선하는 데 기여할 수 있으며 혁신적인 대응을 개발할 수 있다. 플랫폼 경제, 실패한 기업 구조조정, 크게 확산하는 바이러스 전염병에 맞서 커뮤니티 복원력 구축에 기여한다.

그림 53. 서울시협동조합 설립 지원[297]

4부

지역의 문제는
결국 사람의
문제이다

30장

도시재생형 사회적경제

천 년 뒤에 일본인들이 멸종한다는 기사가 한동안 이슈가 되었던 적이 있다. 일본사회의 심각한 사회적 문제를 대변하는 내용이다. 일본의 저출산 문제와 그 주요 원인인 양육과 교육의 고비용 구조와 결혼과 데이트에 대한 흥미를 잃어버린 청년들의 가치관 변화들, 이러한 사정은 일본만의 문제가 아니다. 지금의 일본을 보면, 10년 뒤 한국이 보인다는 말이 있을 정도로 요즘 우리나라는 저출산, 지역 불균형, 1인 가구 증가 등에 대한 심각한 사회적 문제들을 마주하고 있다. 태어나는 아이는 점점 줄어들고, 젊은이들은 대도시로 떠나고, 결혼은 하지 않고, 점점 더 고령화는 심해지면서 과거 특색을 가진 지방 도시들은 마비되어 소멸로 이어지는 불편한 진실들을 마주하게 되었다.

위기의 지방 도시를 개발하기 위해서는 지금까지의 방식으로는 많이 부족하다. 각각의 특징을 살려 사람과 역사, 자연, 문화를 유기적으로 결합하면서 쇠퇴하는 지역에 새 생명을 불어넣는 것이 필요하다. 그것이 바로 지역 발전의 새로운 패러다임인 도시재생이다.

우리는 가장 먼저 도시재생의 교과서라 불리는 스페인 동북부에 위치한 바스크(Basque) 지역의 수도 빌바오(Bilbao)에서 그 해답을 찾을 수 있다. 빌바오는 1970년대까지 스페인의 금융, 철강 산업을 주도하며 바스크 지역 전체의 경제적 중심지 역할을 맡아왔었다. 지금까지도 네르비온(Nervion) 강과 700년 역사를 함께하며 쌓은 그 영광의 흔적이 곳곳에 남아 있다. 하지만 1980년대 빌바오는 심각한 산업 위기를 겪었다. 대형제철소와 많은 회사가 문을 닫았고, 이 지역에서 배를 건조하던 조선소도 마찬가지였다. 하지만 이미 1970년대 후반부터 주력산업이었던 광산과 조선업이 쇠퇴하면서 주민들은 일자리를 잃기 시작했다. 실업률이 25%를 넘어서면서 극심한 경제 침체기에 들어섰고 회사들은 줄지어 문을 닫았다. 파업이 이어지면서 빌바오는 정치적으로 불안정한 지역으로 전락했고, 도시의 쇠퇴는 더욱 가속화되었다.

바스크 지역 경제중심지로 다시 일어선 빌바오는 네르비온 강 주변에서 아반도(Abando) 지역이 가장 쇠퇴한 지역이었기에 이곳을 먼저 살리는 것에 집중했다. 아반도 지역에 주거, 업무, 상업 문화가 어우러진 복합센터를 조성하는 도시재생 전략을 선택했다. 발바오에서 도시재생을 이야기하면서 빼놓을 수 없는 곳은 '구겐하임 빌바오 미술관(Guggenheim Bilbao Museum)'이다. 빌바오를 세계적으로 유명하게 만든 문화·예술 시설인 이곳은 이미 이 도시에 랜드마크(Landmark)로 거듭나고 있다. 미국 건축가 프랭크 게리(Frank O. Gehry)가 설계한 이 미술관은 3만 개의 티타늄판과 라임스톤을 사용해 '메탈 플라워(금속의 꽃)'라고도 불린다.[298]

후안 카를로스(Juan Carlos) 스페인 국왕은 '20세기 인류가 만든 최고의 건물'이라고 극찬을 했고, 19번째의 007시리즈(1999) 〈The World is not enough(세상은 충분치 않다)〉가 이곳에서 촬영되기도 했다. 유럽에서 3번째로 연회원이 많은 미술관인 구겐하임은 1997년 10월 개관하여 이곳의 명성은 세계로 뻗어 나갔고, 빌바오를 도시재생의 성공사례로 손꼽히게 만드는 데 한몫을 하고 있다.

하지만 그 시작은 순탄치 않았다. 거의 모든 정치 세력들은 이 프로젝트를 반대했고, 대부분의 이웃 주민들 역시 도시재생 프로젝트에 대해서 이해를 하지 못했고 이에 반대했었다. 그러나 빌바오는 구겐하임 미술관이 빌바오의 세계화에 아주 중요한 역할을 할 것이라고 확신했고 질대 놓쳐서는 안 될 기회라고 생각했다. 이후 1990년대 이르러 이 프로젝트는 빌바오 지역의 공공기반시설을 구축하는 것으로 방향을 전환하였다.

지하철, 구겐하임 미술관, 네르비온 강 청정 사업, 강 하구에 지금도 건설 중인 항구, 국회의사당 등 다양한 공공투자로 인해 빌바오와 빌바오 주변 지역은 유럽의 다른 도시들과 견주어도 경쟁력 있는 수준의 인프라와 기반시설을 갖출 수 있게 되었다. 무려 20여 년 동안 10억 유로가 넘는 자금을 투입해 지하철 노선을 늘려왔고, 강을 깨끗하게 만들기 위해 필요한 기반시설에 투자하여 철도를 매립하고 그 위에 도로와 공원을 새로 만들었다. 구겐하임 미술관 앞으로는 강의 남쪽 지역과 북쪽 지역을 이어주는 보행자 전용 다리인 주비주리 보행교(Zubizuri Foot Bridge)를 놓아 풍경을 즐김과 동시에 편리함도 마련하였다.

개관 후 1년 만에 예상 방문객의 3배에 달하는 130만 명 이상의 방문객이 찾았고, 관광수입이 무려 1억 6천만 달러에 달했다. '구겐하임 빌바오 미술관' 개관 10년간 2조 1,000억 원의 경제적 효과를 이뤄 내 '빌바오 효과(Bilbao effect)' 또는 '구겐하임 효과(Guggenheim effect)'라는 학문적 용어가 생겨날 정도였다.[299] 당시에는 상상조차 어렵던 일이 현실이 된 빌바오 도시는 인구 34만 명의 작은 도시를 전 세계인들이 가고 싶은 곳 중 하나가 되게 만든 미술관으로 그 파장은 문화시설 하나가 도시 전체를 발전시킨다는 빌바오 효과를 만들어 냈다. 구겐하임 미술관은 빌바오 도시 자체를 탈바꿈시킨 프로젝트였다. 현재 빌바오는 역사, 관광, 문화 등의 도시 자원을 보전하면서 IT라든지 4차 산업혁명형 일자리들도 만들어지는 새로운 변화의 도시로 계속해서 성장하고 있다.

우리나라의 재개발의 개념은 지역주민 간의 갈등을 동반하고 이러한 사업들을 통해서 주거 환경을 개선하고 주택 공급을 늘렸다는 장점과 긍정적인 효과도 있지만, 앞으로 이런 사업방식의 추진은 한계가 분명히 있다. 도시의 세계화라고 하면, 지역이 가지고 있는 기존 문화자원을 허물지 않고 고쳐서 다시 사용하는 것으로 지역 주민들의 활력 있는 도시로 만들어 가는 것이 도시재생이라고 할 수 있다.

도시재생의 관점에서 캐나다 토론토(Toronto) 대학 경영대학원 리처드 플로리다(Richard Florida) 교수가 《도시는 왜 불평등한가(The New Urban Crisis)》에서 지적했듯이 사람들이 기업과 일자리를 찾아서 이동한다는 생각은 더 이상 적용되는 이론이 아니다.[300] 그의 저서 《The Rise of The Creative Class(창조 계층의 부상)》에서도 강조한 창조적 인재를 끌어모을 수 있는 방법으로 플로리다 교수는 그 답을 4T에서 찾았다.[301] 즉, 지역의 자산(Territorial Assets)을 활용하고, 기술적 인프라(Technology)를 잘 갖추고, 다양한 문화를 인정하고 수용하는 분위기(Tolerance)가 넘쳐나야 비로소 인재(Talent)를 끌어들이고 그 인재가 도시를 또는 지역을 성장시키는 핵심요소로 자리 잡는다는 것이다.

플로리다 교수는 지식과 창의적 아이디어가 혁신의 필수 자원이 된 후기 산업사회에서 지역의 창의인재가 어떤 새로운 역할이 필요한지를 역설하고 있다. 지역의 지속가능한 발전을 위한 정책 수단의 일환으로 지역개발의 리더로서 도시에서 지방으로 이주하는 귀농·귀촌인의 특성을 창의인력의 관점에서 분석하고 이를 토대로 창의적 지역경제 활성화 방안 전략을 마련할 필요가 있다.[302]

표 29. 플로리다의 4T와 지역경제 모형의 4T[303]

4T	R. Florida의 연구	지역 모형
재능 (Talent)	• 창의성(기술, 경제, 예술) • 인적자본(human capital, 교육수준)	• 전문지식 또는 경험(반드시 고학력일 필요 없음) • 창업가정신 등 창의성
기술 (Technology)	• 새로운 일자리를 창출하는 첨단기술과 관련된 일자리	• 창업 또는 혁신활동의 여건 • 특수한 노하우
관용 (Tolerance)	• 게이 지수, 보헤미안 지수, 다양성	• 사회적 자본(지역 community 활동에 참여시키려는 의지, 지역연대의식을 적극적으로 부여하려는 의지) • 일시적 방문객이나 귀농·귀촌인에게 동등한 취업 기회 부여
지역자산 (Territorial Assets)	• 장소의 질적 수준 - 문화적 기회 지수 - 공공서비스 지수 등	• 라이프스타일 장소(또는 어메니티, Amenities) • 우수한 기후 및 자연 생태 환경

플로리다 교수가 보는 도시의 문제는 결국 사람의 문제이다. 빌바오는 도시의 성공을 위해서 기업을 유치하는 것이 아니라 인재를 끌어오고 있다. 현 정부의 '도시재생 뉴딜'은 어떨까? 외형적으로 도시재생 뉴딜은 장

소를 기반(place-based)으로 하는 투자와 유사하다. 인프라 확충이나 건설에 치중하는 반면, 창의 계층을 유인할 수 있는 교육 시설이나 교육 서비스와 같은 핵심 요소들이 보이지는 않는다. 또한, 우리 지역의 빈곤율이 높거나 양질의 사회적 서비스 공급이 필요한 지역이 선정되는 것이 아니다.

플로리다 교수는 도시에서 창조 계층을 포섭하고 그들의 욕구를 보장할 수 있는 환경을 만드는 것이 중요하다고 강조했다. 창조 도시를 조성함으로써 국가적 브랜드를 높이고 경제 성장을 꾀하는 정부와 지자체의 도시재생 뉴딜정책을 설계하는 데 고려되어야 할 핵심 요소 중 하나가 되어야 할 것이다.

31장

영국의 도시재생, 모두를 위한 가치 창출

도시재생을 가장 먼저 도입한 나라인 영국은 과거 해가 지지 않는 나라로 불리며 세계를 호령했던 최강대국이다. 그중에 런던(London)은 영국의 정치, 경제, 예술, 패션, 엔터테인먼트, 금융, 의료, 매체, 전문산업, R&D, 관광 그리고 교통의 중심지뿐만 아니라 뉴욕, 상하이, 도쿄와 더불어 세계 최대 도시 중 하나이다. 세계에서 가장 중요한 금융 지구 중 하나이자, 세계 문화의 수도이기도 하다. 과거의 영광이 지금까지 이어지는데 비결은 도시재생에서 찾아볼 수 있다.

영국의 수도 런던을 상징하고 템스(Thames)강을 가로지르는 아름다운 다리인 타워 브리지(Tower Bridge)와 우리가 익히 잘 알고 있는 〈브리짓 존스의 일기(Bridget Jones's Diary)〉, 〈노팅 힐(Notting Hill)〉, 〈러브 액츄얼리(Love Actually)〉 등의 영화에 자주 등장한 시계탑의 큰 종인 빅벤(Big Ben) 주변에는 이를 보기 위해 모여든 관광객들로 늘 붐빈다. 특히 지하철 6개 노선과 런던 교외로 나가는 기차가 정차하는 킹스 크로스

(King's Cross) 역은 런던 북동부와 스코틀랜드(Scotland, 영국 그레이트 브리튼 섬의 북부 지방) 동부해안을 오가는 기차의 출발과 도착역으로 1850년대 산업혁명 당시 유럽의 교통과 산업 중심지로 번창했다.

하지만, 런던 주변부의 개발이 집중되고 화물 수단이 바뀌면서 상황은 달라졌다. 그렇게 버려졌던 킹스 크로스 역과 세인트 판크라스(St. Pancras) 역 사이의 25만㎡ 땅이 지금은 거의 매일 전시·공연 문화·예술로 가득한 커뮤니티 시설로 바뀌었다. 특히 킹스 크로스 역은 세계적인 베스트셀러 소설이자 영화 '해리포터(Harry Potter)' 속 배경으로 등장해 많은 사람에게 친숙한 곳이다. 관광객들은 영화 속 장면을 직접 보고 싶어 했고, 이후 해리가 스코틀랜드에 있는 '호그와트 마법학교(Hogwarts School of Witchcraft and Wizardry)'로 가기 위해 탔던 9와 3/4 플랫폼(Platform 9 3/4)은 런던 관광의 필수 코스로 떠올랐다.

하지만, 지금의 모습이 되기까지 수많은 마찰이 있었다. 과거에도 킹스 크로스를 재개발하려는 시도는 많았지만, 주변 주민들의 의견을 수렴하지 않아 반대에 처하게 되었다. 킹스크로스 재생 사업이 본격 추진된 건 1996년 세인트 판크라스역에 런던 & 콘티넨털 철도(LCR) 종착역이 들어서기로 확정되면서부터다. 부지의 소유권을 갖게 된 철도기업 LCR과 민간 개발회사 아젠트(Argent)는 이러한 위험요소를 인지하고 주변 주민, 이해관계자들과 2000~2006년까지 6년에 걸쳐 마스터플랜을 수립한 끝에 지역 정부로부터 허가를 받았다. 높은 범죄율 때문에 낮에도 주민들이 혼자 걸어 다니기를 꺼리던 곳이 외국인 관광객이 찾아오는 명소가 되기까지 지역시민들의 역할이 컸다.

여기에서 가장 중요하게 생각하는 것은 무엇일까? 도시재생에서 가장 중요한 요소는 그 지역에 사는 주민들과 새로 이주하는 이들 모두를 위한 가치를 창출해 내는 것이다. 도시재생이 그 지역 주민들의 삶을 개선해야지 밀어내서는 안 된다는 것이다. 기존 건물을 전부 철거하는 대신 역사적 건물은 보존하면서 새로 짓는 건축물들과 조화를 이루는 방식을 선택했다. 지역 주민들의 참여와 소통을 통한 도시재생으로 옛 영광을 되찾은 곳은 빅토리아 시대(Victoria Age, 1837년 6월 20일부터 1901년 1월 22일까지 약 64년간 빅토리아 여왕이 통치한 시대) 물품 상하차장으로 쓰이던 그래너리(Granary) 빌딩은 지금은 영국 최고 예술대학인 런던 예술대학교(University of the Arts London, UAL)가 이전해 온 네 이어 시민들을 행복하게 만드는 휴식공간이 되어 그래너리 광장(Granary Square)이 되었다.[304] 킹스 크로스는 영국 최대 도시재생 사업일 뿐만 아니라 내용 면에서도 유럽을 대표하는 모범적인 사례로 평가된다. 영국 파이낸셜타임즈(Financial Times)는 킹스 크로스 개발에 대해 '옛것과 새것이 완벽이 조화를 이루고 있다'면서 '산업화시대라는 과거와 창의적인 현대의 모습을 동시에 상징한다'고 극찬했다.

영국은 문화유산을 보존하는 데 더 많은 신경을 쓰고 있다. 꼭 아름답고 특별한 건축물만이 아닌 일상적인 건축물도 보존하고 있다. 세계에서 가장 높은 순수 관람형 건축물인 밀레니엄 휠(Millennium Wheel), 일명 런던 아이(London Eye)는 영국의 대표적인 상징물로 런던 시내의 모습을 다양한 방향에서 관람할 수 있는 새로운 상징물이다. 런던시 '밀레니엄 프로젝트' 일환으로 2000년 3월 9일부터 첫 운행을 시작하여 현재 영국을 대표하는 관광명소로 자리 잡고 있다. 하지만 아무리 높고 화려한 건축물이라도 이용자들의 호응을 얻지 못하면 의미를 완성할 수 없다. 모든 도시가 꿈꾸지만 아무 도시나 가질 수 없는 도시 경쟁력의 뿌리인 랜드마크지만 런던의 랜드마크인 런던 아이의 탄생 과정도 순탄치만은 않았다. 도시의 랜드마크는 건물 완공 직후에는 알 수 없다. 오히려 그 이후에 발생하는 다양한 사회적 작용과 파급효과로 파악할 수 있다.

도시재생은 해결책을 만드는 것이 아니라 기회를 만드는 일이다. 미래 세대를 위해 각자의 삶의 모습에 맞게 도시를 해석하게 만드는 일이다. 지금까지 영국의 도시재생의 대표적인 사례를 통해서 우리나라의 도시재생을 계획하는 데 가장 중요한 것은 '이 장소에서 개개인들의 경험은 어떤 것일까'에 대한 고민을 해야 하는 것이다.

사람들의 발걸음이 끊이지 않는 또 하나의 랜드마크는 런던의 테이트 모던 미술관(Tate Modern Museum)이다. 2000년 5월 12일 개관한 테이트 모던 미술관은 영국 정부의 밀레니엄 프로젝트의 일환으로 템스강 주변의 뱅크사이드(Bankside) 발전소를 새롭게 리모델링한 곳에 들어섰다(위키백과). 테이트 모던 미술관은 전 세계의 동시대 현대미술을 선도하는 갤러리로 동시대 작품들뿐만 아니라 20세기 현대미술 작품들까지 아우르고 있다.

1990년대 초반 미술관은 더 큰 공간을 찾고 있었고 누군가가 쓸모없이 12년 동안 방치돼 있던 발전소가 작품을 위한 멋진 공간이 될 것이라는 아이디어를 냈다. 이곳은 원래 2차 세계대전 직후 전력을 공급하던 화력발전소였다. 하지만 대기오염 문제로 인하여 가동이 중단되면서 이 주변 지역은 우범지역으로 전락하고 말았다. 때마침 영국 국립미술관 역할을 담당해 오던 테이트 갤러리는 소장품이 늘어나면서 확장이 필요했고, 이곳에 미술관 건립 계획을 세우게 된 것이다. 기존에 발전소에서 사용하던 기다란 창문과 굴뚝 등 원형을 그대로 보존하고 미술관 로비도 터빈실을 그대로 살린 채 터빈만 없앴다. 런던의 근 현대사를 함께한 건물의 가치를 이어 가기 위해서 최대한 보존하고 건물 상부만 증축하는 방식을 택한 것이다.

지역 주민들이 생각하기에 이곳은 전력을 생산하는 지역이지 중산층의 예술 산업을 위한 곳이 아니었다. 이들에게는 노동과 제조가 이루어지는 곳이었다. 미술관에는 관심이 없었고, 어떤 변화가 있든 그 지역이 재개발되어 밀려날 것이라고 생각했다. 하지만 결국 지역 주민들은 발전소를 미술관으로 재개발되는 것에 농의하여 지금의 미술관이 탄생하게 된 것이다.

화력 발전소에서 문화 발전소로 바뀐 테이트 모델은 연평균 500만 명이 넘는 방문객이 찾는 곳이 되었다. 런던의 도시재생이 성공적으로 이루어졌음을 알리는 기념비가 하나 더 있다. 모든 제작에 시민들이 직접 참여한 밀레니엄 브리지는 걸어서만 건널 수 있어서 더 큰 사랑을 받고 있다.

물론, 킹스 크로스와 테이트 모던 미술관의 사례를 통해서 민관이 함께 오랜 시간 노력한 결과로 가시적인 성과를 냈지만, 그 자체로만 평가할 수는 없는 것은 우리나라 재개발 사업지에서 흔히 볼 수 있는 문제점들도 생겨났다. 주변 집값 상승 등의 이유로 원주민들이 모두 떠나는 젠트리피케이션 현상이 나타난 것이다. 결국, 우리나라 실정에 맞는 해결책을 찾으려는 노력을 꾸준히 할 수밖에 없다.

32장

과거와 미래의 공존
'미나토미라이(Minato Mirai) 21'

일본 요코하마시 가나가와 현에 위치한 제2의 항구도시 요코하마는 어디를 가도 바다를 만날 수 있어 일본 내에서도 가고 싶은 도시로 손꼽히는 곳이다. 특히 이곳에 스카이라인은 지역을 대표하는 경관이다. 요코하마시가 도시재생을 하면서 낡은 건물 특히, 역사적인 건물이나 오래된 거리를 소중히 여겨 온 역사가 있다. 도시의 랜드마크 타워를 건설하는 한편 이전의 조선소 부두는 그대로 남겨두고 도시재생을 하면서 역사적인 건물과 경관을 중시하고자 하는 정책은 원래 있었고, 창조도시 정책도 기존 문화자원을 유지한다는 생각을 바탕으로 추진되고 있다.

요코하마 항구의 상징적 건물인 아카렌가 창고는 메이지 시대부터 내려온 건물이다. 아카렌가는 일본어로 '붉은 벽돌'이라는 뜻이다. 낡은 건물이지만, 막상 들어가면 쇼핑센터부터 레스토랑, 공연장 등이 눈앞에 펼쳐진다.[305] 이곳을 찾는다면 꼭 방문해야 할 명소가 바로 아카렌가 창고이다. 옛것과 새것이 공존하는 이곳은 늘 관광객과 지역 주민들로 활기를 띠는 도시의 상징이 되었다. 이러한 성장 속에는 지켜 낸 원칙이 있다. 아카렌가 창고를 중시하며 역사를 느낄 수 있는 도시로 조성한다는 컨셉으로 개발을 추진해 온 것이다. 오랜 역사를 가진 붉은 벽돌을 도시의 상징으로 사용하는 요코하마는 덕분에 어디를 가더라도 붉은 벽돌을 볼 수 있다. 옛것을 보존하며 새로운 것을 만든 성공 사례로 도쿄 예술대학교를 빼놓을 수 없다.

요코하마는 문화 도시로 자리 잡기 위한 중장기 프로젝트로 창조도시 요코하마를 추진했고, 그 시작으로 1929년 만들어진 요코하마 제일은행 건물을 리모델링해서 학교로 사용하고 있다. 한동안 아무도 사용하지 않고 방치되어 있던 공간이지만, 과거의 특색을 고스란히 살린 채 쓸모 있는 곳으로 재탄생시킨 것이다. 요코하마의 성공은 하늘에서 그냥 뚝 떨어진 것이 아니다. 초기부터 도시 브랜드화를 고민했고, 건물의 색상, 높이, 공용 공간까지 활용 공간 모두를 도시경관 가이드라인에 따라 만들었다. 바다에서 보이는 스카이라인을 아름답게 하기 위해 평지건물 높이도 라인을 잡았다. 그 중심에는 신도심 만들기 사업인 미나토미라이 21(Minato Mirai 21, 21세기 미래항구)이 있었다. 이 사업은 요코하마시 니시구와 나카구에 걸쳐 만들어진 계획도시로, 1980년대부터 현재까지 정비가 계속되고 있는 도시 개발 사업이다.

이 사업의 핵심적인 업무 내용은 개발 사업을 하는 개발업자가 아니라 기획자, 조정자의 역할을 중심으로 지역관리를 선구적으로 실시해 왔다. 또한, 일본 근대화의 상징이라는 역사성을 부각하는 재개발로 근대역사 자원들과 자연스럽게 연결하면서 요코하마의 개성과 독특한 역사를 보여 주는 관광자원으로 활용하고 있다. 도쿄의 베드타운에서 화려하게 부활한 요코하마는 기존의 가지고 있던 개성을 간직함과 동시에 다시 부활시켜 많은 도시가 도시 디자인을 배우기 위해 이곳을 찾고 있다.

우리나라 부산 북항의 도시재생과 관련해서 유사한 특징을 가지고 있는 요코하마의 미나토미라이 21은 하나의 성공사례로 벤치마킹할 수 있을 것이다. 미래 도시로의 발전을 추구함과 동시에 과거와 미래가 공존하는 항구 도시의 재개발 사례라는 점에서 주목할 만한 가치가 있다.

도쿄 네리마구(Nerima City)는 재건축이나 재개발이 아닌 전통을 살린 도시 활성화로 맥을 같이하고 있다.[306] 일본 애니매이션의 발상지이자 공원과 정원이 많은 이곳은 지역 주민들 스스로 자신이 살고 있는 도시의 역사를 알고 또 그것을 지키려 노력하고 있다. 그런 마음이 있기에 도시재생 사업은 주민 참여형 모범사례로 손꼽히고 있다. 네리마구는 물이 풍부한 아름다운 풍경으로 유명한 곳이었다. 1990년대 빠르게 진행된 도시화는 이곳의 자연환경을 급속히 악화시켰고 환경오염과 함께 거리의 경관이 크게 바뀌었다. 화재에 취약한 오래된 목조 주택과 공공시설을 정비하고 쾌적한 보행공간과 안락한 상업 거리를 조성한 것이었다. 네리마구의 도시재생 프로젝트 팀과 주민들은 뜻을 모아 마을 만들기 센터를 꾸리고 조례를 제정했다. 네리마구의 도시재생센터 구성은 주민, 학자, 공무원 15명으로 구성된 검토위원회의 논의를 거쳐서 구성되었다.

과거의 도시계획은 행정기관이 지도력을 발휘하고 주민이 참여하는 것이었다면, 비록 기존의 도시계획이 사라지는 것은 아니지만, 지역의 중요한 부분은 행정기관이 지도력을 발휘해야 하고 당연히 지역주민도 참여하는 것이다. 빠른 시일 내에 성과를 거두는 데 치중하지 않고 지역 주민의 의견을 충분히 반영해서 목표를 정하고, 중장기적인 안목으로 지속적으로 일관성 있는 과정을 거쳐 더 큰 의미를 갖는 도시재생 프로젝트를 실행한 것이다.

33장

사람 중심의 도시재생 뉴딜사업

생기를 잃어 가는 마을에서 다양한 여러 사람이 함께 생기 있는 마을로 찾아가고 싶은 마을로, 버려지고 있는 마을 세상과 다시 소통하는 마을로, 정돈되고 활기찬 상업지구로, 아무도 찾지 않는 놀이터에서 안전하고 쾌적한 주민 커뮤니티 공간으로 아이를 위한 안전한 공간으로, 이것이 우리가 말하는 '도시재생 뉴딜사업'이다.

국토연구원의 조사에 따르면 2018년 기준 전국 쇠퇴율은 평균 69%로 과거 4년간 연평균 1.5%씩 심화되고 있으며, 향후 30년 내 84개 시·군·구 37%, 1,383개 읍·면·동 40%가 소멸될 우려가 있다고 한다.[307] 이처럼 인구의 변화, 사업체 감소, 노후 건축물 증가 등 다양한 원인으로 전국에 쇠퇴하고 낙후한 도시가 점점 증가하고 있다는 것이다. 대도시의 건축물 노후화가 확산 중이며, 쇠퇴한 지역의 일자리 감소도 심각하여 삶의 질 만족도가 선진국에 비해 턱없이 낮은 수준이다.

OECD는 국내총생산(GDP) 중심의 기존 삶의 질 접근방법의 한계를 인식하고, 2011년 이후 경제, 사회, 환경 등 다양한 측면에서 회원국의 웰빙 측정을 진행하고 있다. 2016년 'OECD 삶의 질 지표' 중 도시와 관련 있는 6개 부문을 기준으로 4개 부문에서 한국의 삶의 질 만족도가 OECD 평균보다 낮은 수준으로 나타났다.[308] 주거관련 비용 지출 비율, 사회관계망의 질, 삶에 대한 만족도 등 공동체의 결속도 매우 약하게 나타나면서 한국사회의 퇴행이 국가 간 비교에서도 확인되고 있는 것이다. 이렇게 쇠퇴하고 낙후된 구도심에 삶의 질을 향상시키고 도시경쟁력을 확보하기 위해서는 물리적 정주여건 개선, 지역경제활성화, 지역공동체회복 등과 같이 사회적·경제적 활성화가 필요하나.

　도시재생은 구도심 쇠퇴와 정주환경이 질적 저하로 인하여 인구 및 산업구조의 변화, 도시의 외연적 확산, 정부의 정책적 대응 한계 등으로 쇠퇴하는 도시의 지역 역량을 강화하고 새로운 기능을 도입하여 지역 차원으로 활용할 수 있도록 경제적·사회적·물리적·환경적으로 도시의 기능을 활성화시키는 것을 말한다. 즉 쇠퇴하고 낙후된 구도심을 대상으로 삶의 질을 향상시키고 도시의 경쟁력 확보를 위해 도시재생 추진이 필요하다.

표 30. 도시재생 뉴딜정책의 주요 추진 과제[309]

주거복지 실현	도시경쟁력 회복	사회통합	일자리 창출
• 거주환경이 열악한 노후주거지 정비 • 기초생활인프라 확충 • 저렴한 공적 임대 주택 공급	• 쇠퇴한 구도심 혁신 거점 공간 조성 • 중심기능 활성화를 통한 도시 활력 회복	• 지역공동체 회복	• 쇠퇴한 구도심에 도시재생 경제 조직에 활성화 • 민간참여 유도

　도시재생 뉴딜정책은 낮은 주민 체감도와 미흡한 정부지원으로 재생계

획 수립 중심의 기존 도시재생의 한계를 개선하기 위해 새롭게 시작되었다. 2017년 12월 전국 68곳의 시범사업 지역을 선정했고, 2018년에는 5년간의 추진 전략과 계획을 세웠다. 목표는 삶의 질 향상과 도시 활력 회복, 일자리 창출, 공동체 회복 및 사회통합이다. 지역마다 주거 환경과 경쟁력, 주민 특성, 산업구조, 문화와 역사 등이 각기 다르기 때문에 도시재생 뉴딜사업도 다르게 진행되어야 한다.

도시재생은 기존의 도시재개발과 어떤 차이가 있을까? 도시재생의 정의를 바탕으로 도시재생과 도시재개발의 차이점을 사업주체, 사업대상, 사업방식과 같이 세 가지로 구분하여 설명할 수 있다. 우선 사업주체 측면에서 살펴보면, 도시재개발은 사업의 주체가 토지와 건물 등 소유자 중심으로 이루어져 있는 반면, 도시재생은 거주자 중심의 지역공동체가 사업의 주체로 형성되어 있다. 둘째, 도시재개발의 사업대상은 수익성을 고려한 지역을 선정하였다면 도시재생의 사업대상은 쇠퇴한 지역에 공공의 지원이 절실한 지역을 사업대상지로 선정하고 있다. 마지막으로 도시재개발의 사업방식은 주택과 기반시설 정비 등과 같이 물리적 환경정비에 중점을 두는 반면 도시재생은 사회적·경제적 환경과 물리적 환경 등 종합적으로 반영하여 기능의 개선과 활성화를 도모하는 것으로 구분할 수 있다.

이러한 도시재생 사업에 뉴딜정책의 의미는 무엇일까? 정부는 인구 구조의 변화와 사업체 수 감소에 따른 전국 중소도시의 소멸위기를 극복하고자 2013년 도시재생 특별법을 제정하였고, 그 후 낙후도가 심각한 지역을 대상으로 선도지역과 일반지역으로 구분하여 도시재생사업을 추진하였다. 그러나 도시재생 사업은 물리적 재생 계획을 중심으로 추진되어 실질적인 주민체감도가 낮고 정부지원의 부족 등 많은 문제점이 발생하였다. 따라서 이러한 정책을 개선하고자 문재인 정부는 2017년부터 도시재생 뉴딜정책을 추진하게 되었다. 도시재생 뉴딜은 노후 거주지와 쇠퇴한 구도심을 지역주도로 활성화하여 도시경쟁력을 높이고 새로운 일자리 창출을 통해 지역경제 활성화를 도모하는 국가적 도시혁신 사업이다.

표 31. 기존 도시재생 vs. 도시재생 뉴딜[310]

기존 도시재생		도시재생 뉴딜
• 중앙주도(Top Down)	→	• 지역주도(Bottom-Up)
• 대규모 계획 중심 사업추진	→	• 생활밀착형 중심, 주거복지 실현
• 사회적 약자 배려 부족	→	• 주민재정착, 지역 일자리 창출 목표

정부는 2018년 본격적인 뉴딜사업을 착수하기 전 앞으로 5년간(2018년~2022년)의 추진전략 및 계획을 담은 뉴딜 로드맵을 수립하였다. 전국 250곳에 청년 사업 공간 및 복합 문화시설 등 도시재생 혁신거점이 조성될 계획이다. 이 사업에는 연간 10조 원씩, 5년간 50조 원의 공적 재원을 쏟을 것이며, 또한 민간자본도 적극적으로 끌어들이겠다는 방안이다. 뉴딜 로드맵은 지역공동체가 주도하여 지속적인 혁신을 통한 도시조성을 비전으로 3대 추진 전략과 5대 추진과제를 설정하였다.

각각을 살펴보면 삶의 질 향상, 도시활력 회복, 일자리창출, 공동체 회복 및 사회통합을 정책 목표로 세웠으며, 3대 추진 전략으로 도시공간혁신, 도시재생 경제활성화, 주민과 지역주도로 설정하였다. 또한, 노후 저층 주거지에 주거환경 정비, 구도심 혁신거점으로 조성, 도시재생 경제 조직 활성화, 민간 참여 유도, 풀뿌리 도시재생 거버넌스 구조, 상가 내몰림

지역이 묻고 사회적경제가 답하다

현상에 선제적 대응을 5대 추진 과제로 설정하여 뉴딜 로드맵을 수립하였다.

표 32. 도시재생 뉴딜 로드맵의 주요 내용[311]

정책 목표	3대 추진전략	5대 추진전략
• 삶의 질 향상 • 도시 활력 회복	• 도시공간 혁신	• 노후 저층주거지의 주거환경 정비 • 구도심을 혁신거점으로 조성
• 일자리 창출	• 도시재생 경제 활성화	• 도시재생 경제 조직 활성화, 민간 참여 유도
• 공동체 회복 및 사회통합	• 주민과 지역 주도	• 풀뿌리 도시재생 거버넌스 구축 • 상가 내몰림 현상에 선제적 대응

뉴딜사업은 불황의 직격탄을 맞고 있는 지방에 하나의 탈출구다. 사업비가 2018~2022년 5년간 50조 원이다. 4대강 사업 22조 원의 두 배가 넘는다. 현재 문재인 정부가 추진하고 있는 도시재생 뉴딜사업은 규모와 지원 내용에 따라 다섯 가지로 나뉜다. 경제기반형(50만㎡), 중심시가지형(20만㎡), 일반근린형(10만~15만㎡), 주거지지원형(5만~10만㎡), 우리동네살리기(5만㎡ 이하)가 주요사업이다. 지방 외에 광역시·거점 도시의 낙후 지역도 대상이다. 소규모 사업은 주로 구도심 재생이 많다. 뉴타운 사업처럼 대규모 철거 방식도 도시재개발 대신 기존 도심이 틀을 유지하면서 낡은 주거지를 정비하고, 구도심에 혁신 거점 공간을 조성한다. 국토교통부에 따르면 뉴딜사업은 산업쇠퇴, 지방소멸, 청년실업 등 지방이 당면한 문제 해결의 대안이 될 것이라고 말한다.

뉴딜사업은 박근혜 정부 때 본격화한 도시재생 사업이 원조다. 2014년 선도지역 13곳, 2016년 33곳을 지정했다. 문재인 정부는 도시재생 사업을 국정의 핵심 과제로 삼고 사업 이름에 '뉴딜'을 추가했다. 사업 유형도 다양해졌고 대상 지역도 크게 늘렸다. 과거의 중앙 정부 주도에서 주민 참여 거버넌스 형태로 바뀌었다.

국토교통부가 "다양한 뉴딜사업 프로그램을 통해 10년 내 선진국 수준 기초 생활 인프라를 확충하고 도시 쇠퇴도를 완화해 나가겠다"는 것이 도시재생 뉴딜 사업 로드맵의 주요 모토다. 향후 2020년에 뉴딜사업의 성과를 점검하여 핵심 사업에 집중하면서, 지역과 주민 주도의 거버넌스 구축을 통해서 지속가능성을 제고하겠다는 계획이다.

표 33. 도시재생 뉴딜사업 향후 추진계획[312]

시기	주요 추진계획
'18년 상반기	• 도시재생 어울림플랫폼 공급방안 마련 • 지역 특화재생 프로그램 추진(관계부처 협업, MOU) • 스마트시티형 도시재생 시범사업 대상 민간 공모 • 국토교통형예비사회적기업 지정 및 지원 착수 • '터 새로이 사업' 추진방안 마련
'18년 하반기	• 도시재생법 개정 추진, 국가도시재생기본방침 정비 • 도시재생 어울림플랫폼 및 창업 인큐베이팅 공간 조성 착수 • 첨단산단 연계, 국공유지 등 활용 복합문화공간 조성 착수 • 공간지원리츠 도입, 공공임대상가 조성 착수
'19~'22년	• 도시재생 어울림플랫폼 등 혁심거점 조성('22년까지 250곳) • 국토교통형예비사회적기업 육성('22년까지 250개 이상) • 도시재생대학 프로그램 활성화('22년까지 200곳 이상) • 도시재생지원센터 확대('22년까지 300곳 이상) • 공공임대상가 공급('22년까지 100곳 이상)

지역이 묻고 사회적경제가 답하다

34장

공익과 공공성을 추구하는 도시재생

과거 도시재생 사업 가운데 구체적인 성과를 내는 곳도 있다. 뉴딜정책 이전 도시재생 준공 사례 첫 번째로 천안시 동남구 중앙동, 문성동 일대에서 원도심 개발을 통한 불균형 해소 및 도시경쟁력을 확보하기 위해 총사업비 2,702억 원으로 시행한 도시재생 선도사업이다. 천안시는 도시 발전이 급격하게 이루어지면서 다른 도시에 비해 개발 속도가 빠른 곳이다. 하지만 개발은 새로운 신도심에서 이루어지다 보니 원도심의 인구는 빠져나가고 있고, 노후화되고, 낙후되고 있었다. 이곳은 2017년 뉴딜사업 (중심시가지형) 지역으로 확정됐다. 2022년까지 모두 6,219억 원을 들여 개발사업을 추진한다.

주요사업으로 동남구청사 복합개발, 도시창조 '두드림센터' 조성, 청년 활동 공간 조성, 참여형 플랫폼 사업 등의 사업을 진행하였다. 이 중에서 도시창조 두드림센터 조성과 관련하여 구체적으로 살펴보면, 도시창조 두드림센터는 원도심 흉물을 '청년의 꿈으로 물들이다'라는 슬로건 아래 천안시 동남구에 1,119㎡ 규모로 총사업비 46억 원을 들여 조성되었다.[313] "Do(두) Dream(드림)" 두드리면 꿈이 실현되는 공간을 만들고 있다. 침체된 원도심에 활력을 불어넣어 줄 인구와 산업적 유인 방안이 절실히 필요했다. 정부는 천안시 주변의 11개 대학이 있고 많은 청년과 대학생이 있다는 것을 사전 조사를 통해 확인한 뒤 이들이 중심이 되는 창업 및 문화·예술 활동을 위한 복합문화특화 공간을 만들기로 정책 방향을 잡았다.

사업 초기 여러 가지 어려움이 있었지만, 도시창조 두드림센터가 성공할 수 있었던 요인들은 먼저 유휴빌딩 매입으로 예산을 절감하여 도시재생을 실현하였다. 이를 위해 공유재산법에 따른 시의회 승인을 받아 부동산 거래에 따른 예산을 절감하였고, 정주 및 유동인구 증가에 따른 활성화를 유도하였다. 두 번째 성공요인으로는 도시재생대학을 운영하여 주민공감대를 형성하였고, 지역상인회에 협조를 통해 빌딩을 매입하였다. 마지막으로 도시재생 관련 부처 간의 협업 라운드 테이블을 통해 도시재생과 관련한 정기적인 문화회의를 진행하였다.

두드림센터의 개소를 통해 88명의 일자리가 창출되었다. 1일 방문객은 약 850여 명으로 연간 22만 1,000여 명의 유동인구를 확보할 것으로 예상되어 주변 지역 활성화 효과도 기대할 수 있다. 청년과 지역 주민들이 주도해 지역의 각종 활동을 기획 시행하며, 문제점을 발굴하고 지자체에 정책 제안을 하는 역할도 하고 있다. 많은 청년이 꿈을 두드리는 공간으로 새롭게 재탄생하고 있다.

도시재생 지역에서 창업하려는 청년들이 받을 수 있는 혜택은 구도심에 조성되는 시세 50% 이하의 창업 육성(인큐베이팅) 공간을 저렴하게 임대하고 주택도시기금 저리 융자, 특례 보증 등의 지원받을 수 있다.

표 34. 도시재생 지역에서 청년 창업가의 혜택[314]

[청년건축가 스타트업]
- (공간지원) 도시재생 어울림플랫폼 내 창업공간을 저렴하게 임대
- (사업지원) '터 새로이 사업자'로 지정받아 노후 건축물 개량사업 우선 수행
- (금융지원) 주택도시기금 융자, 특례보증, 사업화 비용 최대 500만 원 지원

[청년예술가]
- (공간지원) 공동 공방 및 전시공간 등 저렴하게 임대
- (네트워크) '공공디자인 크라우드소싱 플랫폼'에 등록하여 A 지역 공공건물 디자인 설계·응모
  → A 지역 프로젝트에 참여

한국의 테이트 모던(Tate Modern), 문화와 역사 보존을 위한 민관협력

영국의 테이트 모던(Tate Modern)은 원래 화력발전소였다가 가동이 중단된 뱅크사이드 발전소를 현대미술을 위한 새로운 미술관으로 개조했다. 예전 외형을 그대로 보존하고 내부는 다양한 소재로 절묘하게 설계와 시공을 통해 수많은 이들의 탄성을 불러일으켰다. 한국에서도 테이트 모던을 꿈꾸는 곳이 있다.

뉴딜정책 이전 도시재생 준공사례 두 번째로 청주시 청원구 내덕동 일대에 12,850㎡의 총사업비 1,021억 원을 들여 방치된 연초제조창을 리모델링하고 공예클러스터 및 문화체험시설 상업시설 등의 복합시설로 조성한 청주 연초제조창이다. 담배 제조공장이던 이곳이 문재인 정부의 역점 프로젝트인 도시재생사업을 통해 새롭게 부흥을 꿈꾸고 있다. 2,000~3,000명의 근로자가 해마다 담배 100억 개비를 생산했었다. 1946

년 최초로 문을 연 이래, 1999년 문을 닫을 때까지 청주를 먹여 살렸다. 건물만 24동, 부지면적은 1.36㎢에 이른다.[315]

하지만 문을 닫은 후 도심 속 흉물로 방치돼 왔다. 이에 청주시가 칼을 빼 들었다. 연초제조창의 문화적 자취는 살리면서 문화 등 다양한 공간의 건축물로 탈바꿈시키기로 했다. 이를 위해 영국의 테이트 모던과 같은 접근 방식을 택했다. 건물은 철거하지 않고 리모델링해서 공예클러스터, 문화체험시설, 상업시설 등을 조성하기로 한 것이다.

특히 이 사업은 청주시 현물출자(56억 원) 및 주택도시기금 출자·융자(출자 50억 원, 융자 204억 원), LH 출사(25억 원) 등 3개 기관이 주주로 참여하는 토지임대부 리츠(REITs)로 진행되었다.[316] 리츠의 전체사업 총괄관리, LH의 사업총괄, 청주시의 사업부지 임대·현물출자·민간임대운영 등 공공의 투자와 민간협력을 통해 문화업무구도심형성이 가능했다. 리츠 방식을 적용한 국내 첫 도시재생 사업이다.

이 사업을 통해서 연초제조창에 문화역사성을 보존하는 동시에 시민을 위한 문화휴식공간을 제공할 수 있으며, 쇠퇴한 원도심의 도시재생을 통해 지역상권 활성화를 기대할 수 있다. 그리고 청주의 도시재생사업은 공공과 민간이 협업하는 선도적 사업의 사례로써 뉴딜사업의 민간참여 확산에 기여할 수 있는 계기를 마련했다고 할 수 있다.

고령화 지역의 시니어 일자리 창출

인구 고령화 지역의 할머니, 할아버지들이 묵공장, 목공소를 성공적으로 운영하는 등 성공사례가 도시재생사업 표준 모델로 자리 잡고 있다.

지역이 묻고 사회적경제가 답하다

뉴딜정책 이전 도시재생 준공 세 번째 사례는 2014년 국토교통부 공모사업을 선정된 경북 영주시 도시재생 선도사업의 '구성마을권역사업'으로 방치된 유휴공간을 리모델링하여 시니어 일자리 창출의 선도적 사례로 꼽히는 '할매묵공장'이다. 영주시 도시재생사업이 활발하게 이루어져서 전국 지자체 중에서도 높은 점수를 받고 있고, 단순히 도시재생을 넘어서 어르신들의 자립을 도와 많은 귀감이 되는 '할매묵공장'과 '할배목공소'가 대통령 직속 균형발전위원회가 주관한 '2018 균형발전사업 평가'에서 우수사례로 선정되었다.[317] 지역잠재력을 보면, 봉송대, 가학루, 구산성 등 구성공원을 중심으로 풍부한 역사문화자원을 가지고 있으며, 마을 주민과 지방토착 세력인 안동 권씨 문중간의 화합 등 정서적 유대가 강하고 활성화된 마을공동체가 운영되고 있었다. 사업내용은 직접 영주에서 생산한 국산콩과 메밀만을 사용해 전통 가마솥 방식으로 친환경적인 묵을 생산하는 아이디어를 발굴하였다. 그리고 2016년 11월 마을공동으로 운영 생산하는 사회적협동조합으로 인가를 받고 다수의 사회적경제 교육이수와 답사를 통해 협동조합 운영에 대한 기초지식을 학습하고 사회적협동조합에서 생산된 상품의 판매를 통해 수익을 창출하였다. 또한, 이 사업은 도시재생 선도사업을 통한 마을공동체 및 지역경제 활성화에 기여하는 선도적 사례로서 시니어 일자리 창출에 대한 주민들의 높은 만족도를 보이고 있다. 이 사업의 주요 성과 및 성공요인은 도시재생 사업의 첫 성과물인 할매묵공장을 통해 마을인구 74%가 고령인구인 구성마을에 할머니 16명이 고용을 통해 자립기반을 마련했으며, 묵공장의 이익금의 일부분은 '구성마을 도시재생사업 운영위원회'에 적립해 독거노인 식사대접, 생활텃밭, 묵체험 프로그램 등 주거 취약자들을 위한 집수리 지원금으로 활용하고 있다.

그리고 국토교통부 도시재생 사업 추진 실적 4년 연속 최우수 등급을 받고 도시재생 선진모델로 소개되어 많은 지자체에서 벤치마킹을 통한 사례로 활용되고 있다. 할매묵공장과 연계된 구성마을의 또 다른 도시재생 사업의 성과인 할배목공소는 사회적경제 교육과 건축기능교육 등 목공소 운영에 필요한 다양한 교육과정 이수를 통해 현재 마을어르신 8명의 일자리 창출 및 경제활동에 기여하였다. 또한 할배목공소는 시범사업으로서 노후집수리 사업을 추진하여 마을기업인정신청을 준비하고 있다.

경남 김해시의 폐지 줍는 노인에서 커피 볶는 바리스다로 '할메리키노' '할매라테' 등 커피를 판매하는 노인의 열정과 인구 고령화 지역의 할머니들이 묵 공장을 성공적으로 운영하는 성공사례가 도시재생사업 표준 모델로서 주목을 받고 있다. 특히나 지역주민 주도의 사회적경제 조직 육성을 통해 노인 일자리 창출과 연계됨으로써 지방중소도시의 바람직한 도시재생 모델이 되고 있다.

지역이 묻고 사회적경제가 답하다

35장

도시재생 뉴딜사업과 사회적경제

지역민과 함께하는 도시재생 공간계획

요즘 도시재생 뉴딜사업으로 작은 시골과 소도시들이 새롭게 단장되고 있다. 도시재생 뉴딜사업지 사례로는 첫 번째 사례로 전남 강진읍 도시재생 뉴딜사업을 들 수 있다. 국토교통부의 2018년 도시재생 뉴딜사업으로 선정되어 사업내용으로는 인구감소, 지역경제구조변화로 서성리와 동성리 간의 지역격차를 완화하기 위해 동서리 일원에 2019~2022년까지 대지 면적 14만㎡ 규모의 총사업비 155억 원을 투입하여 '도시환경정비사업'을 시행하고 있다.[318] 전남 강진 도시재생 뉴딜사업은 미래의 위기를 진단하고 예방하는 30년 후를 생각하는 강진읍 위대한 유산 만들기 비전으로 물려주고 싶은 마을조성(주거환경), 소통과 교류가 마르지 않는 마을(사회통합), 지역의 미래를 생각하는 주민사업(지역경쟁력)을 정책목표로 삼고 있다.

앞서 살펴본 세 가지 정책 목표 중 먼저 물려주고 싶은 마을 조성을 실현하기 위해 주거성능개선, 신규마을 기반시설 정비와 확충, 그리고 편리하고 안전한 스마트시티 실현을 추진전략으로 설정하였다. 이러한 추진전략을 추진하기 위한 세부과제는 주거환경정비, 골목길 명소화 사업 등을 제안할 수 있다. 소통과 교류가 마르지 않는 마을조성을 실현하기 위해 공동체 거점 공간 조성과 도시재생협력체계구축을 추진전략으로 설정하였다. 이러한 추진전략을 추진하기 위한 마지막으로 지역이 미래를 생각하는 주민사업을 통해 지역경쟁력강화를 위해 특화자원과 연계한 지역경제활성화 지원시스템 구축을 추진전략으로 설정하였다.

이를 위한 추진전략의 세부과제는 중앙로 상권정비, 청년안테나숍 운영과 생활 인프라시설지원 등을 제안할 수 있다. 이 사업의 기대효과는 주거환경정비가 가능하며 건축물에 에너지효율증가 그리고 관리비 절감 등 주거복지를 증진할 수 있다. 또한, 골목길 명소화 사업을 통해 골목길 경관이 개선되고 이를 기반으로 유동인구의 증가나 지역주민을 위한 골목길 보행환경이 개선되어 물려주고 싶은 주거환경으로 거듭나게 된다.

아울러 어울림센터를 조성하여 지역구성원들의 역량강화로 재생사업을 극대화할 수 있고 강진 도시재생아카데미를 통해 도시재생 단위사업과 연계한 참여형 프로그램을 제공하여 소통과 교류가 마르지 않는 주민문화형성이 가능해진다. 마지막으로 중아로 상가정비사업을 통한 보행거리 조성은 장소적 가치를 증대시킬 수 있는 한편 주차장 조성, 청년안테나숍을 만들어 청년 창업공간을 제공한다. 이렇게 정비된 중앙로 상가는 청년들에게는 일자리 창출과 기존 상인들은 골목경제 활성화라는 틀을 마련할 수 있다.

강진중앙초등학교 2학년 학생들은 2020년 7월 17일 강진군청 도시재생 뉴딜사업에 참여해 더 살기 좋은 강진읍을 만들기 위한 프로젝트 수업을 공개했다. 강진군청에서 추진하는 도시재생 뉴딜사업에 주민참여단으로 활동하며, 미래 세대의 눈으로 강진읍 생활 SOC 조성 사업에 대한 의견을 제시함으로써 도시재생 시설물의 공간계획과정에 주체적으로 참여하고 있다. 교과서의 배움과 탐구를 지역사회로 발현해 완성하는 프로젝트 수업을 통해 학생들의 배움을 삶에서 실천할 수 있는 기회를 마련한 것이다.

또한, 지난 2020년 9월 21일 강진읍 도시재생 뉴딜사업의 일환으로 강진 마을관리 사회적협동조합 창립총회가 열렸다. 창립총회에는 발기인과 협동조합 설립에 동의한 지역주민, 강진군, 도시재생지원센터 관계자 등 약 20여 명이 참석했다. 마을관리협동조합이 설립되면 도시재생사업을 통해 조성된 마을게스트하우스 등 마을 거점시설과 지역인프라를 활용해 주민들의 일자리를 만들고 수입을 창출하는 등 마을을 종합적으로 관리하게 될 것이다. 주민들과 함께한 수많은 교육과 토론의 시간이 도시재생 뉴딜사업의 효과가 지속될 수 있도록 협력해서 만든 마을관리협동조합의 모범 사례로 크게 빛나고 있다.

양성평등 포용도시 장미마을 ROSE 프로젝트

홍등을 끄고 문화·예술로 지역을 밝히는 도시가 있다. 국토교통부가 추진하는 도시재생 뉴딜사업에 '양성평등 포용도시! 아산 원도심 장미마을 R.O.S.E(Regeneration, Opportunity, Sustainability, Equity) 프로젝트'라는 명칭으로 공모하여 2018년에 선정됐다. 온양원도심의 '장미마을'은

1960년대 대표적인 국내 신혼여행 관광지로 경제 호황을 누리기도 하였으나, 1970~1980년대에는 충남 최대 성매매 집결지라는 오명을 얻기도 했다.

도시재생 뉴딜사업지 두 번째 사례는 충남 아산시 '양성평등 포용도시 장미마을 프로젝트'로서 성매매 집결지인 장미마을을 대상으로 여성이 직면한 돌봄, 일자리, 안전 등의 문제를 여성이 주도해 대안을 모색하고 해결함으로써 여성친화형 도시재생 뉴딜사업을 실현하는 데 목적을 두고 있다. 이 사업은 사업의 계획과 추진과정에서 성별과 학력, 연령, 장애 여부 등과 상관없이 누구나 자유롭게 의견을 제시하고 참여할 수 있도록 유도하는 형태의 도시재생사업을 의미한다. 여성인권 유린의 상징처럼 보였던 이곳에 여성친화형 도시재생 뉴딜사업은 여성의 일자리 창출 및 지역여성 공동체 활동시설과 여성과 청년의 거주 공간과 창업활동을 조성하고 있다.

충남 아산시 온천동 일원에 16만 225㎡(약 4만 8,553평)로 2022년 완공을 목표로 진행 중이며, 도시재생어울림플랫폼, 신혼행복타운조성, 양성평등거리, 여성크리에이티브랩 조성 등의 사업내용을 토대로 창업생태계구축의 핵심거점으로 구축할 계획이다.[319] 핵심사업으로 손꼽히는 것이 양성평등거리 조성사업으로 장미마을 일대를 대대적인 철거와 확포장공사를 통해 보행친화거리로써의 모습을 갖추는 것이다. 또한, 도시재생 뉴딜사업 이후 지속가능한 마을 유지를 위한 여성 퍼실리데이터(facilitator, 협업촉진자)와 여성 주도 거버넌스를 육성하고 여성가족부와 협력을 강화하여 여성친화형 도시재생 뉴딜사업의 선도 모델 조성을 위한 실행계획을 마련하고 있다.

장미마을 ROSE 프로젝트는 여성에 대한 폭력과 사회적 배제가 일상화 됐던 성매매 집결지를 여성과 사회적 약자에 대한 포용과 지지의 공간으로 재탄생 시키는 과정이다(한국일보, 2020). 전국 최초로 진행되는 사업인 만큼 지역주민과 전문가가 힘을 모아 성공적인 여성친화도시 모델을 완성해 나가고 있다.

지역 혁신주체로서 앵커(anchor) 기관의 역할

도시재생 뉴딜사업 마지막 관련 사례는 대구 북구 대학 타운형 도시재생 사업이다. 이 지역은 다양한 공공기관들이 지역 혁신주체이자 지역의 중추기관인 앵커(anchor) 기관으로써 주도적인 참여를 하고, 사업의 실현 가능성과 파급효과를 제고하여 대구시 도시재생 공공기관 제안형에 선도적인 사례라고 할 수 있다. 대구 북구 산격동 일대 199,048㎡ 면적에 총사업비 2,600억 원을 들여 2019~2023년까지 추진하고 있으며, 주요사업내용으로는 도시재생어울림플랫폼, 신혼행복타운 조성, 양성평등거리, 여성크리에이티브랩 조성 등이 있다.[320]

이 사업에는 경북대 지역공원센터 운영과 장기 방치된 건물(골든타워플라자) 정비, 노후전통시장 환경개선 및 청년상가몰 운영, 유휴공간을 활용한 북현예술문화존 조성 등의 계획을 마련하고 있다. 사업이 진행되는 지역은 경북대학교 인근으로 산격 종합시장, 폐교된 대동초등학교, 노후주거지역, 산격3동 행정복지센터, 대학로, 경북대학교, 나대지, 북현 오거리 먹자골목, 골든타워플라자 등이 포함되어 있다. 현재 대구는 지속적으로 청년들이 타 지역으로 유출되고 있는 상황이기 때문에 대학 타운형 도시재생 사업을 통해 주거안정, 지역 활력회복, 공동체 회복, 일자리 창출을 목표로 하고 있다.

대학 타운형 도시재생 사업의 경제적·사회적 파급효과를 4가지로 살펴볼 수 있다. 첫 번째는 사회통합 및 지속가능성 확보로 대학과 지역사회의 상생구조를 구축하고 마을 관리회사로 지역경제의 선순환을 유도하게 되며 민간 거버넌스 구축으로 갈등을 조정할 수 있다. 두 번째는 혁신거점을 통한 일자리를 창출할 수 있다. 기존의 대학자산을 활용하여 스마트 창업을 지원하고 북현예술문화존 조성을 통하여 문화·예술과 인문 분야 창업을 지원하고 있다. 이러한 지원 등은 더 나아가 주변 대학에 협력으로 시너지 효과를 낼 수 있다. 세 번째, 주거복지 및 삶의 질을 향상시킬 수 있다. 청년문화 창업으로 주거를 안정시키고, 주민의 요구에 따라 정주환경을 개선해서 더 나아가 문화를 통해 주민의 삶의 질이 향상될 수 있다. 마지막으로 네 번째 기대효과는 도시경쟁력을 강화시킬 수 있다. 청년상인육성으로 노후시장을 활성화하고, 청년들이 주도적으로 문제를 해결해 나가는 실험환경의 소셜리빙랩을 통해 사회문제를 회복할 수 있다. 또한, 문화와 기술의 융합으로 새로운 도시 이미지 생성과 도시 브랜드를 구축할 수 있다.

'다시 세운 프로젝트'

서울시는 2014년부터 진행한 '다시 세운 프로젝트'로 도시재생의 성공을 목표로 하고 있다. 1970년대 우리나라 1세대 전자산업의 메카로 불렸던 세운상가는 2000년대로 들어서면서 온라인 거래 등으로 늙은 산업의 대명사가 되었고 낙후되고 침체되었다. 메이커시티라고 불리는 세운상가와 청계천 일대의 기록을 고스란히 담은 '세운 전자 박물관'은 세운상가의 부품들과 기술자들을 다 모으면 우주선도 쏴 올릴 수 있다는 호기가 허투루 들리지 않던 시절의 이야기도 확인할 수 있다.

공공이 주도하기보다는 지역 주민들에 의한 자생적인 도시재생 기반을 만들고, 결국은 시민이 행복해야 하고 그 지역이 활력 넘치는 도시를 만들어야 한다는 것이 다시 세운 프로젝트의 목표이다. 옛것을 간직함과 동시에 내일을 만들어 가고 있는 종로의 세운은 도시재생의 성공을 향한 이곳의 변화는 지금도 계속되고 있다.

또 다른 사례로 서울 왕십리에 원래 한국철도공사(KORAIL) 부지의 유휴공간은 민자 역사가 지어지고 한동안 버려진 공간이었다. 문화·예술가들에게도 자신들의 작품을 알릴 좋은 기회가 되고, 지역이 문화·예술가들과 주민들의 다양한 문화·예술 체험을 위해서 시행사와 성동구가 협력해서 만든 복합문화공간이다. 지역 주민들이 좀 더 쉽게 갤러리를 찾아 예술작품을 감상할 수 있는 문화공간으로 자리매김하고 있다. 도시가 발전하고 활력을 찾기 위해서는 사업 발굴·추진 등의 과정에서 주민이 직접 참여할 수 있도록 소규모 재생사업 등을 통해 주민협의체 등 주민주도 조직의 활성화를 유도하여야 한다. 지역과 주민 주도의 거버넌스 구축을 통해 지속가능성을 보여 주는 것이 도시재생 성공의 핵심적인 요인이 될 것이다.

지역의 가치와 특성을 살리는 공동체회복

도시재생 뉴딜사업의 정책은 도시경쟁력 강화 및 삶의 질 개선을 위한 도시재생 뉴딜을 추진하는 것을 목표로 하고 있다. 도시재생 뉴딜사업은 노후주거지와 쇠퇴한 구도심을 지역주도로 활성화하여 도시경쟁력을 높이고 일자리를 만드는 국가적 도시혁신사업을 말한다. 주요 추진과제는 크게 주거복지실현, 도시경쟁력회복, 사회통합, 일자리 창출에 있다. 먼저 주거복지실현은 거주환경이 열악한 노후주거지를 정비하고 기초생활 인프라를 확충하여 저렴한 공적임대주택을 공급하도록 하는 것이다. 도시경쟁력회복은 쇠퇴한 구도심에 혁신거점공간을 조성하여 중심기능 활성화를 통한 도시 활력을 회복하도록 하는 것이다. 또한, 사회통합을 위해 지역공동체를 회복하고 일자리를 창출하여 쇠퇴한 구도심에 도시재생 경쟁조직 활성화는 물론 민간참여를 유도하는 것이 주요 추진과제라고 할 수 있다.

문재인 정부는 핵심과제인 도시재생 뉴딜사업을 통해 천안 도시재생 선도 지역처럼 유휴공간을 청년창업, 문화·예술공간으로 활성화하여 원도심 개발을 통한 불균형해소 및 도시경쟁력을 확보하고 지역의 가치와 특성을 살린 도시재생 사업을 실현할 계획이다. 그리고 도시재생으로 발생하는 이익이 지역사회로 환원될 수 있도록 선순환구조를 유도하고 물리적 재생과 더불어 지역주민, 지역상인의 역량강화를 위한 도시재생 거버넌스 활성화를 통해 도시재생의 기반을 강화해야 할 것이다.

또한, 현 정부의 도시재생 사업은 일정한 기간 안에 투자가 집중되어 그 이후에 대한 고민이 많지는 않다. 도시의 쇠퇴는 필연적일 뿐만 아니라 재생을 통하여 도시의 개선이 이루어졌다고 해도 곧 수년 안에 다시 쇠퇴의 길을 걷게 된다. 신도시의 개발이 끊임없이 진행될 뿐만 아니라 개선된 도시의 물리적 환경도 다시 낙후되기 때문이다. 따라서 지속가능한 도시재생을 위해서는 반드시 지속가능한 재정 지원 제도를 구축할 필요가 있다.[321] 정부 투자 방식의 패러다임을 전환할 필요가 있다는 것이다. 재정지원이 단순히 정부의 투자에서 머무르기보다는 민간의 투자를 끌어낼 수 있어야 한다.

5부

사회적경제는
사회적 자본의
토대 위에 있다

36장

지역공동체회복을 위한 사회적 자본 구축

프랑스를 비롯해 상업협동조합은 유럽 전역으로 확산 발달되어 나갔다. 중요한 것은 협동조합은 가장 발달한 기업의 형태라는 것이다. 왜냐하면, 협동조합은 선진국을 조건으로 하기 때문이다. 선진국에서 이미 생활의 일부로 자리 잡은 협동조합은 조합원이 행복하고 안정된 삶을 누릴 수 있도록 지켜준다. 이탈리아 에밀리아 로마냐(Emilia-Romagna) 지역은 아름다운 풍경과 훌륭한 음식으로 유명하다. 세계 최고의 테너라고 불리는 루치아노 파바로티(Luciano Pavarotti)가 이곳에서 태어났고, 우리가 익히 잘 알고 있는 세계적인 명차 페라리(Ferrari), 람보르기니(Lamborghini), 마세라티(Maserati) 등 수 많은 슈퍼카와 고급차 메이커들이 이곳에 본사나 공장을 두고 있다. 페라리의 본고장인 도시를 지나 아펜니노 산맥(Appennino Mts.) 기슭을 따라 푸른 전원을 가로지르면 주도인 볼로냐(Bologna)가 나온다. 볼로냐 역시 '맛의 수도'로 불릴 정도로 유명한 미트소스 파스타는 지역 주민들이 '라구(ragu)'라 부르지만, 세계인들은 볼로제네(Bolognese) 스파게티라 부른다.

150년의 역사를 자랑하는 이탈리아의 협동조합 그리고 '로마인들의 땅'이라는 의미를 가진 이탈리아 북부 에밀리아 로마냐 지역의 중심도시인 볼로냐는 400개가 넘는 협동조합을 운영하는 '협동조합의 도시'이다. 작지만, 결코 작지 않은 도시다. 볼로냐 인구는 약 39만 명으로 1인당 GRDP는 4만 달러, 한화로 약 4,500만 원이다. 가난한 도시에서 EU 상위 소득 10위 도시가 되었다.[322]

1970년대 오일쇼크와 2008년 미국발 경제공항으로 해고 대신 일자리 공유로 고통을 나누는 것인데 볼로냐의 실업률은 이탈리아가 재정위기를 겪던 2011년에도 국가 평균의 절반 수준이었다. 한 협동조합에서 실업자가 생기면 다른 협동조합에서 그 실업자를 고용하는 형식으로 협동조합 안에서 고용불안을 해소하고 있는 것이다. 이처럼 협동조합은 민주주의적인 기업이기 때문에 불균형을 낮춰 주고 무엇보다도 고용 창출을 만들어 낸다. 지난 10년간 지속된 경제 위기 속에서도 협동조합은 고용을 줄인 적이 없다.

이탈리아 볼로냐에서는 마트 간다는 말 대신 콥(Coop, 협동조합의 이탈리아어 발음) 간다고 할 정도이다. 우리가 자주 이용하는 택시에서도 콥(Coop)을 볼 수 있다. 코타보(COTABO) 택시협동조합은 1967년 택시 기사들에 의해 결성되어 조합에서 공동 콜센터 운영 및 차량 유지보수, 법률 등을 지원하고 있다. 흔히 볼 수 있는 택시부터 다들 종종 들리는 동네 서점인 리브레리코프(Librerie.coop) 서점협동조합은 친환경 식재료 취급 기업과 콜라보(collaboration)로 운영하여 조합원들에게 구매 할인 혜택이 주어진다. 유치원, 문화시설, 심지어 주택까지 볼로냐에는 무려

그림 54. 이탈리아 협동조합: 서점협동조합(Librerie.coop)[323]

400여 개의 다양한 협동조합이 있다. 볼로냐 시민들에게는 협동조합은 평범하고 익숙한 일상이다. 이처럼 이탈리아 볼로냐에서 특히 협동조합이 발달할 수 있었던 데는 오랜 역사와 전통에 기반한 뿌리 깊은 연대의식이 있기 때문이다.

사회적 자본과 사회적경제 간에는 깊은 상관관계가 있다. 사회적경제는 사회적 자본의 토대를 필요로 한다. 특히 이탈리아의 협동조합은 사회적 자본의 토대 위에 서 있고 그 뿌리는 역사적으로 매우 깊은 근원을 가지고 있다. 볼로냐 시가 주도인 에밀리아 로마냐(Emilia Romagna) 주(州)는 이탈리아에서 협동조합이 가장 발달한 지역이다.

하버드 대학의 퍼트넘(Putnam, 1993) 교수는 그의 저서《Making Democracy Work: Civic Traditions in Modern Italy》를 통해 사회적 자본

의 관점에서 이탈리아 지역을 12세기, 19세기 후반, 20세기 후반 등 시기별로 시민참여 정신의 근원을 분석했다.[324] 12세기 이탈리아 남부는 시칠리아 왕국의 지배 아래 권위적이고 전제적인 군주제, 관료제, 봉건적 질서가 공고한 반면, 북부와 중부는 제국적 통치가 실패하고 공동체적 공화제 형태의 자치정부가 거의 완전히 승리했다. 그림 55는 당시 이탈리아의 정치제도 분포 현황이다. 이 당시 피렌체, 베네치아, 볼로냐, 밀라노 등지에는 자치정부가 들어서면서 다수의 시민이 정치에 참여함으로써 권력이 분산되었다.

그림 55. 이탈리아 시민공동체 지수와 협동조합 컨소시엄[325]

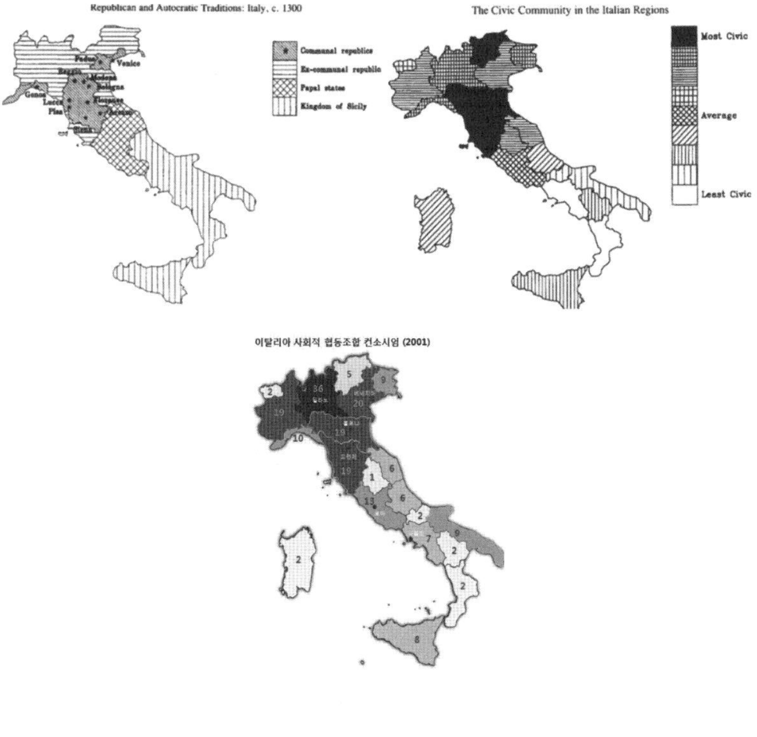

이러한 환경에서 사회적 목적을 추구하고 자조와 상호부조를 추구하면서 길드를 조직했다. 공공의 이익을 함께 추구하고 다양한 구성원들이 사회적 약자를 돌보는 형태의 높은 수준의 사회참여가 나타났다. 시민공화제, 길드 등 결사체들의 연결, 사회적 참여와 연대 등 이러한 환경에 기반하여 신용제도가 창안되었다. 퍼트넘 교수는 이 당시 협력, 상호부조, 사회적 의무, 그리고 신뢰는 북부 지역의 뚜렷한 특징이었다고 책에서 언급하고 있다. 이러한 유산들은 1860년~1920년 사이를 분석하면서 퍼트넘 교수는 시민적 전통이 어떻게 이어졌는지를 측정하였다. 상조회 회원 수, 협동조합 회원 수, 대중정당의 세력, 투표율, 지방결사체들의 지속성 등 5가지 요인을 종합 분석할 결과, 시민공동체성을 그림 55와 같이 지수화했다. 이에 따르면 시민적 전통이 에밀리아-로마냐 주가 가장 높았다.

퍼트넘 교수는 시민공동체 지수(Civic Community Index) 개념을 제시하면서, 크게 네 가지로 구성하였다. 첫째, 사회적 모임 활동이다. 스포츠 클럽, 합창단, 취미 클럽, 문예동호회, 라이온스 클럽 등의 각종 모임이 활발하면 시민공동체 지수가 높은 것으로 봤다.

둘째, 신문 구독률이다. 가장 광범위하게 공동체 사안을 다루는 것으로 신문을 꼽았으며, 신문을 많이 구독할수록 정보를 많이 갖고 있으며, 사회적 참여도 역시 높을 것으로 본 것이다.

셋째, 투표율이다. 투표에 참여하는 사람들의 기본적인 동기는 공공 이슈에 대한 관심이며, 투표 참여자는 시민의식이 비참여자보다 높은 경향을 보인다.

넷째는 선호투표율이다. 선호투표제는 유권자가 후보들의 지지 순위를 정하여 복수 기표하는 방식의 투표제도이다. 우리나라도 마찬가지지만 이탈리아의 경우는 정당에 투표하고 의석은 비례대표로 정당에 의해 배분되는데, 투표자가 원할 경우 정당 명부에서 특정 후보자에 대한 선호를 표시할 수 있다. 특정인을 지지하는 선호투표 대신 정당에 투표하는 비율이 높은 경우를 시민공동체 지수가 높은 것으로 파악했다.

퍼트넘 교수는 이렇게 파악한 자료를 토대로 이탈리아 각 주의 시민공동체 지수를 구하였다. 그림에서 본 것처럼 이 지수에 의하면 볼로냐가 있는 에밀리아-로마냐 주가 가장 높으며, 이를 포함하여 토스카나 주(주도 피렌체), 트렌티노 알토 아디제 주 등 3개 주가 가장 높은 그룹을 형성하고 있다.

그림 55에서 보듯이 에밀리아-로마냐 주에는 소기업으로 이루어진 100개가 넘는 클러스터들이 형성되어 있고, 이 안에서 다양한 협동경제가 활성화되어 있다. 그리고 이 협동경제는 지역공동체 안에 뿌리내리고 있는 사회관계망이 형성되어 있기 때문에 가능할 수 있었고, 이러한 사회적 자본이 협동경제, 나아가 사회적경제에 튼튼한 토양이 되었다. 2017년 기준 이탈리아 사회적협동조합은 15,100개이며, 총 433,451명을 고용하고 있다.[326] 1개 협동조합당 28.7명을 고용하고 있다. 사회적협동조합을 제외한 협동조합은 모두 42,318개이니, 전체 협동조합 중에서 26.3%를 차지하고 있다.

다음 그림 56은 최근 사회적경제 조직에서 사회적협동조합의 증가가 눈에 띈다. 2012~2017년 자료를 보면 기타협동조합은 정체 현상을 보이는 반면, 사회적협동조합은 5년 사이에 개수에서 13.2%, 고용에서는 28.3%가 성장했다. 특히 사회적협동조합 간의 컨소시엄이 출범 초기부터 활성화된 것이 눈에 띈다. 그림 56을 보면, 2001년 기준 사회적협동조합이 총 5,515개인데 북부 지역에 발달되어 있는 사회적협동조합 컨소시엄은 무려 197개나 된다.

그림 56. 이탈리아 사회적협동조합 추이[327]

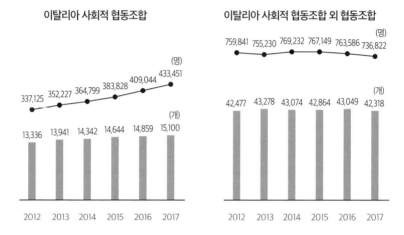

볼로냐 대학의 협동조합 권위자인 스테파노 자마니(Stefano Zamagni) 경제학과 교수는 볼로냐의 협동조합이 발달한 원인은 두 가지로 하나는 네트워크 구조이고 다른 하나는 법과 제도라면서 다음과 같이 설명했다.

"볼로냐는 중세시대부터 군주제나 공화국의 형태가 아닌 자치 형태를 띠는 도시였다. 다른 도시에서 볼 수 있는 왕족이나 귀족 이 없었다. 또한 다른 사람들의 간섭이나 수직 지위체계를 싫어 했기 때문에, 협동조합이 사회와 밀접한 관계를 맺고 서로 평등 한 자리를 가지며 정착해 나갈 수 있었다. 협동조합이 이곳에서

　지역이 묻고 사회적경제가 답하다

번성하게 된 주요한 이유 가운데 하나는 전통적으로 계급 문화가 뿌리내리지 않았기 때문이다. 볼로냐에는 일찍이 1257년에 노예를 폐지하는 법률이 생겼을 정도로 평등을 추구하는 지역이었다."[328]

이는 주로 네트워크, 규범, 신뢰 등을 포함한 사회적 자본을 정교하게 개념화시킨 퍼트넘 교수의 분석과 밀접한 관련이 있다. 퍼트넘 교수는 《사회적 자본과 민주주의: 이탈리아의 지방자치와 시민적 전통》에서 다음과 같이 분석했다.

"20세기 후기에 시민 참여의 특징을 가지고 있는 지역들은 거의 틀림없이 19세기에는 협동조합, 문화적 결사체, 상조회들이 가장 활발하게 조직되었던 지역이었으며, 또한 12세기에는 주민결사체, 종교적 모임, 길드들이 공동체적 공화정의 번영에 기여하였던 지역이었다. 그리고 그런 시민적 지역들이 한 세기 전에는 경제적으로 특별히 더 발전되지는 않았지만, 이후에는 경제적 업적 및 (적어도 지역정부 성립 이후) 정부의 성취도에 있어서 모두 이들 지역은 시민성이 낮은 지역들을 꾸준히 능가하였다. 시민적 전통의 이러한 놀라운 지속력은 과거의 전통이 강력한 힘을 발휘하고 있음을 보여 준다."[329]

이런 맥락에서 퍼트넘 교수는 신뢰와 시민적 연대와 참여를 가장 중요시하여 조직 활동이 신뢰를 증진시킨다고 본 것이다. 이탈리아 북부 및 중부 지역에서 발달한 협동조합과 시민 참여 정신의 근원을 멀리 12세기의 공화정 전통까지 거슬러 간 것이다. 이탈리아 볼로냐는 우선 중세시대부터 자치 형태를 띠었고, 상공업자들이 서로 협력하는 길드 전통에, 1800년대 후반 사회주의 운동으로 협동조합은 더욱 힘을 받게 되었다. 여기에서 법적인 뒷받침은 그 성장을 도왔다.

37장

사회적 자본 축적을 위한 제도적 지원

국가와 함께 그리고 헌법과 더불어서 이탈리아의 가장 기초적인 법과 아울러 협동조합의 법적인 뒷받침이 이루어졌다. 협동조합 운용에 관한 법 조항이 존재하면서 사회적 영향, 기업 형태로서 협동조합의 사회적 가치에 관한 법 조항도 존재한다. 이탈리아 헌법에서는 협동조합을 인정하고 장려했다.

이탈리아는 헌법 45조에서 협동조합을 권장하며, 상부상조해야 한다고 법으로 정했다. 협동조합 관계법에 의해서 개별 협동조합에 대한 감사를 연합회가 하도록 하고 있다. 물론 개별 협동조합은 연합회에 가입하지 않을 수 있지만, 그럴 경우 정부의 감사를 받아야 한다.

> "이탈리아 헌법(Constituzione della Repubblica Italiana) 제45조:
> Art 45. 사적 이윤을 추구하지 않는 협력, 즉 협동조합 등의 사회
> 적 기능을 인정한다. 헌법은 적절한 수단을 통해 협력을 증진하

고 보호하며 그 목적을 달성한다." [330]

1971년 법률 127을 개정하여 협동조합이 조합원들에게 돈을 빌리는 것을 허용한다. [331] 하지만 이 돈은 다른 곳에 투자하지는 못하고 자기 협동조합에만 투자할 수 있다. 현재 한국의 아이쿱생협이 이런 방법을 사용하고 있으나 한국에서는 법률 미비로 일부 언론에서부터 조합원에게 돈을 빌리는 것에 대한 지적을 받고 있다. 또는 한국 협동조합은 자금 조달을 위해 조합채를 발행하여 조합원에게 사업의 규모를 위하여 차입을 받는 경우를 말한다. 이러한 경우 소합원 차입금으로 채권의 안정을 보장해야 하며, 한도액을 설정하고 용도와 목적으로 분명히 해야 한다. 조합채의 범위를 정하고 협동조합이 감당할 수 있는 한도 내에서 발행하도록 하고 있다.

1977년 법률 904, 판돌피법(Pandolfi Law)은 비분할자본에 대해서는 과세를 하지 않고 사업을 청산할 경우 상위 협동조합 또는 사회에 귀속하는 법이다. [332] 비분할자본에 대해 과세를 하지 않으면 협동조합은 단기 계획에 따른 투자보다 중장기 계획에 따른 투자를 할 수 있다. 즉, 공동자본을 형성하게 되는데 이는 비조합원 거래에서 발생하는 이익인 비분할자본 또는 불분할자본으로 구분되며 협동조합의 순이익 중 조합원에게 배당되지 않고 협동조합 내부에 축적되는 자본이다. 물론 조합원이 이용하여 발생한 수익은 조합원에게 돌려주는 형태의 배당, 포인트, 또는 상품가격 할인 등으로 제공하고 있다.

예를 들어 동네 빵집 사장들이 모여 협동조합을 만들었을 경우, 사장들이 손님에게 빵을 파는 것 자체는 '이윤'이 목적이지만, 협동조합을 결성한 목적은 원재료의 공동구매, 시설 공동 활용 등과 같은 '이용'을 위해서다. 조합 차원에서 거래를 통해 발생한 이윤은 조합원들에게 환급되지만, 조합원이 아닌 빵집 사장에게 시설을 빌려주는 등 비조합 간의 거래에서 발생한 이익은 환급하지 않고, 비분할자본에 적립해야 영리법인으로 취급될 가능성을 배제할 수 있는 것이다.

2017년 10월 출간된 유럽연합협동조합공통원칙(PECOL, Principles of European Cooperative Law)에서도 협동조합은 조합원 거래와 비조합원 거래가 실행될 경우에는 이를 별도 계정으로 관리하고 거래로 인한 이익은 비분할 적립금으로 취급한다고 규정하였다.[333] 협동조합이 해산되더라도 공공의 재산으로 넘어가게 하는 등 영리적 성격을 배제하는 것이다.

1983년에 제정한 비센티니법(Visentini Law)은 협동조합이 주식회사나 유한회사를 설립하거나 지분을 인수 보유하는 것을 인정하였다.[334] 1985년에 마르코라법(Marcoral Law)은 노동자 3명 이상이 모여 사업을 시작할 때 노동자들이 모은 전체 자본금의 3배를 정부가 지원하는 법이다. 그런데 이 법은 이후 2000년에 개정되어 정부가 지원하는 자금 규모를 노동자들이 모은 자금과 같은 비율로 그리고 단순 지원이 아니라 대출로 하여 원금을 회수하는 방식으로 바뀌었다.

1991년 사회적협동조합에 관련 법 제381호를 제정하여 사회복지 유형(A 형)과 노동통합 유형(B 형)으로 구분하고, 사회적협동조합의 자원봉사는 전체 조합원이 50%를 넘지 않도록 규정했다.[335] 이 법 조항에서 사회적 서비스 부문에서 활동하고 있는 새로운 형태의 협동조합을 승인했다. 이때부터 '사회적협동조합'이라는 이름을 공식적으로 사용하기 시작했다. A 유형은 사회·보건·교육 서비스를 통해 시민들의 사회적 수준을 통합하고, 인권을 증진시키는 지역 공동체 형성에 목적을 두고 있으며, B 유형은 장애우들을 포함한 취약계층 일자리 확보를 위해 농업이나 2차 산업 또는 서비스 분야에서 활동 영역을 구축하고 있다.[336]

1992년에는 협동조합에 펀드를 할 수 있게 하여 조합원 가운데 투자만 하는 조합원이 가능하게 하였다.[337] 자본납입의 의무를 갖지만, 거버넌스에는 참여하지 않는 투자 조합원이 실질적으로 허용되면서 협동조합 자본 조달의 방안이 마련된 것이다. 아울러 연합회의 회원 협동조합은 수익의 3%를 공제기금으로 적립하도록 하여 어려움을 겪을 때 상호부조를 할 수 있는 상력한 공동체를 만들었다.

이처럼 이탈리아에서는 다양한 법과 제도가 협동조합과 사회적경제를 지원하고 있고 또한 자율적인 네트워크를 통해서 사업의 긍정적인 시너지를 창출하고 있다. 〈1991년 사회적협동조합에 관한 법 제381호〉그 내용은 다음과 같다.[338]

(1) 사회적협동조합은 공동체의 보편적 이익과 시민들의 사회 통합을 목적으로 활동해야 한다.

→ 전통적협동조합은 조합원들을 대상으로 사업을 수행해야 하며, 그 혜택 또한 조합원들에게 돌아간다. 이와 달리 사회적협동조합은 외부 비조합원도 사업과 수혜의 대상이 되는 개방성과 사회성을 갖는다.

(2) 조합원은 노동자·이용자·자원봉사자·재정후원자·법인(지방정부를 포함)으로 구성할 수 있으며 자원봉사자는 전체 조합원 수의 50%를 넘지 못한다.

→ 다원적인 조합원 구조를 갖되 노동자 조합원들의 지위와 권리를 보장하기 위해 자원봉사 조합원들의 비율을 제한하였다.

(3) 조합원에 대한 이익금 배당은 전체 이익금의 80%를 넘어서는 안 되고 1구좌의 배당률은 이탈리아 우체국 발행 채권 수익률인 2%를 넘을 수 없으며, 청산할 때 자산 이익은 조합원들에게 분배되지 않는다.
→ 조합원들의 배타적 이익을 제한함으로써 조합의 사회적 성격과 역할을 강조하는 것이다.

(4) 사회적협동조합은 활동 유형에 따라 취약계층에 사회적 서비스를 공급하는 A 유형 협동조합과 사회적 소외계층들을 고용하여 상품과 서비스를 생산하는 B 유형 협동조합으로 구분하며, B 유형에는 사회적 소외계층들의 전체 고용이 30% 이상을 차지해야 한다.
→ 시민들의 사회적 수준을 통합하고, 인권을 증진시키는 지역 공동체 형성에 목적을 두고 있으며, 취약계층 일자리 확보를 위해 농업이나 2차 산업 또는 서비스 분야에서 활동 영역을 구축하고 있다.

(5) 정부 및 공공부문은 사회적 서비스를 생산하기 위해 법률이 정한 자선조직과 사회적협동조합과 계약할 수 있으며, 매출에 대한 부가가치세를 4%까지 감면한다. 또한, 공적으로 요구되는 상품이나 서비스의 20%까지 B 유형의 사회적협동조합에 할당할 수 있으며, 이 조합들은 사회보장 부담세를 면제받는다.

우리나라에서 협동조합의 발전에 제약이 되는 요소들이 산재해 있는 것이 사실이다. 윤호중 의원은 2020년 11월에 열린 '협동조합 정체성을 강화하는 세제 개편 방향'을 주제로 한 공동포럼에서 다음과 같이 말했다. 대표적으로 협동조합기본법상 "사회적협동조합만이 비영리법인으로 특정되어 일반협동조합들에 대해서는 영리회사와 동일한 세제 기준을 적용하는 문제를 꼽을 수 있다"라며 "일반 기업 형태와의 과세 형평성을 검토하여 협동조합 정체성에 맞는 조세 제도를 설계하는 것이 시급하다."[339]

협동조합은 문재인 정부의 주요 경제정책 방향인 '포용성장' 및 '사람 중심 경제' 구현에 적합힌 기업의 형태로 알려저 있다. 조속히 세제 개편을 통해 협동조합 권익의 향상과 지속가능한 협동조합 생태계 구축을 달성할 수 있도록 법·제도 개편이 필요하다. 정부는 사회적경제기본법 제정을 통해 통합적인 사회적경제 생태계 조성을 지원해야 하며, 타 선진국과 비교할 때 국내 사회적경제 조직간 연대경험이 취약하기 때문에 사회적경제 생태계를 조성하여야 한다. 이럴 경우 사회적 자본 확충과 활용이 가능하도록 공유네트워크, 인적자본, 사회적 금융자본, 그리고 판로 등을 구축하여 민·관 거버넌스를 통해 정책을 공동생산함으로써 시민사회의 역량강화와 보편타당한 원리가 실현되도록 추진 전략을 마련해야 한다.

결론

'나, 사회적경제(I, Social Economy)'

　우리사회에 존재하는 다양한 차이들이 일상적인 삶 속에 얽히고설키면서 차이를 비켜 가기 어려운 사회가 되었다. 특히 대한민국 사회는 포용적인 우리를 원하는 태도와 배타적인 우리를 원하는 태도 사이에 혼란스러워하고 있다.

　2016년 칸 국제영화제 황금종려상 수상작 〈나, 다니엘 블레이크(I, Daniel Blake)〉는 심장질환으로 일을 할 수 없게 된 목수가 생계를 위해 실업급여를 신청하지만 거듭 거절당하다 숨을 거두는 내용이다. 영화 '나, 다니엘 블레이크'는 어두운 화면과 함께 그의 건강과 미래의 전망에 대해 다니엘을 인터뷰하는 한 사회복지사의 목소리만 들린다.

　주인공 다니엘은 지병인 심장병이 악화돼서 일을 계속할 수 없는 상황에 처한다. 이러한 상황에서 그는 정부에서 질병 치료 시 보조해 주는 수당을 받기 위해 관공서를 찾아가지만 사소한 수십 개의 질문과 복잡한 관료적인 절차 때문에 신청은 지지부진해지면서 결국 질병수당도 실업수당도 모두 사라지게 된다.

　현실에서 충분히 있을 수 있는 일이다. 또 현실을 이해하지 못한 허점투성이인 시스템들이 있다. 이러한 혜택들을 받기 위해서 가난을 증명해야 하고 그 과정에서 인간의 기본적인 자존심마저 짓밟히는 순간이다. 정당한 권리를 요구하는 것이겠지만 다른 사람들은 안 좋은 시선으로 바라볼 수도 있다. 장애인, 노인, 사회적 약자, 취약계층 또는 도움이 필요한 사람들에게 보내는 그런 시선들을 생각해 보게 된다. 자신이 어려운 상황에서도 이웃을 돕고 한없이 따뜻했던 다니엘은 그저 같은 사람으로서 당연한 권리를 요구한 것뿐이었다. 〈나, 다니엘 블레이크〉는 인간의 가치에 관한 것이다. 영화는 다니엘의 장례식에서 그가 질병수당 항소 때 읽기 위해 준비했던 글의 낭독으로 끝난다.

> *"나는 내 권리를 요구하고 인간의 존중을 요구한다.*
> *나는 한 사람의 시민이지 그 이상도 그 이하도 아니다"* [340]

켄 로치(Ken Loach) 감독은 칸 국제영화제 황금종려상 수상 후, "우리는 희망의 메시지를 사람들에게 보여 줘야 한다. 다른 세상이 가능하다고 말해야 한다"라는 가슴 뭉클한 수상 소감을 전했다. [341] 신자유주의의 대표적 정책인 영국의 대처리즘(Thatcherism, 영국 경제의 재생을 위한 마가렛 대처 수상의 사회·경제 정책)을 끊임없이 비판해 온 켄 로치 감독은 홈리스, 노동자, 실직자들을 주인공으로 다양한 사회적 소재를 영화에 녹여 왔고 항상 약자들의 편에 서서 목소리를 높여 왔다. 이 영화에서도 다니엘이 주장하는 인간으로서의 존엄성은 너무나도 당연하고 기본적인 권리임에도 꽉 막힌 사회 시스템 앞에 번번이 좌절된다. 잘못된 시스템이 유발하는 실업, 빈곤마저도 개인의 책임으로 돌리는 사회에서 보편적인 진리인 인간의 존엄과 인간의 권리를 주장하는 이 영화를 통해 우리사회는 새로운 시스템을 찾아야 한다.

우리는 여기에서 다시 한번 정부와 시장에서 말하는 경제의 목적이 무엇인지 고민해야 할 때이다. 사회를 전제로 한 경제, 그리고 인간의 얼굴을 한 경제가 목표여야 하지 않을까. 시대적으로 살펴봤듯이 정부와 시장의 실패는 사회와 분리된 맹목적인 경제를 추구하는 것이었다면, 이제는 사회와 경제가 한 몸으로서 1997년 IMF와 2008년 세계금융위기 그리고 지금의 코로나 19 위기를 겪으면서 더욱 중요해지는 이유가 여기에 있다. 코로나 19로 어려움에 처하고 복지의 사각지대에 놓인 사람들이 많을 것이다. 어려운 상황에 놓인 사람들도 우리랑 똑같은 사람이라는 것. 무시해도 되는 사람들이 아닌 같이 존중하고 도우며 살아가야 한다는 것, 그것이 이 영화에서 말하고 싶은 것이 아닐까. 〈나, 다니엘 블레이크〉는 슬픈 영화이지만, 아름다운 연대를 이야기하고 있다. 다니엘이 말하는 사람 중심의 경제 그 사회적경제가 우리사회를 연결하고 우리사회가 건강해지는 당연한 진리를 기반으로 영화를 통해 사회적경제를 바라본다.

사회적경제 생태계 조성을 위한 지역 전략

사회적경제 역시 인간의 가치에 관한 것이다. 사회적경제는 경제적 절망 속에서 연대를 통해 지역공동체를 회복할 수 있는 사람 중심에 목표를 두고 있다. 이 책에서 다루고 있는 내용은 사회적경제 생태계 조성을 위해 지역을 중심으로 이야기하고 있다. 다만 지속가능한 사회적경제 생태계 조성을 위한 정책들이 미흡한 상황이라, 책 내용을 정리하는 차원에서 몇 가지 정책적 제언을 제시하는 것으로 마무리하였다.

특히 사회적경제는 사회적자본의 토대 위에 있듯이, 풀뿌리 참여 민주주의, 지역 사회적경제 재생을 토대로 하고 있으며, 현재 우리사회 위기를 극복하는 대안이 될 것이다. 지역발전은 사회적경제가 토대가 되어 지역 공동체 회복과 지역사회에 많은 공헌을 할 수 있는 사회적경제의 미래를 기대해 본다. 이런 관점에서 사회적경제를 기반으로 하는 지역발전 전략이 필요하다.

사회적경제 잠재력을 적극 활용

먼저 지역은 사회적경제의 잠재력을 적극 활용하여야 한다. 다양한 경험과 학문적 토대를 배경으로 사회적경제와 지역개발은 상호 작용을 강화하고 있다는 사실을 확인할 수 있다. 또한 지역발전 전략은 사회적경제 조직의 역할을 강조하고 있다. 사회적경제 잠재력을 활용함으로써 중앙정부, 지방정부 및 지역공동체는 사회적경제 확장을 지원하면서 지역 개발을 강화할 수 있다.

정부는 명확한 재정 지원뿐만 아니라 사회적경제의 법적·제도적 인식, 기본법 및 국가 프로그램 적용을 촉진함으로써 지역개발에 강력한 영향을 미칠 수 있다. 지역 및 기타 하위 수준의 공동체는 명확하게 지역 개발 목표 및 우선순위에 연관된 사회적경제 전략을 채택함에 따라 상호 간 시너지 효과를 극대화할 수 있다. 그만큼 국가적, 지역적 차원에서의 전략은 공동건설 접근을 통해 성공적이고 효과적인 실행을 보장한다. 예를 들어 EU의 지원은 EU 국가들에 지역 수준의 사회적경제 확장에 매우 중요한 역할을 하고 있다. EU 위원회는 2021년에 사회적경제를 위한 유럽행동계획(European Action Plan for Social Economy in 2021)을 제안하고 있다.[342] 이는 사회적경제를 위한 지역발전 전략에 보다 많은 지원과 자원을 제공하는 새로운 기회를 열어 줄 것이라고 믿고 있기 때문이다.

지역 우선순위와 달성 가능한 목표에 전략을 집중

그리고 사회적경제를 위한 지역발전 전략은 사람들의 웰빙(well-being), 일자리 기회 및 지역의 자유로운 이동성을 지원하는 동시에 지역의 매력과 회복력을 증진시키는 데 기여할 수 있다. 이는 곧 지역의 경쟁력을 강화하는 것이다.

성공하기 위한 전략으로서 몇 가지 주요 목표에 초점을 맞추고, 명확하고 식별가능하며 안전한 자금 출처를 확보해야 한다. 일부 지역발전 전략은 사회적경제 개발을 지원하는 데 사용할 수 있는 자원을 나타내는 재정계획이 명확하게 정의되어 있지 않다. 또는 다른 지역발전 전략은 실행과 모니터링에 대해 능력 부족이 발생할 수 있는 많은 목표를 설정한다. 지역발전 전략은 활동의 이행을 촉진하기 위해 명확한 자금 배정과 함께 달성 가능한 우선순위와 목표에 초점을 맞춘다면 측정 가능한 효과를 얻을 수 있을 것이다.

지속가능성을 위한 사회적·경제적 영향 평가

특히 사회적경제 조직의 사회적·경제적 가치에 대한 평가는 수집할 데이터의 특성과 방법에 대한 합의 부족으로 인해 문제의 소지가 될 수 있다. 한편으로는 지역별로 세분화할 수 있고, 지역 개발과 관련 있으면서 사회적경제의 특수성, 즉 거버넌스 또는 자원의 사용 등을 고려하는 특정 데이터를 개발할 필요가 있다. 또한, 사회적 영향을 측정하는 것은 사회적경제 조직과 사회적경제기업의 광범위한 영향을 포착하는 것을 목표로 하기 때문에 상당히 어려운 과제이기도 하다. 문제는 중요한 사회적 차원에서 유형 및 무형의 영향과 관련되어 있다는 사실로 인해 이러한 광범위한 영향의 특성이 평가를 복잡하게 만들고 있다.

분석된 지역 중 일부는 지속가능성을 위한 영향을 평가하는 데 있어 사회적경제를 위한 지역의 사회적경제 조직 지원기관 협의체를 두었지만, 영향 측정이나 평가에 대한 공식적인 데이터가 반드시 쉽게 이용 가능한 것은 아니다. 따라서 정부나 지역에서 개발한 지속가능성을 위한 평가 도구는 지역 수준에서 정책 이니셔티브와 사회적 영향 간의 연결을 설정하는 데 도움이 될 수 있다. 그리고 사회적경제 조직, 지역 관계자 및 학계와 연관된 파트너십은 사회적경제에 대한 지역개발 전략의 영향을 측정하는 그 중요성에 대한 인식의 범위를 넓히는 데 도움이 될 수 있다.

지역 간 지식 공유를 위한 모든 기회를 활용

무엇보다도 사회적경제를 위한 지역 간 지식 공유는 정보에 입각하여 지역개발 전략을 확대하는 데 크게 도움이 될 수 있다. 사회적경제의 지역 네트워크는 지역의 사회적경제의 주요 동향과 활동들을 분석하고 비교하기 위해 체계적인 방법론을 개발할 수 있다. 이러한 네트워크에서 생산된 지식은 지방정부뿐만 아니라 사회적경제 조직들이 개발 전략과 그 우선순위를 정의하는 데 큰 도움이 될 수 있다. 대부분의 학자는 사회적경제 조직의 협력적 네트워크시스템 구축이 필요함을 공통적으로 지적하

지역이 묻고 사회적경제가 답하다

며, 이러한 협력적 네트워크시스템은 지역의 사회적 자본이자 핵심역량으로 기능하고 기업과 지역의 지속가능한 발전에 기초가 된다는 점을 강조하고 있다.[343]

이는 효율성과 생산성 중심의 이해관계가 아닌, 지역을 기반으로 한 다양한 조직들의 영리성과 공익성을 동시에 추구하는 사회적경제 개념으로, 지역 내부뿐만 아니라, 외부 조직과의 유기적인 연계를 기반으로 하는 협력적 네트워크라고 할 수 있다. 이렇듯 여러 지역 간의 상호 학습을 통한 지식을 공유하고 도와주는 다양한 도구와 조치를 제공할 필요가 있다. 또한, 중앙정부 또는 지방정부는 기금 및 프로그램을 통해 광범위한 주제 내에서 사회적경제 조직들의 상호 학습 활동에 자금을 지원해야 한다.

그림 57. 사회적경제와 지역개발 전략[344]

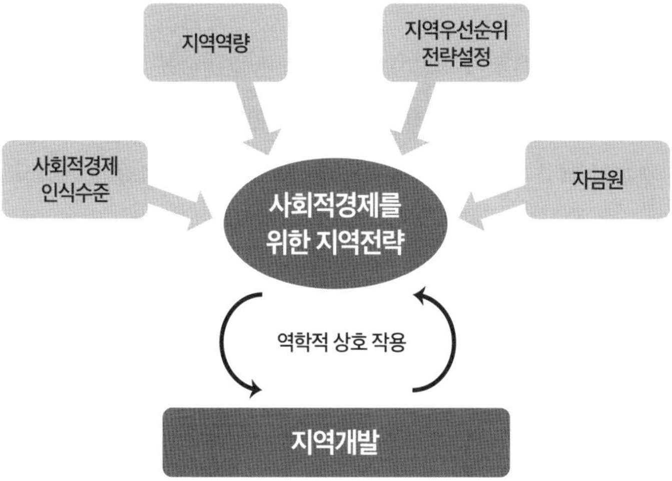

지역역량

지역우선순위 전략설정

사회적경제 인식수준

자금원

사회적경제를 위한 지역전략

역학적 상호 작용

지역개발

사회적금융 시스템에 대한 인식과 체계 수립

또한 세계적으로 사회적경제 조직의 자금원이 변화하고 있다. 따라서 사회적경제가 공공기금이 아니라 소비자나 기업과 같은 민간펀드로부터 자금을 조달하는 사회적금융 시스템에 대한 인식과 체계를 만들어야 한다.

이탈리아의 경우 볼로냐 지역에 레가코프(Lega Coop, 협동조합연합회)는 좀 더 적극적으로 경제 위기에 대처해 나가고 있다. 모든 협동조합이 얻수익의 3%를 직립한 후 코프펀드(CoopFund)라는 연대기금을 만들어서 협동조합을 대표해서 조합원들만의 금융수단을 만드는 것에 의미가 크다.[345] 그리고 협동조합을 통해 인수된 자금은 협동조합에 위기 상황이 닥치거나 협동조합이 해외 컨벤션에 참여하거나 투자 유치 과정에서 다시금 사용되고 있다.

또한 캐나다 퀘벡주의 노조 연대기금이나 인내자본 기금, 공동체 대출기금처럼 공동체의 자산 축적을 자본증식보다 더 중요하게 여기는 것은 유럽 전체의 현상이다.[346] 이탈리아 협동조합 성공의 열쇠는 거대한 보험회사와 코프펀드라고 하는 대규모 연대기금이다. 이처럼 사회적경제에서 금융 부분은 중요한 역할을 하고 있다.

코로나 19로 인해 우리의 일상을 멈춰 세웠고, 당연히 사회적경제 조직들 역시 코로나 19로 고통을 받고 있다. 사회적경제가 제대로 원활하게 돌아가면서 다양한 사회적 문제를 해결할 수 있는 힘을 불어넣는 사회적금융 대응이 필요하다. 사회가치연대기금을 통해 사회적금융에 대한 인식을 확산하고 접근성을 향상시켜 기존 금융 관행의 구심력을 벗어나 새로운 질서를 만들어 내는 금융 정책이 필요하다.

이런 위기의 상황 속에서 그리고 사회가치연대기금의 필요성에 대한 인식 차원에서 정부는 소셜벤처 등 각종 사회적경제 분야의 종사자 및 사회적금융, 법제 전문가 등으로 제3기 '사회적경제 전문위원회'를 구성하고 운영 중에 있다.[347] 2020년 3월 2일부터 시작된 제3기 전문위원회의 주요 논의사항으로는 사회적경제 분야에 코로나 19 대응 현황과 향후 계획을 통해 사회적금융을 추진한다는 계획이다. 또한, 제3기 위원회는 사회적경제 관련법을 21대 국회 입법 추진 전략으로 제도적인 장치를 마련하겠다는 계획이다.

지역공동체 회복을 위한 다양한 참여 강화

거버넌스 차원으로 지역공동체 회복과 지역발전 전략 개발에 있어서 정부 수준, 즉 국가 및 기타 하위 정부 기관, 학계, 금융기관, 사회적경제 네트워크 등의 이해관계자들의 참여는 많은 강점을 가지고 있다. 특히 이들은 목표와 우선순위에 대한 더 큰 소유권을 가지고 기꺼이 실행에 협력할 의향이 있을 것이다. 또한, 사용자 관점에 대한 소중한 정보도 기꺼이 제공한다. 지역 이해관계자는 지식 공유를 지원하면서 지역 전체에 모범 사례를 보다 잘 전달할 수 있다. 모든 이해관계자의 참여가 효과적으로 보장되고 정부 차원에서 사회적경제 개발에 다양한 참여를 촉진하기 위한 메커니즘을 제도화할 필요가 있다.

사회연대경제의 지역회의소(CRESS, Chambres Regionales de l' Economie Sociale et Solidaires)와 지역회의(Conferences Reginales)는 2014년 제정된

국가기본법(8조)으로서 프랑스의 경험을 통해 이러한 점에서 성공적이었다는 것이 증명되고 있다. 이 회의의 목적은 2년에 걸쳐 수행된 조치를 파악하고 향후 방향을 설정하는 것이다. 또한, 일부 유럽 국가에서는 강력한 협동조합 네트워크도 지역공동체와 함께 사회적경제를 위해 공동 구축된 전략을 채택하는 데 중요한 역할을 하고 있다. 이는 사회적경제와 사회적기업가정신을 위한 국가 전략을 채택하고 그 이행을 지역에 위임한 국가들에게는 특히 고무적일 수 있다.

따라서 정부, 지방정부, 민간기업, 사회적경제 조직, 대학과 협력구조 등의 사회적경제네트워크를 통한 참여를 강화하는 메커니즘을 만들어야 한다. 중앙 정부와 지방정부의 지역 발전 사업에서 시민들의 참여와 결정권이 확대되어야 하고, 소외지역에 우선적으로 자원을 투입하여야 한다. 지역의 청년·아동·여성에 대한 지원을 강화하고, 사회적기업, 협동조합, 마을기업, 자활기업 등 사회적경제기업에서 일자리를 찾을 수 있도록 연계해야 한다.

사회적경제 생태계 조성을 위한 장애요인 제거

마지막으로 중앙정부와 지방정부는 사회적경제 생태계 조성을 위한 장애물들을 걷어 내야 한다. 문재인 정부는 사회적경제 활성화를 100대 국정과제로 채택하고 다양한 정책을 개발해 시행 중이다. 이에 따라 사회적경제기업들은 사회적경제 가치를 실현하는 이상적인 조직으로 부각되고 있지만, 보다 내실 있는 추진을 위하여 중요과제 발굴 및 정책수립 지원 관계 전문가를 포함한 관련 분야 종사자 및 노동계 등은 사회적경제 활성화를 가로막는 장애요인들을 구분하여 제거해 나가는 노력이 필요할 것이다.

먼저, 사회적경제기업 등의 개념에 대한 인식과 이해 부족이 발생하고 있다. 그리고 사회적경제에 대한 재정, 인지도 제고 등과 같은 지원이 중앙 및 지방정부 차원에 의해 이루어지는 것이라는 인식이 있어 사회적경제 발전에 장애요인이 되고 있다. 또한, 사회적경제와 관련된 데이터베이스(DB) 즉, 공식적인 통계나 신뢰할 만한 데이터 등 사회적경제의 가시성을 나타낼 수 있는 인프라가 취약하여 인지도나 이해 부족이 발생하고 있다.

사회적경제와 관련된 문제에 대해 중앙정부, 지방정부 및 정부 부처 간 의견이 조율되지 않는 경우가 발생하고, 일부 경우에는 정치적 상황에 따라 정부기관이 큰 영향을 받기도 한다. 사회적경제 조직들이 정부와 협력하는 데 있어 관료주의가 나타나 매우 높은 장애요인으로 작용할 수 있다. 따라서 중앙정부와 지방정부는 책임감 있는 정책 개발이나 사회적경제를 장려할 수 있는 리더십과 조직을 확실하게 운영하여야 한다. 일부 지역의 언론과 행정가들이 사회적경제의 필요성에 대한 인식이 없다고 응답하고, 비영리조직에 의해 이루어지는 경제활동을 신뢰하지 않거나 거부하는 경우도 존재하는 것으로 나타난다. 중앙에서 국가적 차원의 전략을 수립하고 지역의 사회적경제 분야가 우선 정책 과제로 고려되기 위해서는 리더십과 조직이 건재해야 할 것이다.

사회적경제기업 제품을 우선 구매하는 공공조달 제도 등의 규제변화로 인한 제도적 장벽으로 사회적경제 조직들의 운영에 장애가 되는 경우가 있다. 예를 들어 공공 구매 계약조건들이 사회적 가치보다는 시장 가격이 우선되는 경향이 나타날 수 있다. 정부는 사회적경제의 생산품과 서비스를 적극 구매하는 등 공공시장에서 사회적경제기업이 판로를 확대할 수 있는 길을 넓혀야 한다. 따라서 3기 사회적경제 전문위원회는 논의사항을 확대시켜 이런 제도적인 문제점들을 보완할 수 있어야 하고, 코로나 19로부터 우리의 일상을 회복할 수 있는 계획들을 마련할 필요가 있다.

무엇보다도 정부는 강력한 법을 통해 경제활동에서 '시민의 참여와 공정한 기회'를 강조하는 사회연대경제 정신을 담는 사회적경제가치법을 정비해야 할 것이다. 추상적이고 모호한 사회적 가치의 정의보다는 경쟁이 아니라 협동 그리고 자본이 아니라 사람 중심으로 사회적문제를 해결하기 위해서는 우리가 모두 합의할 수 있는 사회적경제가치법이 필요하다.

사회적경제 관련 조례를 제정한 지방정부는 170여 개 정도 된다고 한다. 지역은 이미 사회적경제를 제도로써 활성화할 준비가 되었다. 준비가 부족한 쪽은 중앙정부와 국회라고 할 수 있다. 사회적경제는 우리가 당면한 시급한 두 가지 문제, 즉 코로나 19로 인해 더 극심해진 저성장과 양극화를 해결할 수 있는 대안적 경제모델이다. 그렇기에 사회적경제에 대한 지역주민들의 인식을 높이며 사회적경제 생태계 구축을 위한 법·제도적 시스템을 정비하는 데 정부가 더욱 적극적으로 나서야 할 때이다.

'나, 다니엘 블레이크'는 모두가 행복한 사회를 꿈꾸는 아름다운 이야기다. 이는 대한민국에 살고 있는 우리에게 강력한 울림을 주고 있다. 켄 로치 감독이 칸 국제영화제 황금종려상 수상 후 밝힌 수상소감처럼 정부는 희망의 메시지를 사람들에게 보여 줘야 한다. 그리고 다른 세상이 가능하다고 말해야 한다.

들어가며

1. 마이클 샌델(Michael J. Sandel), 《공정하다는 착각: 능력주의는 모두에게 같은 기회를 제공하는가》, 함규진 역, 와이즈베리, 2020.

2. 마이클 샌델(Michael J. Sandel), 《정의란 무엇인가》, 김명철 역, 와이즈베리, 2014.

3. 알래스데어 매킨타이어(A. MacIntyre), 《윤리의 역사, 도덕의 이론(A Short History of Ethics)》, 김민철 역, 철학과 현실사, 2004. 이 책에서 매킨타이어는 다음과 같이 지적함. "만약 한 사회가 12명으로 구성된 상황에서, 10명이 가학성 변태성욕자이고, 그들이 나머지 2명을 고문하면서 쾌락을 느낀다면 어떻게 될까? 공리주의 원리는 2명이 고문을 당해 마땅하다고 설명할 수밖에 없다."-매킨타이어, 《윤리의 역사, 도덕의 이론》(A Short History of Ethics, 1967, pp. 238). 매킨타이어의 지적처럼, 두 사람이 고문을 당할 때 행복의 총합이 더 커진다면, 공리주의는 고문을 정당화하는 선택을 내릴 수밖에 없음. 따라서 공리주의는 가장 기본적인 개인이 권리와 자유를 위한 기반으로 부적절하다는 것. 물론 이론 정립 과정에서 논란과 비판이 될 만한 표적을 잘못 선정하는 한편 자신의 합리성 개념의 정당화에 지나치게 집착하는 논리 전개에 허점을 드러내고는 있지만, 분명한 것은 매킨타이어가 현대사회의 문제점을 치유하고자 제시한 공동체와 이를 위한 목적론적 이상은 오늘날의 지나친 개인주의적 병폐들을 개선하기 위한 훌륭한 대안 중 하나로써 많은 사람에 의해 인정을 받고 있다는 사실.

4. 가수 나훈아가 작사 및 작곡한 트로트 노래 제목. 소크라테스에게 형이라고 부르며 인생과 사랑, 그리고 흐르는 시간과 세월에 대한 고민을 묻는 내용.

5. 〈불평등한 세계, 머튼이 마르크스를 호출하다(가톨릭 일꾼을 위한 칼럼)〉중에서. 《가족에게 권하는 인문학》 저자 유형선 칼럼을 보려면 https://blog.naver.com/august0909/221519705515

6. 2018년 12월 10일 청와대 국민청원 게시판에는 '아들의 중증 자폐로 인한 엄마의 존속살인'이라는 제목으로 도움을 요청하는 글이 게시됐음. 경기도 수원에서 42세 자폐성장애 아들을 키우다 벼랑 끝에 몰린 어머니의 동반자살 실패로 인한 존속살인 사건이 일어나면서, 발달장애인들을 키우는 사회적 냉대와 차가운 현실을 다시 한번 되돌아보게 함.

7. 우리나라에서 취약계층인 발달장애인을 보호하는 데 범부처가 협력하고 국가와 지역사회가 발달장애인과 그 가족을 포용하기 위해 마련되었음. 세부 내용으로는 4가지 생애주기와 전주기에 대한 부분. 먼저, 영유아기에 발달장애 조기진단 및 보육·교육 서비스 강화, 발달장애 영유아 부모교육 등 조기개입 구축. 즉, 발달장애정밀검사 지원 확대(1,000명 → 7,000명)로 조기진단 강화, 통합유치원(1개 → 17개) 및 특수학급 확대(731학급 → 1,131학급), 양육 정보제공 및 부모교육 지원, 부모 자조모임 양성 등이다. 학령기에는 발달장애인 맞춤형 교육 지원 강화와 성인전환기 발달장애인 및 부모 역량 강화 지원. 즉, 청소년 방과 후 돌봄 서비스 신설('19년 4,000 → '22년 2만 2,000명), 특수학교 학급 확대(174교, 1만 325학급 → 197교, 1만 1,575학급), 발달장애인훈련센터 확대('18년 7개소 → '19년 13개소) 등. 청장년기에는 주간활동을 통한 지역사회 참여 활성화와 직업재활, 일자리 지원을 통한 지역사회 참여 활성화. 즉, 주간활동서비스(학습형, 체육형 등) 신설('19년 1,500명 → '22년 1만 7,000명), 중증장애인 지원고용 확대('18년 2,500명 → '19년 5,000명), 중증장애인 근로지원인 확대('18년 1,200명 → '19년 3,000명) 등. 그리고 중노년기에는 지역사회 돌봄 인프라 강화 및 건강서비스 확대, 중노년기 발달장애인 소득보장 체계 구축. 즉, 장애인검진기관 확대,

건강주치의제 등 건강관리체계 강화와 발달장애인 소득보장 체계 구축(공공신탁제 도입 등) 등. 전주기 케어 정책으로는 권역별 거점병원·행동발달증진센터 확대(2개소 → 8개소), 공공후견인 법률지원 확대, 권익옹호 및 성교육 전문가 양성, 가족부담경감을 위한 휴식지원서비스(1만 명 → 2만 명) 등이 있음.

8. Preston: CLES-Center for Local Economic Strategy. https://cles.org.uk/tag/preston/

9. Evergreen Cooperative Laundry: Evergreen Cooperatives. http://www.evgoh.com/ecl/

10. Mendell, M., Spear, R., Noya, A., & Clarence, E. 2010., *Improving Social Inclusion at the Local Level Through the Social Economy: Report for Korea*, OECD Local Economic and Employment Development(LEED) Papers, No. 2010/15, OECD Publishing, Paris, https://doi.org/10.1787/5kg0nvg4bl38-en.

1부_ 사회적경제는 이념이 아니라 현실이다

1장 정부와 시장의 실패가 불러온 새로운 경제 패러다임

11. 아나톨 칼레츠키(Anatole Kaletsky), 《자본주의 4.0: 신자유주의를 대체할 새로운 경제 패러다임》, 위선주 역, 컬처앤스토리, 2011.

12. 아나톨 칼레츠키의 저서 《자본주의 4.0》을 재정리하였다.

13. 유효수요의 원리는 한 나라의 경제성장은 구매력이 있는 수요의 존재에 달려 있다는 것. 케인스는 이러한 원리를 Y= C+I+G+(X-M) 이라는 국민소득 창출 방정식을 통해 설명. 식의 좌변은 국민소득을 뜻하는 총공급이고, 우변은 가계소비, 기업투자, 정부지출, 해외지출의 합이 총수요라는 것을 의미. 케인스는 유효수

요의 원리로 대공황은 2차 산업혁명 이후로 과잉 설비와 과잉 생산이 공급과잉을 낳았고, 항상 유효수요가 부족했기 때문에 발생했다고 설명. 따라서 대공황을 헤쳐 나가기 위해서는 국가가 정부 지출을 늘려 유효수요를 창출하는 것이 중요하다고 하는 것. 즉 공급과잉과 불균등한 소득분배가 이뤄지고 경제가 극심하게 어려운 시기에는 정부가 공공사업이나 복지사업을 통해 가계 소비를 늘려 유효수요를 늘려야 한다는 것. 결국 케인스에 따르면 부와 소득의 분배가 자의적이고 불평등하기 때문에 국가가 경제에 개입해서 복지국가로 나가야 한다는 것. 하지만 케인스가 시장을 배척하고 사회주의로 나가야 한다고 주장하는 것은 아니고, 국가 개입을 통해 유효수요를 만들어 자본주의 경제 체제가 무너지지 않게 유지해야 한다는 것.

14. 2차 세계대전 직후에 형성된 국제 통화 체제를 말함. 2차 세계대전 말인 1944년 서방 44개국 지도자들이 미국 뉴햄프셔주 브레턴우즈에 모여 입안했고, 그 운영을 위해 국제통화기금(IMF)과 세계은행(IBRD)이 만들어졌음. 이 체제에서는 미국의 달러만 금과 고정 비율로 태환할 수 있는 반면, 다른 통화들은 금 태환 대신에 달러와 고정 환율로 교환할 수 있었음. 사실상 미국의 달러는 기축통화였음. 미국을 제외한 다른 나라는 대외 준비금으로 금이나 달러를 보유했는데, 금의 공급 증가는 한계가 있었기 때문에 달러가 차지하는 비중이 계속 증가. 이 체제는 세계 경제에서 미국의 확고한 경제적 우위와 달러 가치에 대한 신뢰가 있을 때만 유지될 수 있었음. 하지만 유럽 국가들의 급속한 경제성장과 1960년대 베트남 전쟁 등으로 미국의 국제수지가 계속 적자를 면치 못하자, 미국은 1971년 달러화의 금 태환을 중지한다고 선언했고, 1973년에는 주요국들이 금과의 고정 환율을 포기함으로써 엄격한 의미의 브레턴우즈 체제는 막을 내렸음.

15. 경제학의 기대이론 중 하나로 경제주체들은 현재 이용 가능한 모든 정보를 이용하여 미래를 예측한다는 가설. 이 가설은 주식시장 혹은 거시경제 정책의 문제에 적용할 수 있는데, 주식가격에는 현재 시장에 존재하는 모든 정보가 이미 반영되어 있기 때문에 완전히 새로운 정보를 보유한 사람만이 초과이익을 얻을 수

지역이 묻고 사회적경제가 답하다

있다고 주장. 또한, 어떠한 거시정책이라도 경제주체들이 현재의 정보를 바탕으로 예측 가능한 정책이라면 이미 모두 반영이 되어 있기 때문에 실물부문에 영향을 미칠 수 없다는 것. 로버트 루카스(Robert Lucas)는 합리적 기대가설을 발전시키고 거시경제학에서 적용한 공로를 인정받아 1995년에 노벨경제학상을 수상(네이버 지식백과).

16. 통계청 자료. 2018년 11월 26일. 〈전 세계 지도자 석학들 '미래의 웰빙' 위해 인천 송도에 모여…제6차 OECD 세계포럼 내일 개막〉 보도자료 인용. http://kostat. go.kr/portal/korea/kor_nw/1/1/index.board?bmode=read&aSeq=371755&pag eNo=18&rowNum=10&amSeq=&sTarget=title&sTxt=OECD

2장 사회적경제에 관한 결의

17. 토마 피케티(Thomas Piketty), 《21세기 자본》, 장경덕 외 역, 글항아리, 2014.

18. 국세청의 2000~2013년 상속제 자료를 분석해 한국사회 부의 분포도를 추정한 논문을 2015년 10월 29일 낙성대경제연구소 홈페이지(naksung.re.kr)에 공개했다. 분석 결과 20세 이상 성인을 기준으로 한 자산 상위 10%는 2013년 전체 자산의 66.4%를 보유해 글로벌 금융위기 이전인 2000~2007년 연평균인 63.2%보다 부의 불평등 정도가 심해진 것으로 나타났음. 2013년 상위 1%의 자산은 전체 자산의 26.0%를 차지해 역시 2000~2007년(24.2%)보다 불평등이 심화됐다. 하위 50%가 가진 자산 비중은 2000년 2.6%, 2006년 2.2%, 2013년 1.9%로 갈수록 줄고 있음. 이에 앞서 OECD는 34개 회원국의 2013년 자료를 조사해 한국은 전체 가구의 상위 10%가 부의 절반을 보유하고 있다고 발표. 상위 10%에 부가 집중된 정도는 우리나라가 영·미권 국가보다 낮지만, 프랑스 등 유럽 국가에 비해서는 다소 높은 편. 상위 10%가 차지한 부의 비중이 한국은 2013년 기준으로 66%이지만 프랑스는 2010~2012년 평균 62/4%였다. 같은 기간 미국과 영국은 각각

76.3%, 70.5%였다. 우리나라에서 부의 불평등은 소득 불평등 문제보다 훨씬 심각한 것으로 분석. 이는 노동을 통해 얻는 소득보다 이미 축적된 부를 통해 얻는 수익의 불어나는 속도가 빠르다는 의미로, '돈이 돈을 번다'는 사실을 보여 주는 결과(연합뉴스). 이와 관련된 기사는 다음 사이트 주소를 찾아보면 됨. https://www.yna.co.kr/view/AKR20151028218700002

19. 토마 피케티(Thomas Piketty), 2014.

20. 주성수, 〈사회적경제: 이론, 제도, 정책〉, 한양대학교, 2019.

21. 중소기업연구원, 〈해외 중소기업 정책동향〉, Vol. 1, No. 2, 2018.

[유럽 국가들의 사회적경제에 관한 최근 입법 활동(2011-2016)]

국가	형태	명칭
불가리아	법률 초안	사회적경제에 관한 국가 차원의 특별법(2016)
크로아티아	계획	2015~2020 크로아티아 사회적 기업가정신 발전 전략(2015.4)
덴마크	법률	사회경제적 기업 등록법(2014)
프랑스	법률	사회적 및 연대경제 국가법(2014)
	승인	법률에 정의된 특정 기준을 충족하면 법적 형태에 관계없이 사회적 효용을 위한 연대기업(ESUS)으로 인정
그리스	법률	사회적경제 및 사회적 기업법(2011)
	법률	사회적 및 연대경제법(2016) (사회적 및 연대경제에 관한 국가법)
이탈리아	법률	제3섹터 개혁법(2016)
	법률 초안	사회적 기업에 관한 새로운 헌장 및 제3섹터 규정에 관한 새로운 법(2017)
폴란드	법률 초안	사회적경제법(2012)
	계획	사회적경제 발전을 위한 국가 프로그램 (2014년에 노동 및 사회정책부 채택)

리투아니아	법률	사회적 기업가정신 개념법(2015.4)
룩셈부르크	법률	사회적 영향 기업 설립법(2016.12)
말타	법률 초안	사회적 기업법(2015.6)
네델란드	법률	사회적 기업법(2012)
포르투갈	법률	사회적경제국가법(2013)
루마니아	법률	사회적경제법(2015.7.23)
	법령/조례	사회적경제에 관한 법 적용을 위한 방법론적 기준을 정부령으로 채택(2016.8)
슬로베니아	법률	사회적 기업가 정신법(2011)
스페인	법률	사회적경제 국가법(2011)

22. OECD, *Regional Strategies for the Social Economy: Examples from France, Spain, Sweden and Poland*, OECD Local Economic and Employment Development(LEED) Papers, No. 2020/03, OECD Publishing, Paris, 자세한 내용을 보려면 https://doi.org/10.1787/76995b39-en.

3장 사회적경제의 의미와 발달과정

23. 임성은 외,《사회적경제의 사회·경제적 가치 측정을 위한 통합 지표 개발 연구》, 한국보건사회연구원, 2018.

24. EMES는 유럽 내 사회적기업의 출현(Emergence des Enterprises Sociales en Europe)의 약어. 1996년 유럽연합(EU)의 후원으로 진행된 대형 프로젝트 이후 출범한 연구자 네트워크. 유럽의 사회적기업을 전문적으로 연구하는 EMES는 각 나라의 상세한 사례를 토대로 정부 지원정책 방향을 제시하고 있음. EMES Network. 1997. The Emergence of Social Enterprises: A New Answer to Social Exclusion in Europe, Semestrial Progress Reports to the European Commission.

25. OECD, *Social Economy: Building Inclusive Economies*, Paris. 2007.

26. OECD, *Regional Strategies for the Social Economy: Examples from France, Spain, Sweden and Poland,* OECD Local Economic and Employment Development(LEED) Papers, No. 2020/03, OECD Publishing, Paris, 아래 사이트 주소에서 확인할 수 있음. https://doi.org/101787/76995b39-en.

27. ILO, *2008 Declaration on Social Justice for a Fair Globalization,* 2008.

28. EU(European Union), https://europa.eu

29. 엄형식·마상진, 〈유럽의 농촌지역 사회적기업 현황과 시사점〉, 한국농촌경제연구원, 2010.

30. 최혜진, 〈퀘벡의 사회적경제: 보육, 성인 돌봄, 주거를 중심으로〉, Vol. 7, pp. 71~82, 2018.

31. Defourny, J., *Social Enterprises in an Enlarged Europe: Concept and Realities,* EMES European Research Network, 2004. 자세한 내용을 확인하려면 http://www.ces.ulg.ac.be/uploads/Defourney_J_Social_enterprise_in_a_enlarged_Europe_concepts_and_realities.pdf

32. Polanyi, K., *The Great Transformation: the Political and Economic Origins of Our Time,* Boston. 2009.

33. 기획재정부, www.moef.go.kr

34. Defourny, J., *Social Enterprises in an Enlarged Europe: Concept and Realities,* EMES European Research Network, 2004., Lamberte, M. & Maria C.V.M., *The Impact of Women Members and Employees on the Severity of Agency Conflicts in Philippine Cooperative Credit Unions,* Canadian Journal of Development Studies. (29), pp. 183~214. 2009.

지역이 묻고 사회적경제가 답하다

35. Weil, O. M., *Community Building: Building Community Practice*, Social Work, 41(5), pp. 481~499. 1996.

36. Lazerson, M. H., *Organizational Growth of Small Firms: An Outcome of Markets and Hierarchies*, American Sociological Review 53(3), pp. 330~342. 1988.

37. 강병노·유영림, 〈복지마을 만들기의 경험과 의미: 질적탐색〉, 한국지역사회복지학, 3, pp. 197~228, 2015., 이인재·이문국·김정원·강병노, 〈여성친화적 협동조합 및 사회적기업 활성화를 통한 여성일자리 창출방안 연구〉, 여성가족부, 2013.

38. 장종익, 〈사회적경제 개념에 관한 고찰: 비영리섹터 개념과의 비교를 중심으로〉, 사회적기업학회, 12(3), pp. 35~61, 2019.

39. 2017년 일자리위원회는 관계부처 합동으로 〈사회적경제 활성화 방안〉 자료를 발표. 이 자료는 기획재정부 문서에서 확인할 수 있음. https://www.moef.go.kr/com/synap/synapView.do?

40. 이상직·연준한·미우라 히로키, 〈일본 사회적경제의 조직 지형: 포괄적 제도 분석과 전망〉, 한국정치연구, 24(2), pp. 389~419, 2015.

41. 중소기업연구원, 〈해외 중소기업 정책동향〉, Vol. 1, No. 2, 2018.

42. Ibid.

43. Polanyi, K., *The Great Transformation: the Political and Economic Origins of Our Time*, Boston, 2009.

4장 우리 곁에 사회적경제

44. 이효석(2016)의 논문에서 다음과 같은 내용을 확인할 수 있음. 맥그린치 신부는 재단법인 성이시돌 농촌산업개발협회를 창설했고, 본 협회는 영리사업 부분과 비영리사업 부분을 함께 운영. 성이시돌 목장은 성골롬반외방선교회 소속의 맥그린치(P. Mcglinchey) 신부에 의해 설립. 맥그린치 신부는 아일랜드 출신으로 1951년 사제 서품 후 1953년 한국에 입국했음. 그리고 1954년 4월 제주도 한림 성당 초대 신부로 부임하게 되고 이때부터 제주도와의 인연을 맺게 됨. 이효석, 〈공유가치창출(CVS)을 통한 가톨릭교회 선교: 성 이시돌 목장 사례〉, 한국윤리경영학회, 16(1), pp. 1~25, 2016.

45. 고용노동부, www.moel.go.kr. 기획재정부, www.moef.go.kr. 보건복지부, www.mohw.go.kr. 행정안전부, www.mois.go.kr 등의 홈페이지를 통해 재정리.

46. 중소기업연구원, 〈해외 중소기업 정책동향〉, Vol. 1, No. 2, 2018.

5장 척박한 경제에서 또 다른 종류의 경제

47. 한국사회적기업진흥원 홈페이지에서 확인할 수 있다. https://www.socialenterprise. or.kr

2부_사회적 가치 실현

6장 죽은 원조가 남긴 사회적 가치

48. 담비사 모요, 《죽은 원조(Dead Aid)》, 김진경 역, 알마, 2012.

49. 관계부처 합동자료. '2019년 정부혁신 조합 추진계획'에서 발췌한 내용임.

지역이 묻고 사회적경제가 답하다

7장 '같이'의 '가치'를 만드는 기업

50. 뉴시스, 2020년 1월 19일. 〈한 해 평균 5.4명 순직 소방관 이제는 줄어들려나〉 기
    사 내용에서 발췌한 내용임.

51. 엘비스 앤 크레세 홈페이지 https://www.elvisandkresse.com/에서 확인할 수
    있음.

52. KOTRA, 〈해외사회적경제기업 성공사례〉, KOTRA 자료: 18-076. 2018. 아래 주
    소 링크에서 캐나다, 이탈리아, 미국, 영국, 일본, 프랑스 나라들의 사회적경제
    생태계 현황을 확인할 수 있음. http://125.131.31.47/Solars7DMME/004/18%ED
    %95%B4%EC%99%B8%EC%82%AC%ED%9A%8C%EC%A0%81%EA%B2%BD
    %EC%A0%9C%EA%B8%B0%EC%97%85%EC%84%B1%EA%B3%B5%EC%82%
    AC%EB%A1%80.pdf

8장 자본주의를 위한 새로운 가치

53. 〈2020 경상북도 마을이야기 박람회〉 기사 중에서 발췌한 내용, http://gbstory.
    daegu.com/?p=2659과 노다자마을기업 홈페이지, https://smartstore.naver.
    com/nodagi1004/에서 참조함.

54. https://www.facebook.com/pages/category/Business-Service/%EB%86%
    8D%EC%97%85%ED%9A%8C%EC%82%AC%EB%B2%95%EC%9D%B8-
    %ED%8F%AC%ED%95%AD%EB%85%B8%EB%8B%A4%EC%A7%80%EB
    %A7%88%EC%9D%84%EC%A3%BC%EC%8B%9D%ED%9A%8C%EC%82%
    AC-111737314007827/

55. 동아일보. 2020년 2월 12일. 자세한 내용은 아래 사이트 주소에서 확인할 수 있음. https://www.donga.com/news/article/all/20200211/99646513/1

56. 전민일보. 2020년 4월 4일. 자세한 내용은 아래 사이트 주소에서 확인할 수 있음. https://www.jeonmin.co.kr/news/articleView.html?idxno=307804

57. 2020년 6월 16일 KBS 뉴스 내용임. 자세한 내용은 아래 사이트 주소에서 확인할 수 있음. https://news.kbs.co.kr/news/view.do?ncd=4472219

58. 로컬라이즈 군산 홈페이지 참조. http://localrise.co.kr/

59. Wood, M. E., *Digging Deeper: Sustainable Solutions to Tourism and Development*, Vision on Sustainable Tourism. 2008. http://www.eplerwood.com

60. 로컬라이즈 군산 http://localrise.co.kr/

61. Ibid.

62. 신동아 2020년 6월 24일자 기사 내용. 〈"도시재생 프로젝트 '로컬라이즈 군산'"〉 청년 기업가들 지역경제의 활기. 718호. pp. 418-425.

63. 로컬라이즈 군산 http://localrise.co.kr/

64. Ibid.

65. Ibid.

66. Ibid.

67. airbnb 트립 홈페이지 https://blog.atairbnb.com/what-are-airbnb-experiences-ko/

68. 전북과 경남 지역 내 기업과 지원조직의 집적화를 통한 통합지원체계 구축과 향후 3년간 타운당 총 280억 원을 투입하여 지역과 민간 주도형 생태계를 조성하는 사업. 지역 사회적경제기업의 전주기적 성장에 필요한 기술혁신, 창업지원, 시제품제작, 네트워킹 공간구축 등에 대한 건축·장비비 지원을 하고 있음.

69. 산업통상자원부. www.motie.go.kr

70. 2019년 정부혁신 종합 추진계획에서 세부과제인 사회적 가치를 실현하는 재정혁신으로 사회적 가치 실현 사업에 재정투자를 확대한다는 계획. 사회적경제 활성화 지원 강화 차원에서 신용보증기금 내 사회적경제 지원계정(보증규모 5,000억 원)을 신설하고 운영하여 사회적경제 생태계를 조성하고 확산시킨다는 계획. 이 자료는 관계부처 합동자료에서 확인할 수 있음. https://www.innogov.go.kr/static/ucms/file/2019%EB%85%84%20%EC%A0%95%EB%B6%80%ED%98%81%EC%8B%A0%20%EC%A2%85%ED%95%A9%20%EC%B6%94%EC%A7%84%EA%B3%84%ED%9A%8D0226.pdf

71. 산업통상자원부. www.motie.go.kr

10장 사회적경제기업의 지속가능한 가치

72. 루미르 홈페이지 http://www.lumir.co.kr/

73. Grassl, W., *Business Models of Social Enterprise: A Design Approach to Hybridity*, Journal of Entrepreneurship Perspectives, 1(1), pp. 37~60. 2012. 아래 사이트 주소에서 확인할 수 있음. http://www.socialenterprisebsr.net/2018/08/9-social-enterprise-business-models/

74. 포브스에서 2019년 3월 5일, *2019's Top 5 Most Innovative And Impactful Social Enterprises*, 세계에서 가장 영향력 있는 5대 사회적기업을 선정.

아래 사이트 주소에서 확인할 수 있음. https://www.forbes.com/sites/lilachbullock/2019/03/05/2019s-top-5-most-innovative-and-impactful-social-enterprises/?sh=6753d9e8774a

75. 사회적기업 미투위 홈페이지 https://www.metowe.com/

76. 미투위 홈페이지 https://www.metowe.com/

77. 사회적기업 아쇼카 한국 홈페이지 http://ashokakorea.org/

78. Ashoka, *Selecting Leading Social Entrepreneurship*, Arlinton: Ashoka, 2007.

79. 아쇼카 홈페이지 https://www.ashoka.org/en-us

80. 데이비드 본스타인, 《그라민은행 이야기: 착한 자본주의를 실현하다》, 김병순 역, 갈라파고스, 2009. 네이버 지식백과에서 일부 내용을 확인할 수 있음. https://terms.naver.com/entry.nhn?docId=3573274&cid=58780&categoryId=58780

81. 그라민 은행 홈페이지 https://grameenbank.org/

82. 사회적기업 바반 고나 홈페이지 https://babbangona.com/

83. 바반 고나 홈페이지

84. 네이버 블로그에서 발췌한 자료임. https://m.blog.naver.com/PostView.nhn?blogId=mytopthings&logNo=220836010465&proxyReferer=https:%2F%2Fwww.google.com%2F

85. 협동조합 판 홈페이지 https://panculture.net/37

86. Ibid.

87. 사회적기업 뉴시니어라이프 홈페이지 http://www.newseniorlife.co.kr/

88. Ibid.

89. 사회적협동조합 드림위드앙상블 홈페이지 http://www.dreamwith.or.kr/

90. Ibid.

91. 2006년 10월 10일 국민권익위원회에 올린 기획·칼럼. 예병일은 〈부패한 기업은 살아남을 수 없다〉의 제목으로 투고하였음. 자세한 내용은 아래 주소에서 확인할 수 있음. https://blog.daum.net/ kicac /7261230

92. 아름다운 가게 홈페이지 http://www.beautifulstore.org/one-view-beautiful-store

93. Ibid.

94. SK이노베이션 전문 보도채널에서 〈세계가 주목하는 포럼에서 '모어댄'을 선보이다! - 사회적기업 모어댄, 제6차 OECD 세계포럼 참여〉라는 기사 내용에서 발췌. https://skinnonews.com/archives/38296

95. 아주경제. 2019년 2월 1일 자 기사 내용. 〈최이현 모어댄 대표, 폐차가죽에 사회적 가치 불어넣는 '마법의 손'〉 기사 내용에서 발췌. https://www.ajunews.com/view/20190219153422958

96. 모어댄 홈페이지 http://wecontinew.co.kr/

11장 사회적 문제를 고민하는 소셜벤처(Social Venture)

97. 아시아경제, 2021년 2월 3일 자 〈한국, 블룸버그 혁신지수 1위 탈환〉 기사. 블룸버그 통신이 매년 발표하는 혁신력 평가에서 우리나라가 지난해 독일에 1위를 내줬다가 다시 정상 자리를 되찾았음. '2021년 블룸버그 혁신지수'에서 우리나라는 90.49점을 기록해 60개국 중 1위를 차지. 2위는 싱가포르(87.76

점), 3위는 스위스(87.60점), 4위는 독일(86.45점)임. 다른 주요 국가 순위를 보면 미국은 11위, 일본 12위, 중국 16위를 차지. 총 7개 세부 평가 부문 중 연구개발(R&D) 집중도 2위, 제조업 부가가치 2위, 첨단기술 집중도 4위, 연구 집중도 3위, 특허활동 1위 등이 높은 순위에 올랐음. https://view.asiae.co.kr/article/2021020311042805246

98. 국내총생산(GDP) 등 경제적 가치뿐 아니라 삶의 만족도, 미래에 대한 기대, 실업률, 자부심, 희망, 사랑 등 인간의 행복과 삶의 질을 포괄적으로 고려해서 측정하는 지표. 영국의 심리학자 로스웰(Rothwell)과 인생 상담사 코언(Cohen)이 만들어 2002년 발표한 행복공식을 말함(네이버 지식백과).

99. Putnam, R., *Bowling Alone: The Collapse and Revival of Community*, New York: Touchstone Books, 2000.

100. 한국경제, 2019년 11월 25일 〈한국인 상호신뢰 바닥 긴다…'사회자본 167개국 중 142위〉 기사 내용. 사회자본(Social Capital)은 개인의 신뢰, 국가 제도에 대한 구성원들의 신뢰가 얼마나 건실해 생산활동에 도움을 주는지를 나타내는 무형의 저력임. 자세한 내용은 아래 주소에서 확인해 보면 알 수 있음. https://www.hankyung.com/international/article/201911250794Y

101. 연합뉴스 2019년 11월 25일 그래픽. https://www.yna.co.kr/view/GYH20191125001300044

102. 박민진·김태영, 〈소셜벤처의 사회혁신 역할 분석〉, 사회적기업연구 제11권 제3호, pp. 3~30. 2018.

103. 한국노동연구원, 〈소셜벤처 활성화의 고용효과〉, 2019년 고용노동부의 '고용영향평가사업'으로 수행한 결과.

104. 한국사회적기업진흥원, 〈새로운 세상을 만드는 평범한 사람들의 특별한 이야기:

2014 소셜벤처 우수사례집〉, 2014.

105. 기획재정부 공식 블로그에서 발췌한 내용. 자세한 내용은 아래 사이트 주소에서 확인할 수 있음. https://m.blog.naver.com/mosfnet/221952026611

12장 소셜벤처가 추구하는 사회적·경제적 가치

106. 사회적경제미디어 라이프인, 2019년 12월 23일 〈2019 사회적경제 트렌드 키워드 'Value'(가치)〉 기사에서 발췌한 내용. https://www.lifein.news/news/articleView.html?idxno=5531

107. 박노윤, 〈소셜벤처팀의 기업가적 학습과 영향요인: 사회적 상호작용을 중심으로〉, 인적자원개발연구 제19권 제2호, pp. 41~86, 2016.

108. Cameron, K. S., and Quinn, R. E., *Diagnosing and changing organizational culture: Based on the competing values framework*, (Rev. ed). San Francisco: Jossey-Bass, 2006.

109. 아시아경제, 2020년 2월 11일 〈보양 슬랫은 세계의 바다를 구할 것인가〉 기사에서 내용을 발췌. https://www.asiae.co.kr/article/2015121511010483194

110. 박재환·전혜진, 〈지속가능한 비즈니스모델 설계 도구: 소셜벤처 사례를 중심으로〉, 벤처창업연구, pp. 187~198, 2019.

111. 연합뉴스, 2020년 12월 30일 〈우리 국민이 가장 많이 받는 수술은 '백내장 수술'…작년 69만 건〉 기사에서 내용을 발췌. 국민건강보험공단이 공개한 '2019년 주요 수술 통계연보'에 따르면 국민적 관심이 높은 33개 주요 수술 건수는 지난해 총 200만 건으로 집계돼 2018년의 187만 건에 비해 13만 건이 늘었음. https://www.yna.co.kr/view/AKR20201230098200530

112. Huffpost, Jul 12, 2012, *An Infinite Vision: The story of Aravind Eye Hospital*의 기사에서 내용을 발췌. https://www.huffpost.com/entry/an-infinite-vision-the-st_b_1511540

113. 오로랩 홈페이지 http://eseeautoref.com

114. Margolis, J. D., & Walsh, J. P., *Misery loves companies: Rethinking social initiatives by business*, Administrative Science Quarterly, 48, pp. 268~305, 2003.

115. Spence, L. J., Jeurissen, R., & Rutherfoord, R., *Small business and the environment in the UK and the Netherlands: Toward stakeholder cooperation*, Business Ethics Quarterly, 10, pp. 945~965, 2000.

116. Hudon, M., & Sandberg, J. *The ethical crisis in microfinance: Issues, findings, and implications*, Business Ethics Quarterly. 23, pp. 561~589, 2013.

117. Scherer, A. G., Palazzo, G., & Matten, D., *Introduction to special issue: Globalization as a challenge for business responsibilities*, Business Ethics Quarterly, 19, pp. 327~347, 2009.

118. Smith, W. K., Gonin, M., & Besharov, M. L., *Managing social-business tensions*, Business Ethics Quarterly, 23, pp. 407~442, 2013.

119. 이성용. 〈제주올레(Jeju Olle) 현황 및 활성화 방안〉, 제주발전연구원, 제97호, pp. 1~20, 2009.

120. 한국사회적기업진흥원에서 정의하는 소셜벤처란? 전세계적으로 이러한 사회적기업가를 양성하고 이들을 독려하기 위해 GSVC(Global Social Venture Competition)가 매년 열리고 있으며, ASHOKA, Echoing Green, Schwab foundation 등에서 사회적기업가 발굴과 양성에 힘을 쓰고 있음. 자세한 내용

은 다음 사이트 주소에서 확인할 수 있음. https://www.socialenterprise.or.kr/ social/care/startupSocial.do?m_cd=F009

13장 사회적기업의 의미와 활동

121. OECD, 1999., *Social Enterprise*, Office of Third Sector, 2007., *Social Enterprise Action Plan: One Year On. Social Enterprise Coalition 2003; Social Enterprise in the English RDAs and in Wales, Scotland and Northern Ireland*, Executive Summary. London. The Roberts Enterprise Development Fund, 2003., *Measuring Impact: REDF*, Workforce Development Outcome Measurement. Pearce, J., 2003., *Social Enterprise in Anytown*, London: Calouster Gulbenkian Foundation. 한국보건사회연구원, 〈사회적 일자리 활성화 및 사회적 기업발전방안 연구〉, 2005.

122. Santos, F., Pache, A-C., & Birkholz, C., *Making hybrids work: Aligning business models and organizational design for social enterprise*, California Management Review, 57(3), pp. 36-58, 2015.

123. 장영란·홍정화·차진화, 〈사회적기업의 성과 및 지속가능성에 영향을 미치는 요인에 대한 연구〉, 한국회계정보학회, 30(2), pp. 175-207, 2012.

124. Yunus, M., Sibieude, T., & Lesueur, E., *Social Business and big business: innovative, promising solutions to overcome poverty?*, Journal of Field Actions, Science Reports, Special Issue 4. 2012. 무함마드 유누스, 《사회적기업 만들기》, 물푸레, 2011.

125. Ashforth, B. & Reingen, P., *Functions of dysfunction: Managing the dynamics of an organizational duality in a natural food cooperative*,

Administrative Science Quarterly. 59, pp. 474~516. 2014. Besharov, M. L., *The relational ecology of identification: How organizational identificatin emerges when individuals hold divergent values*, Academy of Management Journal. 57(3), pp. 1485~1512. 2014. Canales, R., *Weaving straw into gold: Managing organizational tensions between standardization and flexibility in microfinance*, Organization Science, 25(1), pp. 1~28, 2013. Gonin, M., Besharov, M., Smith, W., & Gachet, N., *Managing social-business tensions: A review and research agenda for social enterprise*, Business Ethics Quarterly, 23(3), pp. 407~442, 2012. Pache, A-C., & Santos, F., *Inside the hybrid organization: Selective coupling as a response to conflicting institutional logics*, Academy of Management Journal, 56, pp. 972~1001, 2013.

126. Campbell, M., *The Third System Employment and Local Development*, Vol. 1, Synthesis Report, 1999. www.europa.eu.int/comm/employment_social/emp&esf/3syst/vol1_en.pdf.
Lloyd, P., Granger, B., and Shearman, C., *The Third System Employment and Local Development*, Vol. 3. Tools to Support the Development of the Third System, 1999. www.europa.eu.int/comm/employment_social/emp&esf/3syst/vol3_en.pdf

127. 이은선, 〈사회적 기업의 특성에 관한 비교 연구: 영국, 미국, 한국을 중심으로〉, 행정논총, 제47권 4호, pp. 363~397.

128. 황덕순·박준식·장원봉·김신양, 〈사회적기업의 유형별 심층사례 연구〉, 한국노동연구원, 2014.

129. 담덕의 경영학 노트, 〈사회적기업의 역사와 사회적기업 개념이해(유럽, 미국, 한국 비교)〉자료에서 발췌한 내용. https://mbanote2.tistory.com/78

130. Social Enterprise Coalition, *There's More to Business Than You Think: A Guide to Social Enterprise*, London: Social Enterprise Coalition. 2003.

131. 중소기업연구원, 〈해외 중소기업 정책동향〉, Vol. 1, No. 2, 2018.

132. 조영복, 〈한국의 사회적기업 육성모델과 국제비교〉, 사회적기업연구 제4권 제1호, pp. 81~103, 2011.

133. 중소기업연구원, 〈해외 중소기업 정책동향〉, Vol. 1, No. 2, 2018.

14장 지역과 함께하는 소셜 디자인(Social Design)

134. 동아일보, 2019년 10월 11일 〈학자금대출 못 갚은 '청년 신불자' 1만 명…대부분 소액채무〉의 기사 내용을 발췌. 국회 정무위원회 소속 정재호 더불어민주당 의원이 11일 한국주택금융공사로부터 제출받은 자료에 따르면, '19년 7월 말 기준 한국주택금융공사는 2만1163명 채무자에 대한 학자금 원금잔액 113억 원을 보유하고 있다고 함. 이들 채무자 가운데 절반에 달하는 9,491명(44.8%)이 대출 연체 사유로 신용불량자 상태에 놓여있다고 함. 문제는 소액채무로 신용불량자가 된 비중이 높다는 점이다. '100만 원 미만' 잔액으로 신용불량 상태가 된 이들은 무려 8,219명으로 9,491명 중 86.5%가 이 경우에 해당하는 것. "50만 원 미만'인 경우로 좁혀도 65%인 6,133명으로 나타났다. 자세한 내용은 아래 사이트 주소에서 확인할 수 있음. https://www.donga.com/news/Society/article/all/20191011/97834508/2

135. Defourny, J., *From Third Sector to Social Enterprise*, in Borzaga, C. and Defourny, J. (eds) *The Emergence of Social Enterprise*, London and New York: Routledge, 1-28, 2001.

136. 공공공간 '000간' 홈페이지에서 발췌한 내용. 공공공간의 프로젝트는 소셜 브

랜딩, 소셜 디자인, 소셜 에듀케이션 등이 있음. http://000gan.com/portfolio-projects-social-design/

137. 공공공간 홈페이지 http://000gan.com/

138. Ibid.

139. Chen, D.S., Cheng, L.L., Hummels, C. & Koskinen, I., *Social Design: An Introduction*, International Journal of Design. 10(1), pp. 1~5. 2015. http://www.ijdesign.org/index.php/IJDesign/article/viewFile/2622/719

15장 사람 중심의 사회적기업가정신

140. Also, G. Carter, S., Ljunggren, E. & Welter, F., *Introduction: Researching Entrepreneurship in Agriculture and Rural Development*, in Alsos et al. eds., *The Handbook of Research on Entrepreneurship in Agriculture and Rural Development*, pp. 1~20. Edward Elgar Publishing. 2011.

141. Bacq, S. & Janssen, F., *The Multiple Faces of Social Entrepreneurship: A Review of Definitional Issues Based on Geographical and Thematic Criteria, Entrepreneurship & Regional Developmen*, An International Journal, 23(5-6), pp. 373~403, 2011.

142. Defourny, J. & Nyssens, M., *Defining Social Enterprise*, in Nyssens, M. ed., *Social Enterprise: At the Crossroads of Market, Public Policies and Civil Society*, pp. 3~26. London, Routledge. 2006.

143. Hulgård, L. & Spear, R., *Social Entrepreneurship and Mobilisation of Social apital in European Social Enterprises*, in Nyssens, M. (ed.) *Social Enterprise:*

At the Crossroads of Market, Public Policies and Civil Society, London: Routledge, 2006.

144. Defourny, J. & Nyssens, M., *Conceptions of Social Enterprise and Social Entrepreneurship in Europe and United States: Convergence and Divergences*, Journal of Social Entrepreneurship. 1(1), pp. 32~53, 2010. Johnson, S., *Literature Review on Social Entrepreneurship*, Alberta: Canadian Centre for Social Entrepreneurship, 2000. Nicholls, A. eds., *Social Entrepreneurship: New Models of Sustainable Social Change*, Oxford: Oxford University Press, 2008.

145. 한겨레, 2009년 11월 12일 〈물고기를 줘? 낚시를 가르쳐? 어업 통째로 바꿔야 혁신가!〉의 기사 내용에서 발췌. 빌 드레이턴은 2005년 하버드대 공공리더십센터와 〈유에스뉴스 앤 월드리포트〉가 함께 선정한 '미국 최고의 리더 25명' 중 하나다. 그 25명에는 마이크로소프트 창업자인 빌 게이츠, 구글 창업자인 래리 페이지와 세르게이 브린, 전 국무장관 콜린 파월과 콘돌리자 라이스, 방송인 오프라 윈프리가 포함. 최초의 사회적기업가라고 불리는 사람이며, 사회 혁신을 꿈꾸는 이들은 하나같이 '구루(guru, 스승·지도자라는 의미)'로 추앙하는 사람. http://www.hani.co.kr/arti/society/society_general/387413.html

146. 엄한진·권종희, 〈대안운동으로써의 강원지역 사회적경제: '연대의 경제'론을 중심으로〉, 경제와 사회, (104): pp. 358~392, 2014.

147. 김정원, 〈빈곤 문제에 대한 대응과 사회적경제: 빈민밀집지역 주민운동 분석을 중심으로〉, 경제와 사회, (106): pp. 171~204, 2015. 김창진, 〈퀘벡모델: 캐나다 퀘백의 협동조합, 사회경제, 공공정책〉, 가을의 아침, 2015. 최혜진, 〈퀘벡의 사회적경제: 보육, 성인 돌봄, 주거를 중심으로〉, 국제사회보장리뷰, Vol. 7, pp. 71~82, 2018.

148. Noruzi, M. R., & Rahimi, G. R., *An exploration of social entrepreneurship in the entrepreneurship era*, Asian Social Science. 6(6), pp. 3~10, 2010. http://doi.org/10.1109/ICAMS.2010.5553306

149. Bonstein, D., *How to Change the World: Social Entrepreneurship & the Power of New Ideas*, Penguin Books: New Delhi, India, 2007.

150. Basu, S., *Social capital and social entrepreneurship in the third sector: Analysing links*, Institute of Interdisciplinary Business Research 386. 4(3386-405), 2012.

151. Crofts, P., & Gray, M., *Social entrepreneurship: Is it the business of social work?*, Paper presented at the 16th Asia and Pacific Social Work Conference: Millennium Challenges and Action for Social work Education and practice. 31 July-3 August 2001. Singapore. 2001.

16장 일자리를 통해 빈곤을 퇴치하는 희망의 길

152. 플래텀, 2019년 12월 23일 〈물류 스타트업 '두손 컴퍼니', 40억 원 규모 시리즈A 투자유치〉의 기사 내용에서 발췌. https://platum.kr/archives/134011

153. 인천일보, 2020년 12월 09일 〈더담지 '빅이슈' 잡지 입점 판매〉의 기사 내용에서 그림을 발췌. http://www.incheonilbo.com/news/articleView.html?idxno=1070831

17장 정부는 사회적경제기업의 협력자

154. 〈2017년 영국의 사회적 기업 실태(The Future of Business State of Social Enterprise Survey 2017)〉, Social Enterprise UK, 2017. 11

155. 한국사회적기업진흥원, 〈2016 사회적기업 해외연수 결과보고서〉, 2016.

156. 퍼스트포트 홈페이지에서 자세한 내용을 확인할 수 있음. https://www.firstport.org.uk/

157. 퍼스트포트의 바이탈 스파크에 관한 계획을 다음과 같은 보고서에서 자세한 내용을 확인할 수 있음. Firstport, vital spark, a Firstport initiative. *Stimulating social enterprise in Argyll and Bute*, https://www.interregeurope.eu/fileadmin/user_upload/plp_uploads/events/Webinars/Social_Enterprises_12-03-2020/Vital_Spark_Stimulating_social_enterprise_in_Argyll_and_Bute.pdf

158. Putnam, R., *Making Democracy Work: Civic Traditions in Modern Italy*, Princeton: Princeton University Press, 1993.

159. 송백석·곽진오, 〈영국의 제3 섹터 정책과 사회적기업 정책: 노동당 공동체주의로 이해하기〉, 한국사회정액 제17권 제2호, pp. 103~134, 2010.

160. Ibid.

161. 황기식, 〈영국 빅 소사이어티 정책에 대한 이론적 고찰과 실천적 평가〉, 한국외국어대학교 EU연구소, EU연구 제39호, pp. 283~312, 2015.

162. European Commission, *Social enterprises and their ecosystems in Europe*, Updated country report: United Kingdom. Fergus Lyon, Bianca Stumbitz, Ian Vickers. Luxembourg: Publications Office of the European Union. 2019. Available at https://ec.europa.eu/social/main.jsp?advSearchKey=socnteco&mode=advancedSubmit&catId=22&doc_submit=&policyArea=0&policyAreaSub=0&country=0&year=0

163. 한국정책학회, 〈사회적기업 육성을 위한 공공구매 및 판로개척 확대 방안 연

구〉, 고용노동부, 2012.

164. 최신외국법제정보에서 맞춤형법제정보의 〈영국의 사회적 가치법〉 내용을 발췌. 자세한 내용은 아래 주소 링크에서 확인할 수 있다. http://klri.re.kr:9090/bitstream/2017.oak/8683/1/%EC%98%81%EA%B5%AD%EC%9D%98%20%E3%80%8C%EC%82%AC%ED%9A%8C%EC%A0%81%20%EA%B0%80%EC%B9%98%EB%B2%95%E3%80%8D.pdf

165. 박수빈·남진, 〈젠트리피케이션의 부작용 방지를 위한 지역공동체 역할에 관한 연구: 영국 Localism Act의 Community Rights을 중심으로〉, 서울도시연구 제17권 제1호, pp. 23~43, 2016.

166. 영국의 Locality에서 정의하는 지역자산의 개념은 아래 사이트 주소에서 확인할 수 있음. http://locality.org.uk/our-work/assets/whatare-community-assets/ Locality. "Understanding Community Asset Transfer". Locality Webpage(locality.org.uk). 2018. Locality. "The Great British Sell Off". Locality Webpage(locality.org.uk). 2018.

167. 한국노동연구원, 〈경기도 사회적기업 육성 전략수립 연구〉, 경기도, 2013. file:///C:/Users/%EC%9D%B4%EC%A0%95%EB%A1%80/Downloads/OA2014_Q7_0319.pdf

168. 경기복지재단, 〈경기도 사회적기업 투자지원재단 설립방안에 대한 연구〉, 경기복지재단 정책연구보고, 2011-08, 2011. ACF는 2002년에 커뮤니티 발전을 위한 지역밀착형 마을기업(community enterprise)에 대한 투자를 목적으로 설립된 기관이며, SIB는 ACF에서 분리된 사회투자 중개를 전문으로 하는 자회사임. ACF는 주로 '지역'에 초점을 맞추고 있고, SIB는 더 넓은 의미에서 소셜벤처를 포함한 제3 섹터를 대상으로 활동. SIB의 사업목표는 영국의 대표적인 사회투자 중개기관으로 사회적 편익을 추구하는 다양한 사회적 펀드를 실행시키고, 그 돈

이 다시 지속적으로 재활용될 수 있는 지속가능한 구조를 만드는 것.

169. 모심과 살림 연구소, 〈한살림의 지속가능성 지표 개발과 적용 가이드라인〉, 2013. 이 연구 보고서에서 'proving and improving' 프로그램은 사회적 회계 (social accounting), 사회투자수익률(SROI), 사회적기업의 균형성과기록표 (social enterprise balanced scorecard), 지속가능보고서 가이드라인, 영국 협동 조합 협회의 환경 사회 성과 지표(CESPIs) 등을 포함하여 21가지 평가 도구를 찾을 수 있음. Kim D-J, Ji Y-S. *The Evaluation Model on an Application of SROI for Sustainable Social Enterprises*. Journal of Open Innovation: Technology, Market, and Complexity. 2020; 6(1):7. https://doi.org/10.3390/joitmc6010007

170. OTS, *Social Enterprise Action Plan: Scaling New Heights*, 2006.

171. 2020년 11월 10일 〈칠곡군, 알배기협동조합과 사회적 가치 실현 MOU〉가 언론에 발표. 칠곡군은 10일 왜관읍 소재 고용노동부 인증 사회적기업인 알배기 협동조합과 '사회적 가치 실현과 지역사회 공헌 활성화를 위한 업무협약'을 체결. 아래 사이트 주소에서 확인할 수 있음. 서울경제 https://www.sedaily.com/NewsView/1ZACRGIONU

172. 알배기협동조합 홈페이지 참조 http://albaegi.co.kr/

173. Wheeler, D., McKague, K., & J. Thomson., *Sustainable Livelihood and the Private Sector: How Development Agencies Can Strengthen Sustainable Local Enterprise Network*, Final Report, School of Business, New York University, 2003.

18장 사회적경제와 지속가능성

174. 사회적경제미디어 라이프인, 2019년 12월 11일 〈사회적기업 생존율, 일반 창

업에 비해 2배나 높았다〉의 기사 내용에서 발췌. https://lifein.news/news/articleView.html?idxno=5444

175. 중앙일보, 2014년 7월 24일 〈사회적기업 자생력 갖출 때까지 인내심 필요〉의 기사에서 내용을 발췌. https://news.joins.com/article/15342648

176. 경상북도사회적기업종합상사협동조합 홈페이지. http://www.xn—se-4q4jvct01czot.kr/company/company1.asp?atype=a

177. 세계타임즈, 2021년 1월 20일 〈경북도, 위기에도 사회적경제 판로지원 322억 원 달성〉의 기사에서 내용을 발췌. http://m.thesegye.com/news/newsview.php?ncode=1065578491806734

178. 한겨레, 2015년 3월 31일 〈정부-기업-지역사회 '3각 협력의 힘'〉의 기사에서 내용을 발췌. http://www.hani.co.kr/arti/economy/heri_review/684825.html

179. Ibid.

3부_지역의 다양한 주체와 연대·협력

19장 사회적경제 조직 네트워크

180. KOTRA, 〈해외사회적경제기업 성공사례〉, KOTRA 자료: 18-076, 2018. 로이터 통신으로 익숙한 언론사인 톰슨 로이터의 사내 재단인 톰슨 로이터 재단(Thomson Reuters Foundation)은 언론자유와 인권 문제에 대한 인식 제고, 그리고 포용경제의 확장을 위해 설립된 재단으로서 사회구조의 근본적인 개선을 추구하는 노력을 하고 있음. http://125.131.31.47/Solars7DMME/004/18%ED%95%B4%EC%99%B8%EC%82%AC%ED%9A%8C%EC%A0%81%EA%B2%BD%EC%A0%9C%EA%B8%B0%EC%97%85%EC%84%B1%EA%B3%B5%EC%82%AC

%EB%A1%80.pdf

181. RISQ, *Turning Ideas Into Reality…Chantier de L'économie Sociale Financial Tools*의 자료에서 내용을 발췌했다. Réseau d'investissement social du Québec(RISQ)(1997). Chantier de l'économie sociale Trust(2006). RISQ는 퀘벡주 사회투자네트워크이고 피투시(Fiducie)는 캐나다를 대표하는 대표적 사회적 금융 조직. 자세한 내용은 아래 사이트 주소에서 확인할 수 있음. https://cdepnql.org/wp-content/uploads/2019/09/Chantier-de-l%C3%A9conomie-sociale-Financial-Tools.pdf

182. RISQ, *Turning Ideas Into Reality…Chantier de L'économie Sociale Financial Tools.*

183. 샹티에가 앞장서서 퀘벡사회투자네트워크(RISQ) 기금을 설립하여 1,500만 달러 규모로 시작해 여러 기업에 장기적인 투자를 했음. 그러다 2006년에 샹티에 기금이라고 더 큰 규모로 약 5,300만 달러의 사회투자신탁기금을 만들었음. 이 기금을 참고 기다린다는 뜻에서 '인내자본(Patient Capital)'이라고 부름. 인내자본의 원금 상환 기한은 15년이고 이 기간 동안 일정한 이자만 내고 돈을 빌려 쓸 수 있음. 엄격한 투자 심사를 거치고, 투자를 결정할 때는 담보 등을 기준을 하는 제도권 금융과는 달리 해당 프로젝트의 가치를 최우선으로 고려. 다음으로 중시하는 것은 커뮤니티 기반으로서 생존율이 높으며 3개 이상 투자자가 참여하는 프로젝트에만 투자하는 것이 원칙.

184. RISQ, *Turning Ideas Into Reality…Chantier de L'économie Sociale Financial Tools.*

185. 폰닥시온 홈페이지에서 내용을 발췌. 다음 사이트 주소에서 그 내용을 확인할 수 있음. https://www.fondaction.com/nouvelles/rendement-decembre2020/

186. 오마이뉴스, 2012년 8월 19일 〈1억 명 열광 '태양의 서커스'가 성공한 비결 퀘벡

의 조용한 혁명이 세상을 바꾸고 있다〉의 기사에서 발췌, 2012년 8월 17일 태양의 서커스에서 제공하는 포스터를 활용. http://www.ohmynews.com/NWS_Web/View/at_pg.aspx?CNTN_CD=A0001768662

187. KOTRA, 〈해외사회적경제기업 성공사례〉, KOTRA 자료: 18-076, 2018.

188. 데자르댕(Des-Jardins)은 1990년에 설립된 사회적협동조합임. 회원들의 생활 안정화를 목표로 금융 서비스를 제공하며, 주요 고객은 기업, 대도시 및 농촌 지역에 거주하는 시민 및 협동조합. 개인 및 기업 서비스, 웰스 매니지먼트 및 건강보험, 재산 및 재해보험 등을 중심으로 예금, 적금, 대출, 보험, 벤처캐피탈 등 다양한 분야에서 서비스를 제공.

189. 2012 Desjardins Group Annual Report. 데자르댕 그룹의 2012년 연차 보고서. 자세한 내용은 아래 사이트 주소에서 확인할 수 있음. 오마이뉴스, 2012년 8월 23일 〈3,000% 고리사채에 반기를 든 데자르댕 시민들이 착한은행 만들어 세상을 바꾸다〉의 기사에서 내용을 발췌.

190. Ibid.

191. 캐나다 퀘벡 지역은 공동체 발전의 일환으로 사회적경제를 발전시켰음. 캐나다의 실험은 공동체경제발전운동(Community Economic Development Movement, CED)과 사회적경제의 결합. 1990년 중반 캐나다 전역의 CED를 연결한 CCEDnet를 결성. CED의 다양한 조직들, 여러 종류의 협동조합, 사회적경제 조직들이 캐나다 지역 공동체를 구성하고 운영. Fairbairn, B., 1994, *The Meaning of Rochdale: The Rochdale Pioneers and the Co-operative Principles*, Saskatoon: Centre for the Study of Cooperatives. University of Saskatchewan. Fairbairn, B., *A Rose by Any Name: The Thorny Question of Social Economy Discourse in Canada*, 2009. Working Paper Series: Canadian Perspectives on the Meaning of the Social Economy, No. 1. Canadian Social Economy Research

지역이 묻고 사회적경제가 답하다

Partnerships. Retrieved from http://www.socialeconomyhub.ca/sites/default/files/Fairbairn_0.pdf

192. 사회적기업·사회혁신 기업에 투융자 등 다양한 방법으로 자금을 공급하는 활동을 통해 사회적 가치를 실현하려는 사회적금융 기관들의 협력 네트워크임.

193. 사회적경제 미디어 이로운 넷, 2020년 3월 17일 〈사회적금융포럼' 상반기 공식 출범…정책요구안 발표〉 기사에서 자료를 발췌. https://www.eroun.net/news/articleView.html?idxno=10806

194. 사회적금융포럼 준비모임이 내놓은 사회적금융 활성화 정책 3대 전략·5대 과제. 자세한 내용은 다음 사이트 주소에서 확인할 수 있음. https://www.eroun.net/news/articleView.html?idxno=10806

20장 지역발전 전략으로 지역사회 간 협업 프로젝트

195. 문화체육관광부. 〈2018 콘텐츠산업 통계조사〉 file:///C:/Users/%EC%9D%B4%EC%A0%95%EB%A1%80/Downloads/2018%20%EC%BD%98%ED%85%90%EC%B8%A0%EC%82%B0%EC%97%85%20 %ED%86%B5%EA%B3%84%EC%A1%B0%EC%82%AC%20%EB%B3%B4%EA%B3%A0%EC%84%9C.pdf

196. http://nangmansa.com/

197. Amin, A., Cameron, A. & Hudson, R., *Placing the Social Economy*, New York. Routledge, 2002. Evans, M. & Syrett, S. *Generating Social Capital? The Social Economy and Local Economic Development*, European Urban and Regional Studies, 14(1), pp. 55-74, 2007. Amin, A. eds., *The Social Economy: International Perspectives on Economic Solidarity*, New York; Zed Books, 2009.

198. Lukkarinen, M., *Community Development, Local Economic Development, and the Social Economy*, Community Development Journal, 40(4), pp. 419-424, 2005.

199. 대한민국 정책 브리핑, 2019년 4월 5일 〈사회적경제 활성화…일자리 창출·양극화 해소: 금융·판로 등 성장인프라 구축…지속가능성장 체계적 지원〉의 기사에서 발췌한 내용. https://www.korea.kr/news/policyNewsView.do?newsId=148859756

200. 중소기업연구원, 〈해외 중소기업 정책동향〉, Vol. 1, No. 2, 2018.

201. Ibid.

202. 행정안전부, 〈2020 사회적경제 정책자료집〉, https://www.mois.go.kr/frt/bbs/type001/commonSelectBoardArticle.do?bbsId=BBSMSTR_000000000012&nttId=76718

203. Bakker, A., Schaveling, J., and Nijhof, A., *Governance and microfinance institutions*, Corporate Governance, 14(5), pp. 637~652, 2014., Low, C., *A framework for the governance of social enterprise*, International Journal of Social Economics, 33(5/6), pp. 376~385, 2006.

204. 박희봉, 〈거버넌스 증진의 전제로서의 사회자본과 한국 사회자본 특징〉, 국가정책연구, 19(2), pp. 69~103, 2005.

205. Chen, C. J. & Huang, J. W., *Strategic human resource practices and innovation performance—the mediating role of knowledge management capacity*, Journal of Business Research, 62, pp. 104~114, 2009., Li, H., & Atuahene-Gima, K., *Product innovation strategy and the performance of new technology ventures in China*, Academy of Management Journal, 44, pp. 1123~1134, 2001.

21장 사회적경제의 지역화

206. 동아일보, 2020년 7월 15일 〈경북도 '사회적경제 정책평가' 최우수기관 선정〉의 기사 내용에서 발췌. https://www.donga.com/news/Society/article/all/20200714/101970169/1

207. http://www.gbse.or.kr/HOME/gbse/index.htm

208. 고용노동부, 〈2019년 사회적기업가 육성사업 실태조사 결과 발표〉. http://www.moel.go.kr/news/enews/report/enewsView.do?news_seq=10571

209. http://www.moel.go.kr/news/enews/report/enewsView.do?news_seq=10571

210. 농업회사법인안동반가(주) 홈페이지. http://andongbanga.co.kr/bbs/content.php?co_id=p_intro

211. 미녀농부 쉼표 영농조합 홈페이지. https://smartstore.naver.com/restfarm/

212. Ibid.

213. 두메숲골힐링마을 홈페이지. https://dumeisup.com/qna

214. Ibid.

22장 아파트부터 학교까지… 더불어 살아가는 민주시민

215. 서울시학교협동조합 홈페이지. https://schoolcoop.sehub.net/

216. 서울시사회적경제지원센터 블로그. https://blog.naver.com/sehub/221489167169

217. 학교협동조합지원센터 홈페이지. https://schoolcoop.modoo.at/?link=d2mjm3to

218. 이창무, 〈문재인 정부 부동산정책의 비판적 평가〉, 한국행정연구, 제29권, 제4
호. pp. 37~75. 2020. https://doi.org/10.22897/kipajn.2020.29.4.002

219. https://doi.org/10.22897/kipajn.2020.29.4.002. 자료: 부동산 114(주) REPS(2003
년 3월=100기준)

220. 대한민국정책브리핑, 2020년 7월 10일 〈'주택시장 안정 보완대책' 중 국토
교통부 소관 정책 관련〉 보도자료의 내용. https://www.korea.kr/news/
pressReleaseView.do?newsId=156400494

221. 동아일보, 2020년 10월 30일 〈이재명 '부동산 문제 잘못 건드려…악순환 반복'〉
의 기사 내용에서 발췌. 그의 주장은 장기 공공임대 주택 공급을 확대해야 한다는
것. https://www.donga.com/news/Society/article/all/20201030/103720550/2

222. 한겨레, 2020년 7월 21일 〈무주택이면 소득 제한 없이 누구나 입주 '기본주택' 추
진〉의 기사 내용에서 발췌. 경기도, 하남·과천·안산 등 3기 새도시에 추진하고,
역세권 위주로 고급·저렴한 아파트를 병행해서 분양위주의 공급에 대안을 제시
하겠다는 것. 장애인과 고령자 등을 위한 '협동조합형 임대주택'도 도입을 검토
할 예정. http://www.hani.co.kr/arti/area/capital/954552.html

223. 쉐어하우스 우주(Woozoo) 홈페이지 https://www.woozoo.kr/

224. Ibid.

225. 서울경제, 2020년 7월 14일 〈'박근혜 정부 뉴스테이를 아십니까'…이제 홈페이지
까지 버려졌다〉의 기사 내용에서 발췌. 뉴스테이 정책은 임대료 상승률을 연 5%
로 제한하고, 최소 8년 동안 거주가 보장되어 중산층의 경제적 부담을 줄이겠다
는 것을 주요 내용으로 함. 하지만 초기 임대료 제한이 없고 유주택자에게 대거
공급되면서 특혜 논란을 일으켰음. 이후 문재인 정부는 뉴스테이 정책의 필요성
을 인정하면서도 공공성을 강화할 필요가 있다고 보고 뉴스테이를 '공공지원주

택'으로 개편하는 내용으로 민간주택임대주택법 개정안을 입법예고 하면서 공
공성 강화. https://www.sedaily.com/ NewsVIew/1Z5AU7ITV7

226. 사회혁신기업 더함 홈페이지. http://deoham.co.kr/ 사회적경제 미디어 이로운넷,
2020년 11월 2일 〈위스테이는 '사회주택'…부동산 문제 실마리 역할 기대〉의 기사
내용에서 발췌. https://www.eroun.net/news/articleView.html?idxno=20799

227. 위스테이(WE STAY) 홈페이지. http://westay.kr/

228. 한국사회적기업진흥원. 〈사회적기업매거진 36.5〉, Vol. 28, 1호, 2017.
file:///C:/Users/%EC%9D%B4%EC%A0%95%EB%A1%80/Downloads/[%EA%B
8%B0%ED%9A%8D%ED%99%8D%EB%B3%B4%ED%8C%80]%EC%82%AC%E
D%9A%8C%EC%A0%81%EA%B8%B0%EC%97%85%EB%A7%A4%EA%B1%B0
%EC%A7%84%20vol%2028.pdf

23장 정부와 시장 실패의 새로운 대안

229. 〈협동조합기본법〉. 2020년 3월 개정. https://www.law.go.kr/%EB%B2%95%E
B%A0%B9/%ED%98%91%EB%8F%99%EC%A1%B0%ED%95%A9%EA%B8%B
0%EB%B3%B8%EB%B2%95/(12866)

230. Ibid.

231. 아주경제, 2012년 2월 2일 〈박재완 장관, '협동조합은 정부·시장 실패의 대안〉
기사 내용에서 발췌.

232. 찾기 쉬운 생활법령정보. https://www.easylaw.go.kr/CSP/OnhunqueansInfo
Retrieve.laf?onhunqnaAstSeq=83&targetRow=1&sortType=DEFAULT&pagingT
ype=default&onhunqueSeq=3302

233. 한국협동조합 홈페이지. https://www.coop.go.kr/COOP/manage/checkList_social.do 기획재정부. https://www.moef.go.kr/

234. 연합뉴스, 2019년 9월 30일 〈지난해 한국 자영업자 비중 25.1%…OECD 5위〉 기사 내용에서 발췌. https://www.yna.co.kr/view/AKR20190929059600002

235. 한국경제, 2018년 10월 24일 〈뭉치면 시너지, '中企 울타리'…협동조합이 뜬다!〉 기사 내용에서 발췌. https://www.hankyung.com/economy/article/2018102479381

236. 중소벤처기업부·소상공인시장진흥공단, 〈2019 소상공인 협업 활성화 사업설명회〉, 2019. file:///C:/Users/%EC%9D%B4%EC%A0%95%EB%A1%80/Downloads/%EC%82%AC%EC%97%85%EC%84%A4%EB%AA%85%ED%9A%8C+%EB%B0%B0%ED%8F%AC%EC%9E%90%EB%A3%8C.pdf

237. Ibid.

238. Ibid.

239. 송파구사회적경제지원센터 홈페이지의 내용을 재정리. https://www.songpase.org/bbs/content.php?co_id=eas_col4

240. 최양부, 〈뉴질랜드 농업협동조합〉, 세계농업 제144호, pp. 1~24, 2012.

241. 김성오, 〈고용창출 사례: 스페인 몬드라곤 협동조합〉, 월간 노동리뷰, 6월호, pp. 47~60, 2013.

242. 장종익, 〈노동자협동조합의 개념, 가치와 의의〉, 한국노동자협동조합 정책토론회, 2017년 10월 19일 국회 발표자료집 내용에서 정리.

24장 위기에서 재발견한 연대의 가치

243. 스페인 노동부의 명령으로 협동조합의 조합원들이 자영업자로 분류되면서 공공복지체계로부터 제외되면서 나타난 문제를 해결하기 위해 대응책을 마련하기 시작. 이후, 1967년 급여에서 공제한 기금을 기반으로 주요 시스템을 갖춘 라군아로(Lagun Aro)가 만들어지게 됨. 라군아로와 같은 자발적 사회복지 기관(EPSV)을 위한 정부 시스템이 생기면서 조합원들은 라군아로와 정부에 연금을 모두 내고 이중으로 혜택을 받을 수 있게 됨.

244. 바스크는 스페인과 프랑스의 국경에 걸쳐 있는 지역으로, 카탈루냐 지방과 함께 공업지역으로서 스페인 내 지방 중 소득수준이 매우 높음. 민족, 언어, 영토가 관건이었던 과거 분쟁들이 최근 경제침체를 겪으면서 경제적 분쟁의 양태를 띠고 있음. 19세기 후반 바스크 지방은 제철업을 중심으로 급속한 공업화가 진행됨에 따라 타지방 사람들이 일자리를 위해 유입되면서 바스크족들의 정체성 위기감으로 인한 분리·독립 운동의 도화선 역할을 함.

245. 국제협동조합연맹(ICA)은 협동조합을 공통의 경제적·사회적·문화적 필요와 욕구를 충족하고자 하는 사람들이 공동으로 소유하고 민주적으로 운영되는 사업체를 자발적으로 결정한 자유조직으로 정의.

246. International Co-operative Alliance. https://www.ica.coop/en

247. 서울시 협동조합지원센터, 〈협동조합 이해하기〉, 2016.

25장 농업의 미래는 협동조합

248. Danish Crown 홈페이지. https://www.danishcrown.com/en-gb/

249. Ibid.

250. 구례 자연드림파크 홈페이지. http://www.naturaldreampark.co.kr/goesan_information.html

251. Ibid.

252. 전남 CBS 노컷뉴스, 2015년 12월 15일 〈'농공단지의 꿈'…아이쿱 구례자연드림파크〉의 기사 내용에서 발췌. https://www.nocutnews.co.kr/news/4518088

253. 경향신문, 2015월 12월 25일 〈아이쿱생협 구례자연드림파크 지역주민 행복지수 높여〉의 기사 내용에서 발췌. http://news.khan.co.kr/kh_news/khan_art_view.html?art_id=201512250623171

254. 2012년 12월 협동조합기본법에 의해 공동의 목적을 가진 5인 이상이 모이면 자본금 규모에 상관없이 모든 업종(금융·보험 일부 업종 제외)에서 다양한 형태의 협동조합을 조직할 수 있게 됨. 2012년 이전에는 농협, 산림조합, 수협, 소비자생활협동조합, 새마을금고, 신협, 엽연초생산자협동조합, 중소기업협동조합 등 8개 개별법 협동조합만이 존재.

255. 사회적경제미디어, 2020년 11월 6일 〈민관정 '사회적경제 3법 조속한 제정 필요'…사경 제도개선 10대 과제는?〉의 기사 내용에서 발췌. 사회적경제 연대포럼 발대식 및 10대 과제 제도개선 토론회를 개최하고 사회적경제 활성화를 위해 논의해야 할 제도적 사안에 대하여 의견을 나눔.

256. 연수현, 〈문화예술분야 사회적경제 조직의 지속가능성 연구〉, 정책연구 11, 2018.

257. 2014년(19대 국회)에서 총 147명이 발의한 이후, 2020년 현재 7년 동안 총 11회 민주당과 국민의힘, 정의당 의원에 의해 발의된 법안. 그리고 2020년 현재 더불어민주당, 정의당 등 70명의 의원에 의해 공동발의 됨.

258. ESM(European Supermarket Magazine), *France's Systeme U Sees Turnover Up 2.3% In Full-Year 2018*, Jan. 29, 2019. https://www.esmmagazine.com/retail/frances-systeme-u-sees-turnover-2-3-full-year-2018-70281

259. Europe Fresh Distribution, *Systeme U attracts customers through proximity and freshness*, Jun 13, 2014. https://www.eurofresh-distribution.com/news/syst%C3%A8me

260. 까르푸(Carrefour)는 우리나라의 대형 마트와 비슷한 개념으로 프랑스를 대표하는 국민 마트이지만 우리나라에서는 철수했음. 까르푸 외에도 Carrefour Express, Carrefour City 등 규모가 다른 다양한 형태의 매장이 있음. 그리고 1961년에 설립된 Auchan(오셩)은 까르푸 다음으로 프랑스에서 두 번째로 큰 유통업체. 대형마트로 잘 알려져 있으나 현재는 골목상권에까지 진출해 Auchan express 도 길거리에서 만나볼 수 있음. 많은 매장이 프랑스뿐만 아니라 유럽, 아시아 곳곳에 진출.

261. KOTRA 해외시장뉴스, 2018년 11월 8일 〈프랑스 유통시장 급변 및 대형마트의 위기〉 기사 내용에서 발췌. https://news.kotra.or.kr/user/globalAllBbs/kotranews/album/2/globalBbsDataAllView.do?dataIdx=170862&searchNationCd=101011

262. Europe Fresh Distribution, *Systeme U attracts customers through proximity and freshness*, Jun 13, 2014.

263. Wikipedia, Systeme U에서 협동조합의 역사를 찾아볼 수 있음. 또한, UNICO의 성장 단계별 활동 상황들을 자세히 알 수 있음. https://fr.wikipedia.org/wiki/Syst%C3%A8me_U#D'UNICO_(1924_%E2%80%93_1975)_%C3%A0_Super_U_(depuis_1975)

264. 조합원 특서에 따른 4가지 종류에는 기업협동조합(coops of businesses), 소비자협동조합(coops of users), 협동조합 은행(cooperative banks), 노동자협동조합(workers' coops) 등의 4가지 종류가 있음. 또한, 협동조합은 기능에 따라 조직에 대한 노동자의 지배권을 관리하는 기능, 특정 비즈니스에 전문 서비스를 제공하는 기능, 개인에게 서비스를 제공하는 기능, SCIC(공익협동조합, Cooperative Societies of Collective Interest)처럼 집단 이익을 추구하는 기능 등 4가지로 분류할 수 있음. 사회적경제미디어 이로운넷, 2019년 8월 1일 〈프랑스 공익협동조합, 협동조합 시장화 현상에 제동 걸다〉의 기사 내용에서 발췌. https://www.eroun.net/news/articleView.html?idxno=6784

265. CONAD 홈페이지. https://www.conad.it/ 자세한 내용은 아래 기사를 통해 확인할 수 있음. https://www.conad.it/news/2020/12/10/Conadnel2020portailfatturato.html

266. Ibid.

267. CONAD 홈페이지에서 협동조합의 미션, 비전 및 가치를 확인할 수 있음. https://chisiamo.conad.it/chi-siamo/missione-e-valori.html

268. SÜDBUND 홈페이지. https://www.suedbund.de/de/ueber-uns

269. Ibid.

270. Ibid.

271. 통계청, 〈2019년 12월 및 연간 온라인쇼핑 동향〉

272. 온판, 온라인판매자 협동조합 B2B몰 홈페이지. http://onpan3.getmall.kr/front/company.php

273. Ibid.

274. 사회적협동조합 울산사회적경제지원센터. http://www.sescoop.or.kr/board/bbs/board.php?bo_table=info02&wr_id=45

275. Ibid.

276. 한겨레, 2012년 5월 31일 〈동네빵집, 파리바게뜨·뚜레주르 이길 비법 있다〉의 기사 내용에서 발췌. http://www.hani.co.kr/arti/PRINT/535585.html

277. 원용찬 전북대 경제학부 교수의 블로그에서 발췌한 내용. 〈대기업 프랜차이즈와 지역경제 위기, 사라지는 동네 빵집〉. https://m.blog.naver.com/PostView.nhn?blogId=ilyeon11&logNo=15015274 7890 &proxyReferer=https:%2F%2Fwww.google.com%2F

278. 공정거래위원회 홈페이지. https://www.ftc.go.kr/

279. 정수정, 〈상생협력형 프랜차이즈 모델 개발을 위한 정책방안 연구〉, 중소기업연구원, 2019.

28장 '너의 시(詩)는 무엇이냐'

280. https://terms.naver.com/entry.nhn?docId=1691398&cid=42266&categoryId=42267

281. http://www.suedostschweiz.ch/wirtschaft/vor-50-jahren-starb-migros-gruender-gottlieb-duttweiler

282. https://www.fcbarcelona.com/en/

283. http://www.icoop.or.kr/coopmall/icoop_natural/s&d.html

284. http://dadayaksun.cafe24.com/

285. 통계청 2020년 상반기 지역별고용조사 (부가항목) 경력단절여성 현황 자료로 2020년 11월 24일 게시. http://kostat.go.kr/portal/korea/kor_nw/1/1/index.board?bmode=read&bSeq=&aSeq=386282&pageNo=1&rowNum=10&navCount=10&currPg=&searchInfo=&sTarget=title&sTxt=

286. http://koworc.kr/

287. http://www.happybridgecoop.com/main/main.php

288. http://www.winecoop.or.kr/shop/main/index.php

289. https://m.blog.naver.com/PostView.nhn?blogId=moonjaein2&logNo=220983958631&proxyReferer=https:%2F%2Fwww.google.com%2F. http://mapowithpet.com/

290. http://audsc.org/

291. https://www.15445077.net/

292. https://blog.naver.com/routeoncoop/221726186428

293. KTV 국민방송, www.ktv.go.kr

294. 안성신문, 2019년 7월 13일 〈안성의료협동조합 농민의원 이인동 원장, 국민훈장 동백장 수상 영예〉 기사 내용에서 발췌. http://www.assm.co.kr/17758

295. Ibid.

296. 1859년, 미국 버몬트 주의 개신교계 명문고 귀족학교인 웰튼 아카데미에 새로 부임해 온 국어교사 존 키팅과 6명의 제자가 펼치는 가슴 뭉클한 동명의 영화 〈죽은 시인의 사회〉의 원작소설. 졸업생 70% 이상이 미국의 최고 명문대학으로 진학하는 웰튼 아카데미는 전원 기숙사 생활을 하면서 철저하고 엄격한 교육을

통해 오직 명문대 진학을 목표로 한 고등학교. 그런 웰튼 아카데미에 이 학교 출신 존 키팅이 국어교사로 부임함. 키팅 역시 웰튼 아카데미 출신의 수재이지만 색다른 교육 방법, 즉 앞날을 스스로 설계하고 그 방향대로 나아가는 일이야말로 세상 그 어떤 것보다 소중하다고 가르치면서 학생들의 마음에 새바람을 일으킴(《죽은 시인의 사회》, 2004). 클라임바움, N. H. 《죽은 시인의 사회(Dead Poets Society)》, 서교출판사, 2004.

29장 '사자 망보기', '유기농 먹거리', '공공육아'

297. http://newsearch.seoul.go.kr/ksearch/search.do?kwd=%EC%84%9C%EC%9A%B8%EC%8B%9C%ED%98%91%EB%8F%99%EC%A1%B0%ED%95%A9%EC%83%81%EB%8B%B4%EC%A7%80%EC%9B%90%EC%84%BC%ED%84%B0&callLoc=s

4부_지역의 문제는 결국 사람의 문제이다

30장 도시재생형 사회적경제

298. https://www.guggenheim-bilbao.eus/en

299. 동아일보, 2020년 6월 20일 〈서울, 박물관·미술관 가득한 문화도시로〉의 기사 내용에서 발췌. https://www.donga.com/news/Society/article/all/20200621/101620373/1

서울시가 건립 추진 중인 박물관 및 미술관

자료: 서울시

시설	개관 시기	위치	내용
공예박물관	2020년	종로구	옛 풍문여고 부지에 들어서는 시대별 대표 공예품 전시 및 체험 공간

한양도성 유적 전시관	2021년	중구	한양도성 유적 원형과 발굴 및 보존 과정, 시대별 축조 방식 전시
평창동 미술문화 복합공간(가칭)		종로구	현대미술 중요 자료와 기록을 수집, 보존, 연구, 전시하는 복합 공간
한식문화원		성북구	삼청각을 리모델링해 한국 전통 식음문화 연구, 전시, 체험 공간으로 운영
서울시 통합수장고	2022년	강원 횡성군	서울시 박물관과 미술관 소장품 약35만 점 보관 수장고로 운영
로봇과학관		도봉구	인공지능(AI), 가상·증강현실, 홀로그램 등 첨단 로봇과학기술 체험
풍납동 토성박물관	2023년	송파구	백제 건국과 왕도 건설 과정, 당시 주민 생활사 선시 ㅇ간
서울사진 미술관		도봉구	근현대 사진예술사와 시각문화 유산 보존, 미디어 교육 공간으로 활용
서서울 미술관		금천구	청소년 과학-예술 융복합 교육과 미술 문화의 저변 확대 공간으로 활용

300. 리처드 플로리다(Ricard Florida), 《도시는 왜 불평등한가(The New Urban Crisis)》, 안종희 역, 매경출판, 2018.

301. Florida, R. *The Rise of the Creative Class*, New York: Basic Books, 2002.

302. Thulemark M. & Hauge M. *Creativity in the recreational industry, Re-conceptualized of the Creative Class theory in a tourism-dominated rural area*, Scandinavian Journal of Public Administration, 18(1): 87-105, 2014.

303. Ibid.

31장 영국의 도시재생, 모두를 위한 가치 창출

304. 영국 런던에 있는 총 6개의 명문 예술대학인 Camberwell College of Arts, Central Saint Martins, Chelsea College of Arts, London College of Communication, London College of Fashion, Wimbledon College of Arts로 구성되어 있는 종합 예술대학이며 유럽에서 가장 큰 종합 예술대학. 2020년 영국의 대학평가기관 QS(Quacquarelli Symonds)이 시행한 전세계 대학 평가에서 아트 & 디자인(Art & Design) 분야 대학 중 세계 2위를 달성(위키백과).

32장 과거와 미래의 공존 '미나토미라이(Minato Mirai) 21'

305. 요코하마 아카렌가 창고는 일본 가나가와현에 있는 역사적 건축물로, 건설 당시에는 해상 무역을 통해 오가던 화물을 보관하는 창고에 불과했지만, 현재는 노스탤지어의 상징으로 각광받고 있음(위키백과).

306. 네리마구는 일본 도쿄도에 있는 특별구의 하나로 1952년에 일본 자위대가 이곳을 기반으로 설립. 네리마구에 있는 많은 애니메이션 스튜디오가 20세기 중반 애니메이션 산업의 확립에 공헌. 애니메이션의 고장 네리마구를 상징하는 오이즈미 애니메이션 게이트에는 실물 크기의 네리마구 관련 캐릭터 동상(〈우주소년 아톰의 아톰〉, 〈내일의 죠〉의 야부키 죠, 〈은하철도 999〉의 철이와 메텔, 〈시끌 별 녀석들〉의 라무)들이 줄지어 서 있는 등 네리마구의 애니메이션을 체험할 수 있는 공간으로 꾸며져 있음(도쿄 관광 공식 사이트).

33장 사람 중심의 도시재생 뉴딜사업

307. 국토연구원, 2019. 7월호 통권 453호.

308. 경향신문, 2016년 6월 5일 〈환경·주거·공동체 'OECD 최악'…2016 '더 나은 삶의 질 지수'〉의 기사 내용에서 발췌. 경제협력개발기구(OECD)가 발표한 '2016년 더 나은 삶의 질 지수(Better Life Index)'를 보면 한국은 조사대상 38개국 중 28위를 차지. 한국의 삶의 질 지수는 2012년 24위, 2014년 25위 등 계속해서 하락하고 있음. http://news.khan.co.kr/kh_news/khan_art_view.html?art_id=201606052309005

309. 국토교통부, www.molit.go.kr

310. Ibid.

311. Ibid.

312. Ibid.

34장 공익과 공공성을 추구하는 도시재생

313. 천안시 시설관리공단 두드림센터 https://www.cfmc.or.kr/_dodream/main.asp?no=1

314. 국토교통부, www.molit.go.kr

315. 청주연초제조창 https://www.dbchangko.org/sub.php?code=35

316. Ibid.

317. 영주시 도시재생지원센터 http://www.yjrc.kr/

35장 도시재생 뉴딜사업과 사회적경제

318. 중앙일보, 2018년 9월 3일 〈강진군 동성리 일원 국토부 도시재생 뉴딜사업 선정〉의 기사 내용에서 발췌. https://news.joins.com/article/22936639

319. 한국일보, 2020년 7월 15일 〈아산 '장미마을' 성매매집결지가 여성친화도시 모델로…〉의 기사 내용에서 발췌. https://www.hankookilbo.com/News/Read/A2020071511510005267

320. 중앙일보, 2018년 9월 12일 〈대구시, 경북대 일원 도시재생 뉴딜사업 추진〉의 기사 내용에서 발췌. https://news.joins.com/article/22963029

321. 지용승·최유진, 〈지속가능한 도시재생을 위한 정책도구 연구: 유휴 공간 업-사이클링(up-cycling)과 세액공제 제도를 중심으로〉 융합사회와 공공정책, 12(2), pp. 3~32, 2018.

5부_사회적경제는 사회적 자본의 토대 위에 있다

36장 지역공동체회복을 위한 사회적 자본 구축

322. 비즈투데이, 2018년 10월 18일 〈한국-이탈리아, 상호협력 강화를 위한 '협동조합 컨퍼런스' 개최〉의 기사 내용에서 발췌. 중소벤처기업부는 대통령 이탈리아 순방을 계기로, 10월 17일, 한국-이탈리아 소상공인협동조합들 간의 상호협력을 위한 한-이 협동조합 컨퍼런스를 개최. 소상공인협동조합은 도소매, 서비스업 등 주요업종의 소상공인(독립 자영업자)들이 대기업·대자본에 대항해 경쟁력을 갖출 수 있도록 설립한 협동조합 법인. http://biztoday.kr/bbs/board.php?bo_table=news&wr_id=2507&page=173&device=pc

323. 이탈리아 협동조합: 서점협동조합(Librerie.coop) 블로그에서 발췌. https://

m. blog. naver. com/PostView. nhn?blogId=campsis&logNo=221540248633&pro
xyReferer=https:%2F%2Fwww. google. com%2F

324. Putnam, R. D., *Making Democracy Work: Civic Traditions in Modern Italy*,
1993.,《사회적자본과 민주주의》, 안청시 외 역, 박영사, 2006.

325. Ibid.

326. 이탈리아 통계청, http://dati. istat. it

327. Ibid.

328. 김태열·김현경·우미숙·전홍규,《협동조합도시 볼로냐를 가다》, 그물코: 대덕
문화사, 2014

329. 안청시 외,《사회적자본과 민주주의》, 박영사, 2006.

37장 사회적 자본 축적을 위한 제도적 지원

330. 이탈리아 공화국 헌법 기본 원리 제45조에서 협동조합에 대한 내용을 다루고 있
음. https://www. edscuola. it/archivio/norme/leggi/costituzione. html

331. 라이프인 사회적경제 미디어, 2019년 10월 21일 〈에밀리아로마냐 지역의 협동
조합이 발달한 이유는?〉의 기사 내용에서 발췌. http://www. lifein. news/news/
articleView. html?idxno=4999

332. Ibid.

333. 송재일, 〈유럽협동조합법원칙(PECOL)상 협동조합의 정의와 목적 조항으로 살
펴본 협동조합의 정체성과 역할〉, 한국협동조합학회, vol. 38, no. 3, pp. 177-
205, 2020.

334. http://www.lifein.news/news/articleView.html?idxno=4999

335. Ibid.

336. 김태열·김현경·우미숙·전홍규,《협동조합도시 볼로냐를 가다》, 그물코: 대덕문화사, 2014.

337. http://www.lifein.news/news/articleView.html?idxno=4999

338. 김태열·김현경·우미숙·전홍규,《협동조합도시 볼로냐를 가다》, 그물코: 대덕문화사, 2014.

339. 〈협동조합 정체성을 강화하는 세제개편 방향〉 포럼자료집에서 발췌한 내용으로 2020년 11월 30일 사회적경제연대표럼과 (재)아이쿱협동조합연구소가 공동주최하고 윤호중 의원, 고용진 의원, 강은미 의원, 민형배 의원, 용혜인 의원 등이 공동주관하여 포럼을 개최하였음.

결론_'나, 사회적경제(I, Social Economy)'

340. 〈나, 다니엘 블레이크(I, Daniel Blake)〉는 켄 로치(Ken Loach) 감독의 2016년 공개된 드라마 영화.

341. SBS 연예뉴스, 2016년 12월 1일 〈나, 다니엘 블레이크, 나는 외친다 나의 권리를〉의 기사 내용에서 발췌. https://ent.sbs.co.kr/news/article.do?article_id=E10008161890

342. OECD. *Regional Strategies for the Social Economy: Examples from France, Spain, Sweden and Poland*, OECD Local Economic and Employment Development(LEED) Papers, No. 2020/03, OECD Publishing, Paris. 아래 사이트 주소에서 확인하면 알 수 있음. https://doi.org/10.1787/76995b39-en.

343. Chim-Miki, A. F., Medina-Brito, P., & Batista-Canino, R. M. *Integrated Management in Tourism: The Role of Cooperation*. Tourism Planning & Development. pp. 1~20, 2019., Jesus, C. & Franco, M. *Cooperation networks in tourism: A study of hotels and rural tourism establishments in an inland region of Portugal*. Journal of Hospitality and Tourism Management, 29, pp. 165~175, 2016., Lemmetyines, A. & Go, F. M. *The key capabilities required for managing tourism business networks*, Tourism Management, 30(1), pp. 31~40, 2009., Stokes, R. *Network-based strategy making for events tourism*, European Journal of Marketing, 40(5/6), pp. 682~695, 2006.

344. OECD. *Regional Strategies for the Social Economy: Examples from France, Spain, Sweden and Poland*, OECD Local Economic and Employment Development(LEED) Papers, No. 2020/03, OECD Publishing, Paris. 아래 사이트 주소에서 확인하면 알 수 있음. https://doi.org/10.1787/76995b39-en.

345. Legacoop는 1886년 설립하여 협동조합을 대변하고 지원하는 중간조직으로써 1만 5천 개 이상의 협동조합이 가입해 있음.

346. Laville, J., Levesque, B., & Mendell, M. *The Social Economy, Diverse Approaches and Practices in Europe and Canada*, 2004.

347.

대통령 직속 일자리위원회 내 사회적경제 전문위원회 회차별(1-3기) 주요 논의사항

차수	개최일	주요 논의사항
		1기
1차	2017.12.20.	• 사회적경제 통계구축방안 보고 • '18년 사회적경제 활성화 정책방향 및 예산편성현황 • 사회적금융 활성화 진행상황 • 커뮤니티비즈니스 사업 추진현황 및 향후 계획 • 의제모임별 진행상황 공유 및 활동계획

지역이 묻고 사회적경제가 답하다

2차	2018.01.17.	• '18년 사회적경제 활성화 주요 추진과제 • 커뮤니티비즈니스 사업 추진계획 • 의제모임별 진행상황 공유 및 활동계획
3차	2018.03.21.	• 사회적경제 인재양성 종합계획 • 지역주도형 청년일자리 창출 방안 • 소셜벤처 활성화 방안 • 청년고용촉진 방안
4차	2018.05.16.	• 자활기업 활성화 종합계획 • 공공기관 사회적 가치 선도과제 추진경과 • 사회적경제 통합박람회 및 부대행사 추진계획 • 사회적기업 등록제 도입방안 연구 • 사회적기업인증제 개선방안 • 사회적경제 기본 계획 수립을 위한 정책연구 추진 현황 • 사회가치연대기금 조성 추진상황 및 향후 계획
5차	2018.07.18.	• 소셜벤처 활성화 방안 추진상황 • 제3차 사회적기업 육성 기본 계획 • 사회적 가치 평가체계 구축현황 • 의제모임별 진행상황 공유
6차	2018.09.19.	• 학교 내 협동조합 활성화 방안 • 공동체복지 에너지협동조합 시범사업 추진방안 • 사회적경제 관련 '19년 예산안, 혁신도시별 사회적 가치 실현 네트워크 구축방안 • 지역밀착형 생활SOC와 사회적경제 연계방안
7차	2018.11.21.	• 사회가치연대기금 조성 추진현황 및 향후 계획 • 문재인 정부 사회적경제 활성화 추진성과 및 향후 방향 • 사회적경제 국제협력 활성화 방안 • 자활기업 활성화 대책 추진현황 및 향후 계획 • 사회적금융 활성화 추진현황 및 향후 계획

차수	개최일	주요 논의사항
		2기
1차	2019.03.27.	• 사회적경제 활성화 추진성과 및 '19년 계획 • 사회적경제 주간행사 추진계획 • 사회가치연대기금 추진현황 및 향후 계획
2차	2019.05.22.	• 사회적경제기업스케일업 지원 방안 • 문화·환경 분야 사회적경제 활성화 방안 • 사회적경제 통합 박람회 추진 현황 및 계획 • 사회적경제 정책 체감도 제고 방안
3차	2019.08.28.	• 사회적경제 주요 과제 추진 상황 및 추진 계획 • 사회적기업 등록제 추진 현황 및 계획 • 사회적경제 중·장기 기본 계획 작성 방향 • 사회적경제 지역 기반 및 정책 역량 제고 방안
4차	2019.11.06.	• 사회적경제 중·장기 기본 계획 • 제3차 협동조합 기본 계획 • 사회적경제를 활용한 사회 서비스 향상 방안 • 향후 사회적금융 추진 계획
5차	2019.12.18.	• '19년 사회적경제 전문위원회 활동 결과 • 사회적경제 활성화 '19년 추진 성과 및 '20년 추진 방향 • 사회적경제 일자리 추진 현황 및 계획 • 사회적경제R&D 추진 현황 및 계획

지역이 묻고 사회적경제가 답하다

차수	개최일	주요 논의사항
		3기
1차	2020.04.08.	• 사회적경제 활성화 추진 성과 및 향후 정책 방향 • 환경 분야 사회적경제 활성화 방안 • 사회적경제 분야 코로나 19 대응 현황 및 계획 • 코로나 19대응 사회적금융 추진 계획 • '20년도 사회적경제 인재 양성 추진 계획 • 제3회 사회적경제 통합 박람회 추진 상황 및 계획
2차	2020.06.25.	• 사회적경제 관련법 21대 국회 입법전략 추진 계획 • 사회적경제 온라인 특별전추진 계획 및 진행상황 'Buy Social 캠페인' 추진 계획 • 사회적경제 통계 효율화 방안 • 사회적경제 주요 대책 이행상황 점검 현황 및 향후 계획
3차	2020.09.22.	• '사회적경제기업 일자리 창출 지원방안' 후속조치 추진 계획 • 사회적경제 통계 마련 추진 상황 • 사회적 가치 측정지표 개발 활용 현황

주

감사의 글

이 책을 구성하고 몇 가지 주요 내용들을 정리하는데 여러 곳에서 선·후배, 동료 교수 및 석·박사 과정 학생들과 논의할 수 있어서 큰 도움이 되었다. 우석대에서 사회적경제 강좌에 대한 방향과 정책에 직결된 교육 프로그램 구성에 대한 논의로 많은 대화를 나눴던 김동주, 강순화, 박영식 교수님께 감사 말씀을 드린다. 매 학기 학부생들과의 강의가 이 책의 주제에 대해 깊이 고민하는 계기가 되었다. 그리고 사회적경제 강의를 통해서 만났던 석·박사 과정의 학생들과의 사회적경제 이론과 현장에 대한 솔직한 토론들이 이 책을 더욱 빛나게 만들었고 지역의 관점에서 사회적경제의 실천을 성찰함으로써 필자에게 또 다른 영감과 자극을 주었다. 강미라, 김진동, 이경래, 이병주, 유재춘, 장순철, 정안민, 허민택, 임채군, 박기원, 김종원, 최만식 등 중국 여러 지역에서 우석대로 유학중인 석·박사 학생들과의 많은 토론과 대화에 감사한다. 서용성 처장님, 김숙자 차장님, 설숙희 센터장님은 학생들을 위한 사회적경제에 대한 인식과 이해를 높이는 데 기초 및 심화교육에 큰 관심을 가지고 있어서 감사하다.

아이디어를 가지고 그것을 책으로 바꾸는 것은 매우 어려운 일이었다. 이 책을 만들기 위해 고민했던 자료들은 우석대 산학협력단 직원 분들의 도움이 없었으면 얻기 힘든 일이었다. 모두 감사의 말을 전한다. 오석홍 단장님, 정희석 부단장님, 김경성 실장님 특히 진천군 지역사회보장계획과 커뮤니티케어 모니터링 사업을 수립하는 데 큰 도움을 준 전치우, 김지섭 선생님께 감사하다. 진천군에서 추진했던 '공무원 대상 GRDP 역량강화 워크숍', 'GRDP 증가시책 연구발표 대회', '지역사회통합돌봄 선도사업 성과지표와 모니터링' 연구 용역들은 책 내용을 구성하는 데 많은 아이디어를 얻게 된 계기였다. 진천포럼과 연구 용역과제에 항상 도움을 주신 조길환 국장님께 감사의 말을 전한다. 이종욱 관장님께서는 책에 대한 깊은 관심으로 많은 오타를 찾아 주셔서 감사하다.

이 책의 여러 부분에서 각 지역의 사회적경제 조직 관계자들과의 뜻깊은 인터뷰와 자료를 모을 수 있도록 도움을 주신 분들에게도 깊은 감사의 말씀을 전한다. 유성엽 전 의원님은 민주주의와 자본주의의 문제점을 해소하는 21세기 정치경제모델에 대한 고민으로 사회적경제를 진지하게 고민하고 검토할 가치가 있다는 중요한 의견을 주셨다. 김용태 전 의원님은 장시간 통화에서 비록 사회적경제에 대한 다른 시각을 가지고 있지만, 사회적경제기업의 지속가능성에 대한 문제의식과 4차 산업혁명 시대의 새로운 자본주의 시스템에 대한 깊은 고민을 경청할 수 있었던 귀한 시간이었다. 이승우 전 군장대 총장님은 양극화 해소와 포용적 사회를 위한 사회적경제의 필요성에 크게 공감하시고 격려해 주심에 깊은 감사 말씀드린다.

이 책의 초안을 검토한 뒤 조언을 해 주신 박훈 박사님 그리고 동아시아평화연구소의 많은 분들에게 감사의 마음을 전한다. 나의 모든 활동에 항상 동참해 주고 많은 격려와 조언을 아끼지 않는 굿맨포럼, 세수회 그리고 콰트로 선·후배님들께 깊은 감사를 드린다. 책 디자인에 많은 도움을 준 박상혁 교수에게 감사하다. 늘 여러 가지로 지원과 격려를 아끼지 않은 서창훈 이사장님, 이인재 원장님께 깊은 감사말씀 드린다. 그리고 이 책을 아름답게 편집하고 디자인해 주신 '좋은땅' 구성원분들께 진심으로 감사 인사를 드린다.

항상 응원해 주시는 친지분들 그리고 이모님의 격려와 사랑에 감사드린다. 내가 항상 의지할 수 있는 사랑하는 형제들 혜승, 주영 그리고 행복을 위해 꿈을 찾아가고 있는 사랑하는 조카들 명서, 명해, 명관에게 물려줄 작은 유산이 생겼다는 것은 이들의 지지 때문일 것이다. 아들 명준(Khan)과 함께하지 못한 미안함 때문에 더욱더 집중해서 책을 완성했다. 매일 새벽 기도와 사랑으로 하루를 시작하시는 어머니 그리고 먼 곳에서 늘 함께하시는 그리운 아버지를 통해 큰 힘을 얻는다.

지용승

지역이 묻고 사회적경제가 답하다

지역이 묻고
사회적경제가 답하다

ⓒ 지용승, 2021

초판 1쇄 발행 2021년 5월 31일
　　　2쇄 발행 2021년 6월 30일

지은이　　지용승
펴낸이　　이기봉
편집　　　좋은땅 편집팀
펴낸곳　　도서출판 좋은땅
주소　　　서울 마포구 성지길 25 보광빌딩 2층
전화　　　02)374-8616~7
팩스　　　02)374-8614
이메일　　gworldbook@naver.com
홈페이지　www.g-world.co.kr

ISBN　979-11-6649-833-6 (03330)